# 明清时期土地管业制度研究

邹亚莎——著

法律出版社 LAW PRESS · CHINA
北京

**图书在版编目(CIP)数据**

明清时期土地管业制度研究 / 邹亚莎著. -- 北京 : 法律出版社, 2024
ISBN 978-7-5197-8868-1

Ⅰ. ①明… Ⅱ. ①邹… Ⅲ. ①土地制度-研究-中国-明清时代 Ⅳ. ①F329.02

中国国家版本馆 CIP 数据核字(2024)第 037886 号

**明清时期土地管业制度研究**
**MINGQING SHIQI TUDI GUANYE ZHIDU YANJIU**

邹亚莎 著

策划编辑 刘 琳
责任编辑 刘 琳
装帧设计 贾丹丹

**出版发行** 法律出版社
**编辑统筹** 法律教育出版分社
**责任校对** 陆帅文
**责任印制** 刘晓伟
**经　　销** 新华书店

**开本** A5
**印张** 8.5　**字数** 210 千
**版本** 2024 年 9 月第 1 版
**印次** 2024 年 9 月第 1 次印刷
**印刷** 北京虎彩文化传播有限公司

地址:北京市丰台区莲花池西里 7 号(100073)
网址:www.lawpress.com.cn
投稿邮箱:info@lawpress.com.cn
举报盗版邮箱:jbwq@lawpress.com.cn
销售电话:010-83938349
客服电话:010-83938350
咨询电话:010-63939796


**书号**:ISBN 978-7-5197-8868-1
**定价**:38.00 元

# 序　一

在中国传统社会之中，土地既是基本生存资源，又是重要的社会财富，关于土地的制度安排，无疑是社会规范秩序中的重要组成部分。然而中国古代因为地域差异和传统财产观念，却没有形成理论化的土地制度学说，没有详备而统一的土地规范体系。近代以来，民法学者多直接采用近代大陆法系民法理论，特别是德国以所有权为核心的物权法理论来阐释中国古代土地制度，得出中国传统土地制度非理性的、落后的理论判断。自20世纪80年代开始，傅衣凌、杨国桢、仁井田陞、岸本美绪、森田成满等学者在其著述中，从中国社会出发揭示传统地权制度的独特性。寺田浩明、李力等学者更进一步通过明清时期固有制度语词“管业”，将人们置于传统社会的语境下，解读明清时期人们的财产观念和秩序，打破了欧陆民法“所有权”的范式，用传统社会固有的文化理念去理解和重建传统法律的内在逻辑和秩序体系。

邹亚莎博士在其十年前的著作《清末民国时期典权制度研究》（法律出版社2013年版，为“中国民商法专题研究丛书”之一种）中，就曾在固有法“管业”语境下阐释“典”的制度内涵，以及传统的“典”如何转化为现代民法中的“典权”。十年来，她一直坚持对传统土地制度的研究，《明清时期土地管业制度研究》是她新近的研究成果。该书以明清时期民间契约与官方裁判广泛使用的制度表达“业”和“管业”为切入点，采取“中外文化相互照明”的比较视角，追问和探讨:“当我们使用‘管业’一词描述明清时期的地权状况时,所体现的又是何种不同于西方所有权的内在结构与法律价值追求?又是哪些传统社会和文化因素造就了明清时期独具特色的管业秩序?”为从社会文化、制度形态回答这些问题,她重点研究了土地管业的两种重要形态——典卖与租佃,并扩展到因管业而起之重大利益纠纷。明代《盟水斋存牍》中有关土地倒卖、侵占、重复典卖、找价回赎等案件,清嘉庆朝刑科题本中的土地纠纷命案,这些有着一百六十多年时间跨度的案件,诠释了管业权益纠纷的持续性和普遍性,也从不同角度反映了管业纠纷对民生影响之巨大,对社会秩序冲击之强烈,致使政府不能袖手于事外。

通过对典型管业习惯、国家基本财产制度、重要管业纠纷案件处理这一些列问题的研究,对土地管业制度的概括显得更加明晰而有理论上的说服力:“土地之上存在多个业主的构建格局”,“表现为利益的组合,以权利束的形态发展演进”,虽然存在“权利关系复杂化”的问题,但是管业视角下的中国地权结构体现了中国传统法的“实用理性”;它基于实践的需要而产生,为解决现实的社会问题而产生,通过“一地(业)多权”,实现“土地之共享价值”,既保持了利益平衡及社会资源的最充分利用,在资源配置上也有其细腻、精巧之处。作者将固有地权制度置于传统社会之中加以考察,全息地阐释了财产观念、人与物的管业运行方式,不仅是对中国曾经地权制度的分析,也体现了对跨越时空的中国性财产问题的历史思考,对人口众多财富资源紧张的社会如何实现财富公平共享、资源高效配置,有很大的启示意义。

以上阅读感想,充作序言。

张 生

2023 年 9 月 25 日

# 序　二

本书是以“管业”的概念为中心从“财产”和“权利”这样的观点出发来讨论明清时期的土地制度而得出的研究成果。其中也包括了“业”的概念。著者曾经以博士学位论文为基础出版过《清末民国时期典权制度研究》(法律出版社2013年版),本书的内容则展现了该研究的进展。

亚洲法制史的教育在日本的大学法学教育中是重要的组成部分,而其核心就是中国法制史(但是由于不是必修科目,没有设置该科目的大学也不在少数)。中国法制史中的“业”这个概念,在实际的日本法学教育中是难以教授的内容之一。在对“业”进行说明时姑且会解释为,对一个空间采取不同的利用方式都有获取利益的可能性,而这里所说的每一种利用方式都是“业”,但这对于接受了以现代的所有权为中心的民法教育的学生来说可能是难以理解的。著者运用了导言、第一章及第二章几万字的篇幅致力于去解决在现代法学的框架内讨论习惯的困难。即便是在中国,对于学习过现代法学的人来说这可能也很难理解。此外,本书的研究对象除了主要的土地,还提及建筑与水的利用。

“业”和“管业”在中国法制史中属于常用词,且有重要意义。东京大学东洋文化研究所收藏了约1000件以清朝为主的契约文书[《东洋文化研究所所藏:中国土地文书目录·解说》(上、下),东京大学东洋文化研究所附属东洋学文献中心丛刊第40辑1983年,第

48辑1986年]。我在研究生阶段的兼职中制作了契约文书的卡片目录。“业”这个概念出现得十分频繁。据说田涛先生收藏了5000件左右(田涛、[美]宋格文、郑秦:《田藏契约文书粹编》(一),中华书局2001年版,第4页),其中应该有更多的“业”字吧。并且,即使在今天的中华人民共和国,“业主”仍然作为民法用语而存在。

在日语中,将“业”训读为“わざ”(WAZA)时,主要意义为指代工作或工作所必需的知识和技能(“学业”“职业”“家业”“营业”等)。然而,作为古语,还存在“别业”这个词,用来指代古代贵族的别墅(包括附属的农田和山林),在这一点上与中国的用法重叠,但已不再是现代用语。

在中国法制史的研究中,家族制度和土地制度是较为核心的研究对象。但是,若将重点放在将这两个问题引入现代民法中去进行讨论,在中国学界则会形成“中国古代民法”或者“中国民法史”这样的框架。这也是本书正在尝试的一部分。从这个意义上,可以说本书与李志敏的《中国古代民法》(法律出版社1988年版)、叶孝信的《中国民法史》(上海人民出版社1993年版)、张晋藩的《清代民法综论》(中国政法大学出版社1998年版)等的研究趋势是一致的。

此外,如果以用资料来说话的历史学的学术风格来构建理论,则与傅衣凌的《明清农村社会经济 明清社会经济史变迁论》(中华书局2007年版)、杨国桢的《明清土地契约文书研究》(中国人民大学出版社2009年版)的研究趋势一致。这种学术风格也影响了日本的法制史研究和经济社会史研究。在意识到这两种研究趋势的基础之上,本书在导言的部分进行了学术上的定位。这意味着要直面用现代西方法学的概念来表现习惯的困难。在导言中讨论的将“管业”与“权利”这两个词联系起来的含义,就是本书根本的问题意识。

关于习惯和西方起源的现代法之间的关系,在东亚存在两个共通点。第一点是在相对较早的时期就对民事或者说民商事的习惯进行了大规模的调查。第二点则是,尽管进行了那样大规模的调查,但在立法中被直接采纳的并不多([日]高见泽磨、[日]铃木贤:《对于中国来说法是什么》,岩波书店2010年版,导言)。

无论是实务性的调查还是学术性的调查,在进行调查报告的时候必须要用现代用语来解释当地习惯,这应该是很困难的。所以我们在利用这些调查报告的时候,也必须要了解这样的背景。

在如一田二主和押租等习惯中,会出现同时有两个人对一块并非共有的土地主张"这是我的"的情况。在这里重要的是蕴含在"我的"之中的含义。税(包括费和捐)的缴纳者并不一定就是现代意义上的所有者。在这种情况下,首先描述主张收益的正当性的社会关系之后再阐明的操作,正是本书的重要成果。

就像在本书的第五章中论述的一样,上述成果也为当前解决实务性的问题提供了学术理论基础。在农村的土地承包制度中的三权分置和担保相关权利的证券化(金融商品化)等都是其典型的例子。

接下来我对著者的期待是,能够在不使用"权利"这一词的前提下描绘现代以前,并且建立对学习近现代法律的人来说也有说服力的框架。期待著者对将管业称为经营(寺田浩明)或者收益(李力)这方面的研究进行更深层次的挖掘,从诉讼以及诉讼以外的纠纷中的程序方面进行研究也许能够成为一个突破口。例如,如果谈及正当的利益,那么对于侵害的自救在多大程度上是可以被认可的;在获得胜诉判决之后,执行是如何进行的;等等。我认为,从这些方面进行重构是很重要的。

2010年10月至2011年3月,著者在中国政法大学博士课程中的典权研究阶段作为访问学者来到东京大学东洋文化研究所进行研究。原计划为期一年,但因2011年3月11日的东日本大地震而不得不回国。不过,2023年9月,著者以北京科技大学的副教授身份再次成为本研究所的访问研究员并得以再会,我也因此写下这篇序言。作为接纳教员我感到非常高兴。这次著者在外的研究预计持续到2024年3月为止,希望本次可以平稳顺利回国。

2023年12月4日

东京大学·东洋文化研究所·教授　高见泽磨

(于东京大学最终年度)

# 目　录

# 导　言

自人类进入农耕文明以来，土地既是人类生存的基础，又是最重要的财富，具有资源属性与财产属性的统一。对于农业为本的中国传统社会，土地的价值尤为重要。诚如《礼记·大学》所载，“有人此有土，有土此有财”，土地意味着生存、保障，也意味着财富和尊严。对于一个社会而言，土地制度的安排又是与政治权力紧密相连的，地权分配的情况甚至可以窥见一个国家权力的构建与“权利”的本质。可以说，对土地问题的研究可以成为打开一个社会政治、经济、法律、文化各方面的一把钥匙，因此一直是一个重要的研究议题。本书以法律史学的研究视角，以明清时期契约与官方广泛使用的“业”和“管业”之词为切入点，围绕明清时期地权关系的内在结构和体系、价值展开研究。

## 一、前人的研究及问题的提出

传统地权制度一直是史学界、法史学界关注的焦点问题。20世纪50年代，在土地所有制问题上，无论是中国学界还是以西嶋定生、波多野善大为代表的日本学界均直接采用西方的相关概念和话语体系，以一元的、绝对的所有权理论为指导。此后，越来越多的研究者意识到了以所有权来简单概括传统地权体系的局限性。傅衣凌先生在《中国传统社会：多元的结构》一文中，提出了“公私体系论”“多元结构论”，认为传统土地制度中国有经济、乡族共有经济与私有经济长期共存。[1] 杨国桢在《明清契约文书研究》一书中发展了这一观点，认为传统土地所有权主体具有多元性并把所有者分为国家（大共同体）、乡族、私人三个层次，强调国家对土地具有所有者的身份。[2] 这种趋势也出现在日本的中国史研究领域。20世纪六七十年代，日本的明清经济史学者开始将土地权利与政治史、社会史相结合进行研究，提出了"乡绅论""国家论"等理论，关注土地上的多个实际控制者。此后的日本学者，越来越多地注意到了中国传统地权体系的独特性。如岸本美绪的《明清契约文书》一文中提出中国古代存在"土地私有权的不完全性"这一"前近代"的侧面。[3] 仁井田陞的论文《明清时代的一田两主习惯及其成立》通过对明清时期一田二主的考察，较早提出中国传统土地所有制是与"一般的全面的支配权"相对立的"片面的支配权"，并与德国中世纪的"分割所有权"作了区别；[4] 此后的藤井宏的论文《一田两主制的基本构造》直接以"分割所有权"来解释中国传统土地所有形态。[5]

如上文所述，中日学界对于明清时期土地制度的传统解读以西方的相关概念和话语体系为基础，在一定程度上揭示了制度原貌。随着认识的深化，学者们多认识到了中国传统地权体系的独特性，并试图以多元化的理论视角对其进行阐释，少数学者开始注意到民间契约和官方文本的固有词汇"管业"，并以此为基础展开研究。日

[1] 傅衣凌：《中国传统社会：多元的结构》，载《中国社会经济史研究》1988年第3期。

[2] 杨国桢：《明清土地契约文书研究》，中国人民大学出版社2009年版，第4页。

[3] [日]岸本美绪：《明清契约文书》，载[日]滋贺秀三等：《明清时期的民事审判与民间契约》，王亚新等编译，法律出版社1998年版，第301页。

[4] [日]仁井田陞：《明清时代的一田两主习惯及其成立》，载刘俊文主编：《日本学者研究中国史论著选译》第8卷，中华书局1992年版，第411页。

[5] 曹树基：《传统中国乡村地权变动的一般理论》，载《学术月刊》2012年第12期。

本学者寺田浩明最先注意到，在土地契约中，频繁出现的“业”和“管业”的词汇。中国学者李力在《清代民法语境中“业”的表达及其意义》一文中，将“业”的探讨扩展到清代更为广泛的物权关系中，认为“业”是“在清代的法律体系中是以能够带来收益的财产为对象而设定的权利，其权利客体与那些只能使用而不能带来收益的财产相对应”。[6]

寺田浩明和李力试图通过明清时期的固有词汇“管业”，将人们置于当时的语境下，解读明清时期人们的财产观念和秩序。此后，越来越多的学者使用“业”和“管业”的概念描述明清地权秩序，使明清地权的学术研究中出现“所有权”和“管业”两种描述并存的现象。这样的现象说明了近现代法学体系对研究领域的“占领”，以及研究者尽力摆脱用西方的术语、研究方法去认识传统中国的努力。

从目前大量存世的明清时期的契约可以看到，明清时期对于“业”或者“管业”的表达是广泛的，涵盖了明清时期地权交易的主要形态，管业的内涵是丰富而复杂的。笔者认为，对于管业的研究还有很大的拓展空间。土地管业的权利是否仅限于前述学者所说的“经营收益”或“收益”的权利？当学者将“管业”与“权利”连用时，权利所代表的核心与实质又是什么？在管业的视角下，明清时期的地权体系和内部结构如何，一田二主和典制等土地制度又是怎样的制度构建？当我们使用“管业”一词描述明清时期的地权状况时，所体现的又是何种不同于西方所有权的内在结构与法律价值追求？又是哪些传统社会和文化因素造就了明清时期独具特色的管业秩序？本书正是在前人的研究成果上，试图围绕以上问题展开研究。

〔6〕 李力：《清代民法语境中“业”的表达及其意义》，载《历史研究》2005 年第 4 期。

## 二、概念、目标与反思

史学研究的第一目标在于求真，然而历史的真实犹如水中之月，没有办法得到，只能无限地去接近它，以求更近一点接近真相。笔者开始对明清时期管业的表达产生兴趣，是在博士学位论文关于近代典权的写作中。契约中频繁出现的“管业”一词和学者相关的论述，使我第一次产生兴趣：如果摆脱所有权、物权等现代法学的观念，使用“业”和“管业”的词汇重新去看传统地权，传统地权将会呈现出怎样不同的状态？会不会离历史的真相更近一点？

“物权”“所有权”“财产权”“权利”等词汇并非中国固有的法律概念。物权的概念以及物权、债权的划分，是大陆法系潘德克顿法律体系的基础，也是擅长抽象思辨的德国人的思维结晶。对物权和债权的区分可追溯到罗马法“对人之诉”与“对物之诉”。债法与物法的分离，始于胡果，经过了海瑟的传播，为萨维尼所继承并完善。[7] 在19世纪之前，学界普遍认同的私法体系是以《法学阶梯》的人、物、诉讼三分法为基本结构的。19世纪，萨维尼在前人基础上提出了物权、债权区分论，对三分法体例进行了解构。萨维尼论证了将债法从“诉讼”部分独立出来的必要性，并将债权与物权作为两个独立的法律系统进行论述，主张两者的对立区别，将两者统一置于财产权概念之下。这标志着近代债权、物权区分说正式形成。1896年的《德国民法典》采用了潘德克顿体系，将物权与债权作为独立的篇章，物权债权区分论首次在近代民法典中得以贯彻。

“近代物权概念系由所有权发展而成，所有权居于物权体系之中心，物权的性质和法律特征往往是透过所有权而加以充分体

[7] 金可可：《私法体系中的债权物权区分说——萨维尼的理论贡献》，载《中国社会科学》2006年第2期。

现的。"[8]物权的发展过程实际上就是所有权的发展过程，其中的物权编所建构的整个法律体系都以所有权制度为基石。"所有权—他物权"的物权观念与结构发端于罗马法，建立在绝对所有权的概念之上。在这一模式下，所有权为一种对物的完全、排他、绝对的支配权。在他物权下设用益物权、担保物权，具体的法律制度都被归入这种体系之下。

在依权利类型划分基本结构的大陆法系中，财产权（property right）与人身权是相对称的概念。而在英美法系中，财产和财产权具有几乎相同的概念范畴，均包括了权利的概念。财产权和财产体这两个中文概念都可用 property 来表述，所以权利含义上的 property 就等于 property right，property right 在大部分时候也就为 property 所包含和替代，而未成为英美法的常用概念，权威的法律字典仅给了它一个简短的解释："对特定财产的一项权利，无论该财产是有形的还是无形的。"一般只有在权利与权利载体会发生混淆时，法律才会特别使用这个概念。[9] 重视经验胜于逻辑的普通法，长期以来就认为财产权是一束权利，将具体之物的所有权当作财产权的概念同样是中世纪后期的学术成绩。[10]

德国法学家卡尔·拉伦茨说："即使在今天，也只有少数法学家能不目眩于抽象概念式体系的魅力。"[11] 近代以来，这些法律体系及其术语漂洋过海而来，更新了传统法律体系，构成了中国新的法学体系的基础。然而以这样的体系和概念去审视传统土地制度，其

〔8〕 尹田：《论一物一权原则及其与"双重所有权"理论的冲突》，载《中国民法学精萃》2003 年卷，机械工业出版社 2004 年版。

〔9〕 冉昊：《财产含义辨析：从英美私法的角度》，载《金陵法律评论》2005 年第 1 期。

〔10〕 郝维华：《清代财产权利的观念与实践》，法律出版社 2011 年版，第 11 页。

〔11〕 [德]卡尔·拉伦茨：《法学方法论》，陈爱娥译，商务印书馆 2004 年版，第 317 页。

民间规则和实践似乎难以填充到其中的任何一个体系中去。当我们以西方的法律体系对它进行描述时，总会产生削足适履之感。“西方社会土壤中产生的财产权利自有其源流与环境，但不能以西方法的今日推断其昨日如何成熟，更不能凡事皆以西方当代范式为履，妄论中国传统社会之足如何不适。”〔12〕但我们希望描述真实而非创造，只能试图回归固有的法律词汇和体系。

当我们用管业概念的视角去考察中国的明清时期的土地制度，会发现完全不同的法律构建。明清时期的中国人，普遍存在对物的利用、收获、归属的观念，这种观念是人类共有的基于本性的私有理念。同时，这一时期的法律存在对私有财产被侵占的保护，却没有对权利的正面确认，也没有对私权蕴含的平等等精神的确认，很难被称为近现代意义上的权利。在明清社会中，没有物权和所有权的观念与表达。时人所言的管业，表现为利益的组合，以权利束的形态发展演进，在相关领域以习惯中长期而缓慢形成的规范来分配利益，进行流转。当我们以契约中的“管业”考察传统土地制度，可以看到它的内容是极为丰富而复杂的。它体现的既是一个没有权利保障的社会，人们对于物之现实收益十分重视；又是无严谨的物权构建和表达的法律环境下，自发形成的一物之上存在多个业主的构建格局。它是独特法律文化的体现。

李泽厚认为，“实用理性”是中国传统文化和思想的重要特点，“中国的哲学和文化一般缺乏严格的推理形式和抽象的理论探索，毋宁更欣赏和满足于模糊笼统的全局性的整体思维和直观把握，去追求和获得某种非逻辑、非纯思辨、非形式分析所能得到的真理和领悟”。〔13〕管业视角下的中国地权结构也体现了这样的实用理性。

〔12〕 郝维华：《清代财产权利的观念与实践》，法律出版社2011年版，第12页。

〔13〕 李泽厚：《中国古代思想史论》，三联书店2008年版，第320－321页。

它基于实践的需要而产生，为解决现实的社会问题而产生，其规则是鲜活的、能产生实际效用的规范。同时，体系的构建是内含理性的，这种理性偏重实际的利益的比较和衡量，而非抽象的逻辑规则或形式化的外在表现。这样的规则和体系是当时的人们在有限的选择和意志条件下，经过日复一日的交易、交往形成的经验的总结，实现了在当时条件下利益平衡及社会资源的最充分利用，在资源配置上有其细腻、精巧之处。

当然，当我们试图用固有的词汇去描述这种事实和价值，也会时常感受到局限性。这样的局限性来自语言表达的“无能为力”。当我们用所有权、物权的体系概念去阐释中国明清时期的地权秩序时，会感觉到词不达意，无法达到真实，那么以明清固有词汇就可以了吗？仍然很困难。这种困难来自我们可以把握的固有词汇是非常有限的，如何认识、理解它，并试图依据它去重构体系仍然是一个重任。同时，对传统词汇的表述常处于当代话语体系、逻辑和思维的“包围”之中。如学者在研究契约时所说，已有的概念和理论已经成为我们“走不出去的背景”。[14]

从目前来看，构建“中国式土地法话语系统”[15]仍是一个艰辛而长远的路程。从清末法律近代化进程开启，继受西方法律体系已经过百余年的时间。而用传统社会固有的话语体系去理解和重建传统法律的内在框架和意义世界，才刚刚开始，势必任重而道远。从长远来看，这样的背景，既然“走不出去”，那就没有必要抛弃；相反，我们可以将其作为考察和分析明清时期法律制度的理论框架，

---

〔14〕 徐忠明：《社会与政法：在语境中理解明清契约》，载《吉林大学社会科学学报》2018年第3期。

〔15〕 杨国桢：《明清土地契约文书研究》，中国人民大学出版社2009年版，第5页。

通过比较研究,彰显明清时期法律制度的固有特点。[16] 时刻保持无论是对于西方理论体系,还是陷入中国固有体系自说自话的警醒,可能才是一种理性的态度。钱钟书关于“中外文化相互照明”[17]的学术立场和观察视角,可以为我们提供参考。当我们用一种相对合适的方法,并能保持谨慎和反思的态度,再去追求“真实”的目标,或许可以更为接近它,更进一步地为今天提供一些借鉴。

---

〔16〕 徐忠明:《社会与政法:在语境中理解明清契约》,载《吉林大学社会科学学报》2018 年第 3 期。

〔17〕 钱钟书:《意中文学的互相照明:一个大题目,几个小例子——在欧洲研究协会第 26 次会议上的演讲》,载《书城》1999 年第 6 期。

# 第一章　“管业”的财产法背景及概念阐释

明清时期，土地契约和官方法律中频繁出现的“管业”一词，是中华法系的独特法律表达。从这一词出发，可以重新审视明清时期的地权秩序和价值追求。在目前的研究中，管业词汇越来越引起学者注意，学界出现了以“管业”和“所有权”两者并行描述传统地权秩序的现象。在这种情况下，“管业”一词的内涵亟待进一步厘定和明确。同时，“管业”词汇生存发展的社会背景为中国传统社会的财产法秩序。因此，本章主要从中国古代尤其是明清时期的财产法秩序出发，对管业的概念进行再阐释。

## 第一节　中国财产法术语的基本语义分析

财产（财产权）这一术语意旨法律规定的关于财产的一组权利，其中，所有权是法律所规定的享用或处分某项财产的最绝对的权利，是财产权利的最高表现形式。[1] 在罗马法中，财产的法律表达为“物”。在当代民法体系中，物也是最基本的财产概念。然而在传

---

〔1〕［英］戴维·M. 沃克：《牛津法律大词典》，李双元等译，法律出版社 2003 年版，第 913－914 页。

统中国,对财产和财产权的表达自成体系。正如学者所说:中国古代法律之所以独为中华法系,是因为它的体系、原理和概念,无法与其他法系通译。诸如礼、刑、律、法、财、业、契、债、券等,严格地说,与现代法律体系的原理和概念相对照,均有比较明显的差异。[2]

学者戴炎辉在《中国法制史》一书中将中国古代的"物"分为动产和不动产两个方面。学者潘伟和也认为,古代法"称动产为物、财或财物,称不动产曰产、业或产业"[3]。现代法律词汇"不动产",大体相当于古代的"田宅",主要包括土地、房屋等。这样的划分可以将现有的物权词汇与古代财产法的表述作一个简单对应,但对中国古代财产制度的理解还需从词义上进行微观的深入分析。

中国古代有"物"这一词汇,但并没有当代物权法中"物"这一法学概念和法律含义。"物"在《说文解字》中解释为:"万物也。牛为大物。天地之数,起于牵牛,故从牛。"物泛指生于天地之间的一切。具有当代物权法"物"的含义的,有财、产、业、货等。

在当代,"财产"一词不专属于特定的学科,在经济学和法学等学科中被普遍使用,具有人们能够相互理解和交流的基本含义。在古代,"财产"一词也并非法学领域的专有概念,其在一般意义上被使用。按照《说文解字》的解释,财为"人所宝也""宝,珍也",即人们当作宝贝珍藏的东西。货,"财也",与财产的含义基本相同。

在《说文解字》中,产,生也。《康熙字典》载:"本其所生长之地曰产。""产"的意思为生产或者产出,即可以源源不断产生其他财富的东西。

《说文解字》载:"业,大版也。所以饰县钟鼓。捷业如锯齿,以白书之。象其鉏鋙相承也。从丵从巾。巾象版。《诗》曰:'巨业维

[2] 邓建鹏:《私有制与所有权?》,载《中外法学》2005年第2期。
[3] 潘维和:《中国民事法史》,台北,汉林出版社1982年版,第354页。

枞’。”可见,业最初是乐器架子上方横木上的大版,是用来装饰支架、悬挂钟鼓的。大版形状参差不齐,如同锯齿一般,并被白色颜料涂画。在词汇的演变过程中,业从悬挂钟鼓的大版逐渐发展成为专门从事的,可以持之以恒作为目标的事务。如韩愈《师说》中说:“术业有专攻。”《康熙字典》解释说:“凡所攻治者曰业,事物已篇而未成亦曰业。”在作为目标的事业务中,财富是其中包含的内容之一。《易·系辞》载:“富有之谓大业。”《广韵》载:“富,丰于财也。”《左传》载:“凡充裕皆曰富。”业的目标大则为“富有”,即丰硕的财富,小则为“生养”。《史记·货殖传》载:“田农,拙业也,卖浆,小业也。”又载“各劝其业”,业即普通百姓赖以生存的营生。《宋史·食货下六》论及蜀地之茶园,“民卖茶资衣食,与农夫业田无异”。获得生存和发展必要财富的过程,就称为“创业”。

通过上述词义分析可以看到,不同于财、货的静态的价值,产和业具有动态的产出内涵。财产具有供人享受消费的性质,产和业在此功能之外,还具有运营增值的价值。当某种手段可以持续使人得到生计供养时,它就形成了一个“业”,不管这种手段是需要出力劳动还是不需求出力收租或分红。作为一种手段,“业”需要某种前提,即与资源的某种关系。[4] 在陶渊明的《桃花源记》中武陵人“捕鱼为业”,而在传统社会中更为广大的农民以耕田为业。在对业进行管理的过程中,人付出持续的劳动,获得可以供养自己和家庭生存的财产,并且这样的产和业能源源不断地提供这样的财富。“人和产业之间,是一种吸吮、养育的关系,而不是占有、支配的关系。人与业的关系,是一种共生性的相互依赖和维持以保证持续的攀息

---

〔4〕 吴向红:《典之风俗与典之法律》,福建师范大学 2008 年博士学位论文,第 43 页。

产出,一种生养互动的生存关系,而非单向的控制或支配。"[5]业并不要求人对物的排他性支配,一块田地或一片水域之上,可以养育并存的数位业主。这显示了农业社会下的中国人对待自然与自我关系的朴素观念,即自然可以滋养人类,万物为我所利用,人付出劳动便能获得上天和土地的回报,万物平等,甚至显示了人应对赐予财富的土地和上天保有感恩的态度。

## 第二节 中国古代私有财产权的考察

在西方,"权利"与"法律"两词之间有着深厚的渊源。学界普遍认为罗马法中"法律"一词"ius",曾在三个层面上使用,即"justice"、"law"和"rights",对应的中文含义分别为"正义或公正"、"法律"和"权利"[6]。在西方当代社会中,权利已被视为一种天赋的资格,人生而有之的地位,社会民主和公正必须具备的要素。

亚历克西斯·德妥克维尔曾说:"总的说来,没有任何东西能够比权利的思想更能使人的精神得到升华和维护。权利的思想中存有一种伟大而雄壮之物,它可以抹去任何请求中的哀怜乞求之状,并把那些提出要求者置于与给予者同样的地位。"[7]近代以来,权利观念不断得以彰显,被认为是一个人处于人的地位所应坚持享有

[5] 吴向红:《典之风俗与典之法律》,福建师范大学2008年博士学位论文,第45页。

[6] 宋晓明认为:经考证,Ius应为"应得"概念,后世"权利""义务"概念均由其下位义发展而来。并且,对原始文献的文本分析和伦理学上的研究亦表明,"应得"概念契合于罗马人的正义理念和务实精神。参见宋晓明:《罗马法中的"权利"抑或"应得":拉丁语词Ius之含义与汉译问题的文本、逻辑及语言学分析》,载《苏州大学学报(法学版)》2015年第2期。

[7] [英]R. J. 文森特:《人权与国际关系》,凌迪、黄列等译,知识出版社1998年版,第19页。

的一种资格,而不是来自权力者的恩惠。

从词源的角度来看,法律上的“权利”一词在中国是个舶来品。有学者认为,“权利”一词在古代汉语里很早就有了,但大体上是消极的或贬义的。例如,所谓“接之于声色、权利、忿怒、患险而观其能无离守也”;“或尚仁义,或务权利”。这种语义上的权利不是一个可以用来构造法律关系的法学概念。中国古代法律语言里也没有像“rights”那样的词汇。19 世纪中期,当美国学者丁韪良先生(W. A. P. Martin)和他的中国助手们把维顿(Wheaton)的《万国律例》(*Elements of International Law*)翻译成中文时,他们选择了“权利”这个古词来对译英文“rights”,并说服朝廷接受它。从此以后,“权利”在中国逐渐成了一个褒义的、至少是中性的词,并且被广泛使用。[8]

传统社会不存在法律上的“权利”概念,是否就意味着在古代社会现实中,不存在权利?但限于笔者的研究旨趣,本书更想了解的是,传统社会是否存在私人财产权利?如果存在,又与西方的所有权体系有着怎样的差异?

## 一、古代私有财产权的立法考察——以明清土地产权为核心

在当代,私有财产权意味着人的多重权利:首先,对财富的合法、正当所有,是人生存和发展的必要条件,是一项基本的经济权利;其次,财产权是一项基本的人权,对私有财产权的肯定,是对人的价值的看重和高扬,是人的生命权和自由权的物质基础和条件;最后,对财产的分配和占有的正当性判断则构成了一种政治权。对私有财产权的肯定,一方面体现在以宪法和民法等法律的形式确认

[8] 夏勇:《权利哲学的基本问题》,载《法学研究》2004 年第 3 期。

私人所有权;另一方面,体现在当发生侵害私人财产权的事实时,有正当的司法程序按照民法、刑法等法律对侵权行为加以纠正和制裁。在法律制度以这样的正当程序肯定私人财产权的背后,是对私有财产权的肯定已成为社会主流的历史背景。考察中国古代的法律体系,从未有一部法典从正面明确私有财产权利,也无专门的民事法律编纂和私法体系。然而,这并非意味着政府没有保护私有财产。从明清时期的土地立法来看,法律承认农民的土地权利,保护土地交易,对侵犯他人土地的行为进行打击,在一定程度上于法律和事实两方面保护个人的财产利益。

### (一)确认农民的土地私有产权

在王朝建立之初,一般将分配土地、安置流民作为稳定社会的重要举措。明清时期,朝廷曾以数道敕令,承认农民的土地私有权。明清时期私人地权的一大来源是通过颁布法令,将垦荒土地分给农民"开垦耕种,永准为业"。面对大量土地抛荒的状况,明朝建立后即颁布相应的法令解决这一问题:"州郡人民,先因兵燹遗下田土,他人垦成熟者,听为己业;业主已还,有司于附近荒田,如数给与。其余荒田,并许民垦辟为己业,免徭役三年。"[9]这一法令规定开垦的荒地,其产权归开垦人所有;如果原业主返回,官府需要在附近荒田中划拨土地作为补偿。洪武五年(1372 年)五月,明政府再次颁布法令强调:"四方流民,各归田里。其间有丁少田多者,不许依前占据他人之业。若有丁多田少者,有司于辅近荒田验丁拨付。"[10]

对于垦荒的地权,明王朝以法令的形式加以确认,并颁发户贴证明产权归属。1527 年,明世宗年间颁发的法令规定:"各板荒、积

[9] 《续文献通考》卷二《田赋考二·历代田赋之制》。

[10] 《续文献通考》卷二《田赋考二·历代田赋之制》。

荒、抛荒田所遗税粮派民赔纳者,有司招募垦种,给贴为永业。”[11]《明史》卷七十七《食货志一·户口》明确记载:“太祖籍天下户口,置户贴、户籍,具书名、岁、居地。籍上户部,贴给之民。有司岁计其登耗以闻。”

此处的户贴制度是明初为了管控人户与征调赋役而建立的一项户籍制度。洪武三年(1370年)正式推行。明代户贴所登载的项目首先是户名、住址、应当何差、计家多少口。其次为人丁事项,其下登载的项目十分详备。此外,引人注目的是,户贴所载又有事产一大项,其下分田地、房屋、车船、孳畜等。[12] 户贴一般一式两份,其中登记人口信息的总册“户籍”交由户部保管。户贴由百姓保存一般包含三部分,即圣旨,主体部分(籍贯、户主名、户口数、土地等财产信息),令印、编号、官吏签押。户贴由官府所发,因此在一定程度上,是百姓拥有土地的官方证明。明代在洪武十四年(1381年),又开始全国正式推行的黄册制度。“明代从洪武十四年(1381年)起开始攒造黄册,以后每十年一大造,至崇祯十五年(1642年),共攒造了27次。”[13] 黄册制度的基本目的是管理赋税和人口,是明代相当长时间内的基本户籍与赋役制度。黄册所载有田地、房屋、车船、孳畜等事项,不过黄册所载要比户贴详备得多。其中,对于田产的记载为官方的记载。

清代曾多次下令对开垦的荒地确认产权,这是清代确定土地私人产权的一个重要途径。清朝初建,百废待兴,清廷上下一致认为“辟土地而聚人民”为当务之急。为了稳定秩序,奖励开垦荒地,顺治六年(1649年)政府正式颁发“垦荒令”,确认地权:

---

〔11〕《续文献通考》卷三《田赋考》。

〔12〕栾成显:《明代黄册制度起源考》,载《中国社会经济史研究》1997年第4期。

〔13〕栾成显:《明代黄册研究》,中国社会科学出版社1998年版,第1页。

著户部、都察院,传谕各抚院,转行道府州县有司,凡各处逃亡民人,无论原籍、别籍,必广加招徕,编入保甲,俾之安居乐业。察本地无主荒田,州县官给以印信执照,开垦耕种,永准为业。迨耕至六年后,有司官亲察成熟亩数,抚按勘实,奏请奉旨,方议征收钱粮。其六年以前,不许开征,不许分毫佥派差徭。如纵各衙门、衙役、乡约、甲长,借端科害,州县印官无所辞罪。务使逃民复业,田地开辟渐多。各州县以招民劝耕之多寡为优劣,道府以责成催督之勤惰为殿最。每岁终,抚按分别具奏,载入考成。该部院速颁示遵行。[14]

这一鼓励开垦荒地的法令,承认垦民的土地产权,一旦开垦耕种,永准为业,由州县官给以印信执照为证。同时,对于垦荒免税赋徭役作出规定,并将开垦官、荒地的多少作为官吏优劣的考成依据。顺治十四年(1657 年)四月,朝廷又制定《督垦荒地劝惩则例》,将管辖地的开垦土地数额作为奖惩各级官吏的标准,并制定了具体的奖惩措施。

"垦荒令"颁布后取得了一定的实效,但在有些地区的实施中遇到了阻碍,"官虽劝耕,民终裹足不前也"。出现这种情况的主要原因之一就是垦民的土地产权得不到确认,甚至被地主豪强胥吏侵占。如河南御史刘源濬所说:"无人承种之荒地,(农民)耕熟后,往往有人认业,兴起讼端,官即断明,而资产荡然矣。"[15]产权问题成为落实垦荒、安置流民的关键,清政府对此非常重视,多次下令强调垦荒土地的归属问题。四川、云贵、河南等多个地区下令对已开垦荒地给以印票,"永为已业"。

---

〔14〕《清世祖实录》卷四三。

〔15〕《圣祖实录》卷三。

由于原业主与垦民之间的纠纷日益增加，清政府还多次颁行了法令，调整原有业主和垦民之间的权利。康熙二十二年（1683 年），河南省为了减少纠纷，调整原业主和垦民对荒地的权利，颁行了《垦荒事宜》：“凡地土有数年无人耕种完粮者，即系抛荒；以后如已垦熟，不许原主复问。”〔16〕雍正十二年（1734 年），中央对这一问题作出规定：“嗣后各州县，凡遇开垦，先将土石界址出示晓谕，定期五月内，许业主自行呈明。如逾期不报，即将执照给原垦人承种管业。”〔17〕即在一定的公示期内，原业主不呈明，则保护垦民对土地的权利。乾隆五年（1740 年）朝廷又再次强调：“民地先令业主垦种，如业主无力，始许他人承垦；成熟之后，业主亦不得追夺。”〔18〕一系列的规定，在肯定原业主优先权的同时，以保护现有垦民的产权为基本原则。为了安置流民和稳定地权，政府还多次延长起科年限。雍正即位后，发布上谕，规定垦荒之水田仍以六年起科，旱田则以十年起科并著为定例。乾隆二年（1737 年）制定的《承垦荒地之令》、同治元年（1862 年）的《钦定户部则例》，进一步规范了私人垦荒取得地权的程序。

同治元年（1862 年）针对太平天国运动所造成的土地抛荒与社会混乱，朝廷制定了《垦荒定则》：“各直省实在可垦荒地，无论土著流寓，俱准报垦。一地互报，尽先报者。凡报垦，必开具址土名，听官查勘。出示晓谕后五个月，如无原业呈报，地方官即取结给照，限年升科。”从这一法令规定可以看出，无论本地人还是外地人，均可以通过报官府确认，取得土地产权。在这一过程中，官府对于所垦之荒地要进行 5 个月的公示，如无原业主提出异议，则由官府发给

〔16〕《圣祖实录》卷一零八。

〔17〕《大清会典事例》卷一六六。

〔18〕《清朝通志》卷八一。

印照确认权利,如多人报垦,则确认先报者的产权。

下文为现存的清代末年广东省颁发给个人的土地执照:

> 黄字号,藩照,第一号:广东等处承宣布政使司为核明通详事案。据广州府转香山县勘详,垦户何兆隆、陈时泰、韩积善,系该县圜都一图五甲韩杨何户丁,报承县属土名塞口沙白坦第二坵,东至何隆业等新承坦七十一丈,西至绘沙坦尾六十丈六尺,南至伍允怀等新承坦二百五十五丈,北至何泰基新承坦二百六十八丈,该税二顷九十九亩八分五厘三毫三丝三忽,查系淤积已久,未经成熟,每亩缴花息银二两,照依斥卤例造具图册,结请核升科,等由到司。业经详奉院审批准,缴息升科在案,合就给照。为此,照给业户何兆隆等收执,即使遵照原承土名坵段四至税数,实力垦耕,依照于道光丙申年起征输粮,毋得藉照影占官荒及他人税业情事,致干查究不贷。毋违须照。右照给业户何兆隆、陈时泰、韩积善执照。道光十六年三月二十七日给。[19]

在这份产权证明中,发照机关、发照事由、土地位置及范围、权利人等事项都被载明,是权利人合法持有土地的证明。然而需要注意的是,在明清时期,并非所有的合法产权都有这样的权利证明,政府并不把颁发证书以确认民众的地权作为其必需的职责。政府更多的时候以税赋这种承担义务的方式确认民众的土地权利。

以清初为例,由于军费开支浩繁,财政极度窘急,对于明代藩王、勋戚遗留下来的大量田产,政府明令将其土地入官后,进行变价和召佃。这样的政策虽增加了财政收入,但也带来一系列的问题。

---

〔19〕 谭棣华、冼剑民:《广东土地契约文书(含海南)》,暨南大学出版社2000年版,第19页。

到了康熙八年(1669 年)、九年(1670 年),清政府停止了自顺治以来一直推行的变价政策,将这些清查处置过的明藩田产改称为“更名田”,承认了原种之人对该田土的承业权或佃种权。据《清康熙实录》记载:

八年,三月,辛丑,谕户部:前以尔部题请直隶等省废藩田产,差部员会同各该督抚将荒熟土地酌量变价,今思既以地易价,复征额赋,重为民累,著免其变价,撤回所差部员,将见在未变价田地,交与该督抚,给与原种之人令其耕种,照常征粮。

九年,正月,己酉。初,直隶各省废藩田产,奉旨免其易价,改入民户,名为更名田。内有废落自置之地,给民佃种者,输粮之外,又纳租银,重征为累。户部议以久载全书,不当蠲免。得旨:更名地内自置土田,百姓既纳正赋,又征租银,实为重累,著与民田一例输粮,免其纳租,至易价银两,有征收在库者,许抵次年正赋。[20]

据学者的研究,康熙八年(1669 年)清政府关于明藩田产“免其变价,给予原种之人”的法令并没有得到完全认真的执行。[21] 在更名田内部,实际上存在多种形态:仍然征收地租的官田;按照大粮地起科,基本上已经民田化的土地;少数在科征上介乎官田和民田之间的那部分土地。在明末的农民大起义中,明藩田产为当时的起义农民所占有或者为佃农所占有,但清廷显然是将其视为国家所有的,即所谓“前朝国成(田产),……正与无主入官之旨相符”“明宗

---

〔20〕《清实录》卷二八、卷三二。
〔21〕陈支平:《清初更名田立法考实》,载《厦门大学学报(哲学社会科学版)》1984 年第 4 期。

遗产自应按数入官"[22]。在变价和召佃政策产生社会问题时，清廷不得已将其改入民户。政府将官田改为民田的标志之一，就是改变了在土地上收税和收租并行的措施，以仅收税赋的形式确认了农民对土地的产权。

### （二）承认和保护土地交易的合法性

除了以上对土地确权的敕令外，明清法律也确认土地买卖的合法性。明律规定土地买卖要经过立契、交税、过割等程序，其中，政府对税赋和过割最为重视。洪武元年（1368 年），明政权刚刚建立即对契税加以规定："买卖田宅匹头，必投契本，别纳纸价。"[23]洪武二年（1369 年）其又规定："凡买卖田宅匹头，赴务投税，除正课外，每契本一纸，纳工本铜钱四十文，余外不准多取。"[24]明代契税一般维持在 3% 左右，因时代不同而有变化。顾炎武说："洪武二年令，凡卖买田宅等项，除正课外，每契本一纸，纳工本钱四十文，核议无分典买房田，每价一两，纳税契银二分三厘一毫五丝，充军饷用。复因饷乏，至万历二十一年五月内奉文增铜，每两征银三分。四十年十月……凡卖契一张，每银十两，该银一钱二分六厘。"[25]同时，为了保证政府的税收，明政府严厉打击民众的匿税行为和官吏的贪墨行为。

过割是政府用以保证政府赋役征收的重要手续。《大明律》对不过割的行为加以规制："凡民间典买田宅……不过割者，一亩至五

[22] 故宫博物院明清档案部：《清代档案史料丛编》（第 4 辑），中华书局 1979 年版，第 151、156 页。

[23] 《续文献通考》卷一八。

[24] 《明会典》卷三五。

[25] 《天下郡国利病书》卷二七。

亩,笞四十,每五亩加一等,罪止杖一百。其田入官。”[26]明代律学家王肯堂认为不过割导致很多的社会问题,其危害甚于不契税:“典卖田宅,照价多寡纳税于官,官为印其契券,谓之税契,由彼户推收以入此户,谓之过割。……不过割,主卖者而言,恶其混淆册籍,故计亩论罪至三十五亩之上,罪止杖一百,仍将不过割之田入官。宅无粮差,故不言过割。不过割之罪重于不契税者,诚以民间册籍难清结赋役难核实,皆田过割不明之故也。不过割多由卖主留难措勒,故买主不坐,然其田入官,则买主之罚亦不轻矣。”[27]因此,明代政府对不过割的行为加以严惩。经过立契、缴税、过割的土地,受到政府的保护。

清代法律延续明代的做法,承认和保护土地交易行为。清初仍延续了3%的契税税率,顺治四年(1647年)契税的税率定为“每两输银三分”[28],此后清代多按这一税率征收。对于不契税和过割的行为,《大清律例》规定:“凡典买田宅,不税契者,笞五十,(仍追)契内田宅价钱一半入官;不过割者,一亩至五亩笞四十,每五亩加一等,罪止杖一百,其(不过割之)田入官。”

明清时期,典交易日益成熟和普遍。为了减少现实中因典卖不清引起的频繁土地纠纷,清代法律在明律的基础上进一步区分了典和卖,结束了历史上对典交易进行纳税的惯例。《大清律例·户律·田宅》规定:“活契典当田房,一概免其纳税;其一切卖契无论是否杜绝,俱令纳税。”乾隆十四年(1749年)朝廷进一步制定条例对此进行规范:“凡民间活契典当田房,一概免其纳税。其一切卖契,无论是否杜绝,俱令纳税。其有先典后卖者,典契既不纳税,按照卖

---

[26] 《大明律》卷五。

[27] (明)王肯堂:《王仪部先生笺释》卷五《户律·典买田宅》。

[28] 《清朝通典》卷八。

契银两实数纳税,如有隐漏者,照例治罪。"[29]

为了保护典交易的正常进行,《大清律例》对于土地典交易当中出现的重复典卖行为、典主托故不肯放赎者加以制裁:

若将已典卖与人田宅朦胧重复典卖者,以所得(重典卖之)价钱计赃,准窃盗论,免刺,追价还(后典买之)主,田宅从原典买主为业。若重复典买之人及牙保知(其重典卖之)情者,与犯人同罪,追价入官不知者,不坐。

其所典田宅、园林、碾磨等物,年限已满,业主备价取赎。若典主托故不肯放赎者,笞四十,限外递年所得(多余)花利追征给主,(仍听)依原价取赎。其年限虽满,业主无力取赎者,不拘此律。[30]

为了维护秩序,保护土地交易,《大清律例》还规定了出现地权纠纷时的确权程序:"嗣后民人告争坟山,近年者,以印契为凭,远年之业,以查对山地、字号、亩数、库储鱼鳞册并完粮串票,逐一丈勘。相符者,即断之承管。倘有不符,又无完粮印串,则所执远年废纸及碑谱等项,均不得以为据。即将滥行侵占之人,按例治罪。"

上述条例规定在土地纠纷中,不仅要仔细查验文契的真伪,而且要由州县派出专门官员核对完粮清单、进行实地勘查,要制作专门的勘查笔录,以确定土地的归属。此例适用民人告争坟山的情况,也适用其他不动产的确权程序。

### (三)对侵犯他人土地的行为进行制裁

从明清法律来看,对私有产权的保护更多体现在对侵犯他人财

---

[29] 《皇朝政典类纂》卷三零八。

[30] 《大清律例》卷九《户律·田宅》,"典买田宅"条。

产的行为进行处罚上,对土地产权的保护也是如此。

明清法律对于私人的瓜果、谷麦、菜果等加以保护,明律规定了“擅食田园瓜果罪”,《大清律例》加以继承:“凡于他人田擅食瓜果之类,坐赃论。计所食之物价,一两以上笞一十;二两笞二十,计两加等,罪止杖六十徒一年。弃毁者,罪亦如之。”对于田园瓜果,因是私人财产,对擅食者以坐赃罪加以处罚。清律还规定,“凡盗田野谷麦菜果及无人看守器物者,并计赃准窃盗论,免刺。若山野柴草木石之类,他人已用工力砍伐积聚,而擅取者,罪亦如之”。对于此条,沈之奇道:“此条要看‘田野’‘山野’字。凡谷麦菜果,尚在田野,未经收取到家,及一切无人看守之器物,而有盗者,与在家及有人看守者不同。”〔31〕对于山野柴草木石本是无主的自然资源,非私有财产,但既经人施加工力,则已变成归属有主之劳动成果,因此律例加以保护。但因情节较轻,准窃盗论,免刺。

同时,明清律对毁坏他人财物的行为加以制裁。《大清律例·户律·田宅》延续明律“弃毁器物稼墙等”条,规定:“凡故意弃毁人器物及毁伐树木稼桔者,计(所弃毁之物即为)赃,准窃盗论,(照窃盗定罪)免刺。(罪止杖一百流三千里)……私物,则偿而不坐罪。”“若毁人坟茔内碑褐石兽者杖八十;毁人神主者杖九十。若毁损人房屋墙垣之类者,计合用修造雇工钱坐赃论(一两以下笞二十,罪止杖一百徒三年)。各令修立……误毁者,但令修立,不坐罪。”

根据黄宗智对清代民国县法庭存档与村庄的纠纷和诉讼记录的统计,土地、债务、婚姻和继承在民间纠纷中占有绝大部分,其中,

---

〔31〕(清)沈之奇:《大清律辑注》(下),怀效锋、李俊点校,法律出版社2000年版,第601页。

以土地的纠纷最多。[32] 为适应这样的现实,《大清律例》、《户部则例》和《大清会典》中调整土地关系的法律规范也较为充分。其中,《大清律例·户律》之下专设《田宅》一门,"典买田宅""盗卖田宅""盗耕种官民田""荒芜田地"等十一条,均为解决土地纠纷和打击侵权行为的法律规范。

"盗卖田宅条"对民田、官田皆加以保护,对盗卖、冒认、强占等侵犯他人土地及具有特殊经济价值的矿冶、山林、湖泊、川泽等行为加以制裁:

> 凡盗(他人田宅)卖、(将己不堪田宅)换易及冒认(他人田宅作自己者),若虚(写价)钱实(立文)契典买及侵占他人田宅者,田一亩、屋一间以下笞五十,每田五亩、屋三间加一等,罪止杖八十、徒二年。系官田宅者,各加二等。
>
> 若强占官民山场、湖泊、茶园、芦荡及金、银、铜、锡、铁冶者,不计其数杖一百、流三千里。若将互争(不明)及他人田产妄作己业,朦胧投献官豪势要之人,与者、受者各杖一百、徒三年。(盗卖与投献等项)田产及盗卖过田价,并各项田产中递年所得花利,各应还官者还官,应给主者给主。[33]

清律还对盗种官有、民有土地等侵犯他人土地使用权的行为实行严格制裁。《大清律例》中规定:"凡盗耕种他人田园地土者不告田主,一亩以下笞三十,每五亩加一等,罪止杖八十。荒田,减一等。强者(不由田主),各(指熟田、荒田)言加一等;系官者,各(通盗耕、强耕荒熟)言又加二等。仍追所得花利,官田归官、民田给主。"[34]

---

[32] 参见[美]黄宗智:《清代的法律、社会与文化:民法的表达与实践》,上海书店出版社2001年版,第47页。

[33] 《大清律例》卷九《户律·田宅》,"盗卖田宅"条。

[34] 《大清律例》卷九《户律·田宅》,"盗耕种官民田"条。

以上对侵犯土地产权的行为的制裁，虽然都较为严厉，以刑事处罚为主，但也能看到今天还原原物、赔偿损失等物权保护的影子。贯穿其中的理念既有以刑事方式打击财产犯罪、维护社会制度，也有使物归所属的公平价值理念。

通过对明清律例的分析，可以看到，中国古代立法对产权的保护呈现出以下几个特点：第一，明清立法没有和现代民法中的权利概念相对应的内容，法律从未正面地确认民事权利及对物的所有。中国传统社会不存在与西方法律制度相对应的私权体系，因此以所有权、他物权等西方物权概念解读明清时期的地权体系并不完全适当。王朝建立之初为安顿流民、开垦荒地将土地交给百姓“永业”，其出发点是稳定社会制度、增加税赋，其思想基础在于儒家传统的仁政思想，而非基于对民众权利的考虑和肯定。第二，虽然明清立法中没有对于权利的正面肯定，但通过以上的考察可以看到，民众关于财产和土地等私有财产的利益在一定范围内获得法律的认可。法律承认私人占有、处分、收益的事实，以刑事兼民事的手段对侵犯他人财产的行为加以处罚，保护私人的物品、土地，并以确定义务的方式确认民众的利益。如春秋时期鲁国于公元前594年实行“初税亩”，曾被广泛认为是土地私有制的开始，这一法令是通过对土地占有人征收赋税，确认国家对百姓土地的利益。自此之后，秦王朝要求土地占有人申报土地“使黔首自实田”，王朝往往以征收税赋和国家控制的形式确定土地权利。

## 二、财产之私主要为家庭之私

在传统社会中，财产之私是以家、户为单位的，区别于现代西方语境下的个人之私。明清时期延续了前代别籍异财之禁，但也有变化。《大清律例·户律·户役》“别籍异财”条规定：“祖父母、父母在者，子孙不许分财异居。其父母许令分析者，听。”《大清律例·户律·户役》“卑幼私擅用财”条规定：“凡同居卑幼，不由尊长，私擅用本家财物者，十两，笞二十，每十两加一等，罪止杖一百。若同居尊长，应分家财不均平者，罪亦如之。”

较之前朝，清代对于析分家产的行为，国家并不完全地反对，但需要经家长同意。对于卑幼私擅用财，沈之奇认为：“不曰盗财，而曰擅用，盖本家财物，原是卑幼所有分者，但责其不请命于尊长耳。……家政统于尊长，家财则系公物，故尊长不均平，与卑幼私擅用之罪相同，不少加减也。”[35]因为财产属于家庭公共的产业，卑幼也有分（份），所以卑幼私擅用财不属于盗窃，而错在没有得到尊长的许可。无论要析分家产还是要动用财产，都需要尊长的同意，法律支持家长的财产支配权。

由此可见，在一般情况，个人，无论是卑幼还是尊长，都没有对家庭财产的所有权。家在传统社会中是一个基本的财产和赋税单位。这样的思想在中国传统社会源远流长。《礼记·曲礼上》强调：“父母在，不有私财”；《礼记·坊记》说：“父母在，不敢有其身，不敢私其财”；《礼记·内则》说：“子妇无私货，无私蓄，无私器，不敢私假，不敢私与，家事统于尊也。”这均表明了传统社会的个人不能持有私财、家长为家庭财产管理者的主流思想。在《大清律例》中，别籍异财条与卑幼私擅用财条也体现了这一理念。

那么，个体与家庭财产权是一种什么样的关系？“名分”一词有助于理解这一问题。孔子在其著作中最早阐述了“名”的概念。《论语·颜渊》载：“齐景公问政于孔子，孔子对曰：‘君君，臣臣，父

〔35〕《大清律辑注》卷四。

父，子子。’”古代中国人的社会身份地位是在人和人的关系中体现出来的，这种“名”，是指一个人在国家、社会、家庭中的角色。孔子认为“名分”十分重要，是重建国家秩序的核心问题。荀子着重从“分”来阐释“名”。《荀子·荣辱》中说：“故先王案为之制礼义以分之，使有贵贱之等，长幼之差，知贤愚、能不能之分。皆使人载其事而各得其宜，然后使悫禄多少厚薄之称，是夫群居和一之道也。”荀子试图通过礼的标准来划定一个人在社会的“名分”，明确君主、群臣、百姓的地位差别，并安守于在等级秩序中的地位。法家也讲“名分”，但其“名分”更多的为归属和利益。《商君书》云：“一兔走，百人逐之，非以兔为可分以为百，由名之未定也。夫卖兔者满市，而盗不敢取，由名分已定也。”

在对后世影响深远的儒家的体系中，“名”是社会秩序的起点，也是个人活动的前提。从周初的礼制秩序来看，“名”实际是一整套权、责、利的抽象概括和概念框架。“名”的不同，代表了权利义务的不同。在等级制度的体系中，诸如王、公、侯、伯、子、男、卿、大夫、士之类，每一个“名”都是在社会生活中特定的权、责、利的象征。[36]对于传统社会中，人和人在关系中生存，以及在社会和家庭关系中形成的位置与权责利的差别，费孝通称其为“差序格局”，梁漱溟称其为“伦理本位”（关系本位）。不同人由于在家庭中的地位不同，他们对财产的使用、控制权利也有很大的差序，这种差序的核心是围绕着血缘关系而形成的，人对财产的权利依附于身份关系，这就是礼和名分带给传统财产制度的深刻烙印。因此，传统社会的财产权利是一种以身份关系作为基础的资源安排：并非是个人的财产决定了其在社会秩序中的身份，而是其身份决定了个人对于财物的可

〔36〕 勾承益：《先秦礼学》，巴蜀书社2002年版，第173页。

控制能力。[37] 因此,家是财产的拥有者,是财产的主体。家庭中的人按照其在家庭中的地位决定了对财产的使用、处分能力。

对于财产的交易,也往往是以家庭为单位进行,或受到家庭宗族的影响。从唐朝后期开始,出卖土地房屋等不动产时,亲族、四邻享有优先购买的权利。法律规定,田宅交易时要"先问房亲,不买,次问四邻。其邻以东南为上,西北次之。上邻不买,递问次邻。四邻俱不售,乃外招钱主"[38]。明清时期,法典中虽没有这一规定,但其仍作为一种习俗在土地交易中广泛存在。这一习惯在一些地区甚至延续至今。根据学者的田野调查,华北的几个村庄"恪守族人有权优先买卖土地的惯例。在后夏寨,即使到了20世纪30年代后期,这种惯例一直没变"[39]。在明代万历年间刊刻的《四民利观翰府锦囊》所载卖地文契式中,也可以看到家庭关系对土地交易的影响:

(某)里(某)人承(祖父)置有晚田(某)段,坐落(某)里(某)处,原计若干种,年供苗米若干桶乡,即目东至(某人田),西至(某人田),南至(某人田),北至(某人田)为界,已上俱出四至分明。今来不成次业,情愿托得知识人(某)为中,将前项各至内田出卖与(某)里(某)人为业,当三面言议定时值银若干两正。自立契书之日,一应交领足讫,不签分厘。自卖之后,请买主一任去管业。所卖其田,的系承(祖父)置下产业,与内外亲房伯叔弟侄等人无干涉,亦无重复典当、准折债负之类。此系正行交易,甘愿自卖,其田该载产米若干,候在大造黄册之

---

[37] 方钦:《传统中国社会财产权利的性质——以清代闽北土地买卖文书为例》,载《南方经济》2016年第12期。

[38] 《宋会要·食货》。

[39] [美]黄宗智:《华北的小农经济与社会变迁》,中华书局2000年版,第270页。

年，自用收割产亩□户当差，递年津贴粮役与出产人了纳粮差，不致留难，向后再无异说执僭之理。今恐无凭，故立契书为照。[40]

在此契约中，既声明“承（祖父）置下产业”，来说明处分土地的合法性，又说“与内外亲房伯叔弟侄等人无干涉”，反映出土地买卖涉及诸多家庭及其族邻关系。有学者对清代闽北文书81件契约进行统计，认为其中无任何约束的田土自由买卖，即可视为符合现代产权规则的土地交易契约，仅有6件，占7.4%。其余75件契约中所见的土地买卖，地权均受约束。[41] 说明了明清时期，土地的个人之私并没有受到法律及习惯的承认，家族对土地交易影响之巨大，是土地产权及交易的主体。正是在这个意义上，有学者用中国固有的名词“家产制”对传统社会的财产制进行概括，反对使用来自西方的“所有权”“共有权”等概念：

家产制是用财产以维持家的存在与延续为目的的制度，家产是家庭公共的产业，任何家庭成员不对家产享有排他性的权利（支配权）。在家产制下，父祖尊长“总摄”家政，管理家产，权限很大，但不能把家产视为尊长私人财物；其他家庭成员于家产“有分”，但不得擅自处分家财。实际上，对“共财”的理解，关键在“共”字。以往的误解，在于把“共”字训为“共同”之“共”。其实，“共财”之“共”乃“公共”之“共”，重在“公”字。“公”乃“私”“己”的对立词。家产既为公共之产，就无所谓个人财产。[42]

---

〔40〕 杨国桢：《明清土地契约文书》，人民出版社2009年版，第13页。

〔41〕 参见方钦：《传统中国社会财产权利的性质——以清代闵北土地买卖文书为例》，载《南方经济》2016年第12期。

〔42〕 俞江：《家产制视野下的遗嘱》，载《法学》2010年第7期。

因此,以土地等财产的视角观之,明清时期的财产之私主要为家庭之私,较少表现为个人之私。这是深刻植根于传统社会的家族本位背景之中的,从而为家族制提供重要的经济支持。

## 三、传统私有观未发展为系统的权利观

中国古代社会的私有观是传统私有制的思想基础。中国传统社会中,既有以“天下为公”为理想,崇公非私,重义轻利的一面,又有肯定民众私有财产,鼓励私有的一面。最为当时社会广泛接受的应属孟子的理论:“民之为道也,有恒产者有恒心,无恒产者无恒心。”(《孟子·滕文公上》)其认为百姓拥有稳定的财产,才有安定的生活,社会才能稳定。《孟子》一书适应了宋代社会经济发展的需要,在宋代经典中的地位不断提高,由“子部”列入“经部”,并成为“十三经”之一。《孟子》一书中,“有恒产”才有“恒心”的思想,完全适应了宋代田宅私有化的浪潮,经大儒朱熹系统整理,直接影响宋代社会经济生活。[43]《吕氏春秋》则认为土地私有对劳动者的积极性有很大影响:“今以众地者,公作则迟,有所匿其力也;分地则速,无所匿迟也。”[44]

经历了自宋代田宅私有化的兴起及义利并重观念的出现,私有价值观在明清之际进一步发展。这既与这一时期商品经济的发展有关,又与明清之际的启蒙思想家反对专制统治、肯定人的利己性密切联系。李贽从人性的基础上肯定私有观念,认为私是人的本性,是“自然之理”,是推动生产和生活的基本动力。他说:“夫私者,人之心也。人必有私,而后其心乃见。若无私,则无心矣。如服

---

〔43〕 陈景良:《何种之私:宋代法律及司法对私有财产权的保护》,载《华东政法大学学报》2017年第3期。

〔44〕《吕氏春秋》卷一七。

田者私有秋之获，而后治田必力；居家者私积仓之获，而后治家必力；此自然之理，必至之符，非可以架空而臆说也。”〔45〕

黄宗羲的思想更典型地反映出对专制皇权的批判，以及明清之际财产私有意识的觉醒。他认为井田制是国有土地制度，而秦王朝以后的土地属于百姓：“田出于王以授民，故谓之王土。后世之田为民所买，是民土而非王土也。”〔46〕“古者井田养民，其田皆上之田也。自秦而后，民所自有之田也。上既不能养，使民自养。”〔47〕他批判重税制度，认为：“授田之法废，民买田而自养，犹赋税以扰之，……是亦不仁之甚。”〔48〕黄宗羲分析了历史上的“并税式改革”，认为每一次税赋改革都只是短期内消除了一些时弊，而从长期来看，“天下之赋日增，而后之为民者日困于前”，“有积累莫返之害，有所税非所出之害，有田土无等第之害”，〔49〕无法解决社会的根本问题。他对重税制度的批判，正是基于对民众私有财产的尊重，以及君主对民众财富暴敛的批判。

王夫之批判天下财富归王权所有的观点，彻底否定了“普天之下莫非王土”的看法，肯定了土地私有制。他说：“若夫土，则天地之固有矣。王者代兴代废，而山川原隰不改其旧，其生百谷卉木金石以养人，王者亦待养焉，无所待于王者也，而王者固不得而擅之。”〔50〕“天下受治于王者，故王者臣天下之人而效职焉。若土，则非王者之所得私也。天地之间，有土而人生其上，因以资养焉。有

〔45〕《藏书》卷二四。
〔46〕《破邪论》。
〔47〕《明夷待访录·田制一》。
〔48〕《明夷待访录·学校》。
〔49〕《明夷待访录·田制一》。
〔50〕《读通鉴记》卷一四。

其力者治其地,故改姓受命,而民自有其恒畴,不待王者之授之。"[51]在他看来,君主与百姓共同被天地自然所养育。土地是天地赋予人们,滋养百姓的自然物,而非君主的赐予。百姓因以自己的劳动力附加于土地,获得土地的私有权。他还分析了中国土地制度演变的三个阶段,认为土地私有制是历史进化的产物。

丘浚认为私有制是顺应人情与风俗的结果,是必然的趋势:"井田既废之后,田不在官而在民,是以贫富不均。一时识治体者咸慨古法之善而卒无可复之理,于是有限田之议、均田之制、口分世业之法。然皆议之而不果行,行之而不果久。何也?其为法虽各有可取,然不免拂人情而不宜于土俗,可以暂而不可常也。终莫若听民自便之为得也。"[52]同时,他要求以国家之力保护私有制度和个人财产:"制其田里,教其树畜,各有其有而不相侵夺,各用其用而不相亏欠。"[53]他主张保护债权人的利益,"苟有佐证,亦必追偿"[54]。他的思想中包含了对私有制的肯定和保护的理念。

通过对中国古代尤其是明清时期私有观念的考察可以看到,在古代,人们对私有制的认识是不断深化的。孟子有恒产者有恒心的思想,因儒家思想的主导地位而影响深远,其思想根本为"民为邦本"的民本思想。但这种民本思想却不是以民权为本,而是君本主义下的民本思想,仍然是服务于国家秩序与王权统治的。直至明清时期掀起的启蒙主义思想,在批判君权的同时,私有观得到了积极的论证和阐扬。在明清启蒙思想者的眼中,私有制或者是历史进步的产物,或是基于自然对人类的滋养,或是基于人施加以劳动力的

---

[51] 《噩梦》。
[52] 《大学衍义补》卷一四。
[53] 《大学衍义补》卷一。
[54] 《大学衍义补》卷一零六。

结果。他们对私有制加以积极肯定,倡导对其予以保护。只是,在均衡主义的深厚文化氛围中,明清之际的思想家们既主张维护私有制,又希望缓和因财富不均引发的社会矛盾。于是,他们就在“私”和“均”之间寻求折中和平衡。折中和平衡的趋向是私有财产神圣不可侵犯受到某种限制。这一点与西方有差别。[55] 同时,作为政治思想家而非法学家,他们从未系统地阐释“私人所有”的边界,也从未将其上升到权利的角度加以肯定和保护。作为超前于当时时代的一批人,他们的不能即是当时时代的不能。

### 四、从未产生完整的私人所有权

在今天,私人所有权不仅是一种法律中的权利,更被视为一种自然权利。从历史上考察,所有权是一个舶来品,也是一个历史阶段的产物。虽然在欧洲的中世纪,已经开始孕育了西方绝对所有权的物质和精神因素,但一般认为绝对私有财产权的建立要始于近代。

马克思认为,绝对私有财产权是一个现代现象,是资本主义的产物:“法律观念……说明,土地所有者可以像每个商品所有者处理自己的商品一样去处理土地;……这种观点……在现代世界只是随着资本主义生产的发展才出现。”[56] 马克思认为在中世纪西欧,日耳曼生产方式决定了家庭为财产的基本主体:“在日耳曼世界,单独的住宅所在地就是一个经济整体,这种住宅所在地本身仅仅在属于它的土地上占据一个点;这并不是许多所有者的集中,而只是作为独立单位的家庭。”[57] 15 世纪后期至 16 世纪末的英国,发生了圈地

---

〔55〕 李光福:《中国传统的私有观》,载《生产力研究》2001 年第 1 期。

〔56〕 [德]马克思:《资本论》(第 1 卷),中共中央马克思恩格斯列宁斯大林著作编译局译,人民出版社 2004 年版,第 616 页。

〔57〕 [德]马克思、[德]恩格斯:《马克思恩格斯全集》(第 46 卷),人民出版社 1963 年版,第 481 页。

运动。圈地运动打破了封建的土地制度，绝对私人财产权制度开始设立。

其后的马克斯·韦伯对私有财产权的论述，在某些方面与马克思有相似性。韦伯主张，在中世纪欧洲家庭是社会组织生产和消费的基本单位，在这一点上与其他农业文明并无不同："它的结构虽各有不同，但始终是一个消费单位。生产的物质手段，尤其是动产，也可以属于家庭集团所有。……在家庭范围内，一切财产权都属于家长个人，但是对妻子儿女的特殊所有物，家长的财产权也受到各种不同的限制。"〔58〕此后，公有财产与私有财产在法律上分离，分离的重要原因是庄园的解体，从而导致土地私有权彻底建立。〔59〕

他发现在中国、印度、巴比伦、埃及等国家或地区，无论是在古代还是在近代，都曾存在相当的财产积累，却不存在那种重视个人主义财产权的独特的经济伦理观念。韦伯没有否认马克思强调的社会变迁中"物质"因素的重要性，只是同时注重精神因素起作用的程度。他认为资本主义起源的一个必不可少的（虽然绝不是唯一的）成分，是一个价值观念体系，也就是"资本主义精神"。〔60〕

自此以后的学者们，大多在这一问题上与马克思和韦伯保持了一致性，认为中世纪的财产制为一种封建所有权。16世纪以后，西欧社会才开始产生近代绝对的个人财产权观念和制度。

马克思曾说过："权利永远不能超出社会的经济结构以及经济结构所制约的社会文化发展。"中国的明清时期，人们普遍存在对物的归属的观念，这种归属观念是人类共同的私有理念。虽然法律存

---

〔58〕［德］马克斯·韦伯：《经济通史》，姚曾廙译，上海三联书店2006年版，第18-19页。

〔59〕［德］马克斯·韦伯：《经济通史》，姚曾廙译，上海三联书店2006年版，第44页。

〔60〕［德］马克斯·韦伯：《新教伦理与资本主义精神》，于晓、陈维纲等译，三联书店1987年版，第37-38页。

在对私有财产的保护，却因为没有法律对权利的正面确认，社会中没有对私权蕴含的平等和自由精神的确认，很难称其为一种近现代意义上的权利。

伯尔曼先生在《法律与宗教》一书中记录了这样的一段对话：

> 我曾和一位中国朋友争辩，是否即使是小孩子的心智里也存在法律价值和法律情感。一个小孩说：“这玩具是我的。”这反映了隐含的产权法思想；或者说，“你答应过我”，这句话反映隐含的契约法思想；或“他占了轮到我的机会”，反映了隐含的侵权法思想；或者“爸爸说我可以”，反映出隐含的宪法思想。那位中国朋友回答说，在中国，如果一个小孩说这样的话，他的父母会说：“如果这玩具是你的，你应该让给同伴玩。”“如果轮到你，你就应该把机会让给朋友。”[61]

这段话提醒我们，同样的人类欲望，会因传统精神和社会背景产生出完全不同的法律文化。

中国古代，在王朝之初确认土地所有，制裁侵犯他人财产的行为，仅仅是传统社会的一个侧面；另一个不可否认的现实是，无论是土地的占有、使用还是收益、处分都离不开政治权力及宗法传统的管控。

在土地的占有方面，中国传统社会的土地占有，从未实现过社会成员机会均等下的占有，而是与政治权利相结合，呈现出与政治权力金字塔结构相对称的不平等占有。[62] 同时，这种土地的占有是没有权利保障的，即使是有相当财富的地主乃至贵族也没有这种

---

〔61〕［美］哈罗德·J. 伯尔曼：《法律与宗教》，梁治平译，中国政法大学出版社 2003 年版，第 202 页。

〔62〕丁栋虹：《中国封建社会土地产权制度质疑》，载《南京社会科学》1999 年第 8 期。

权利保障。“中国历代帝王清楚地认识到,经济权利(尤其是拥有土地的经济权利)的集中化将会创造另一个潜在的政权中心,由此威胁现政权。因此,历代帝王强制私人分割遗产,打破大型私产(包括寺庙财产),试图十年一度重新分配土地,鼓励土地自由转让,对长江下游的沃土征收重税。”[63]而不定期的土地没收和迁徙,更是王朝直接掠夺占有私人土地的手段。

从收益来看,黄宗羲将传统赋役概括为“明税轻、暗税重、横征杂派无底洞”。通过专制制度,土地的大部分收益集中到政府手中,“实质上成为王朝与私人对土地收益权的分割形式。王朝对土地的控制正是逐渐从直接占有土地和直接控制土地分配,转变为直接对土地收益进行绝对性支配(这一变化主要发生于唐宋之际)”。[64]当土地的大部分收益被攫取,所剩不足以维持生计时,土地对于占有者来说已无价值。

在土地的买卖方面,政府实行均田制时严格限制土地买卖。宋代以后,土地交易在一定程度上受到社会的尊重,明清时期土地买卖流转加快,买卖自由较前代有所扩大。但土地交易不可能脱离社会经济关系的制约,杨国桢认为,土地交易在古代社会“从来又是不自由的。这种不自由的表现,有来自特权地主依仗政治权势的‘买夺’,有顽固维护血缘关系和地缘关系的乡族势力的干涉,还有来自出卖土地者因经济困难而田地‘急切难售’的压力……在中国存在土地买卖的各个历史阶段,从来未曾出现绝对的买卖自由”[65]。

---

〔63〕 邓建鹏:《财产权利的贫困:中国传统民事法研究》,法律出版社2006年版,第22页。

〔64〕 邓建鹏:《财产权利的贫困:中国传统民事法研究》,法律出版社2006年版,第38页。

〔65〕 杨国桢:《明清土地契约文书研究》,中国人民大学出版社2009年版,第18-19页。

如韦伯所说，在中国历史上曾存在相当的财产积累，却不存在那种重视个人主义财产权的独特的经济伦理观念。[66] 日本学者岸本美绪认为：“在中国，绝对的私有权和私人自治原则从未作为一种明确的原理而得到确立。土地的私有除了自井田制衰落以来漫长岁月中逐渐形成的既成事实之外并无任何有力的思想基础支持。所以，国家或民间自身对土地私有进行的限制也不会引起违反基本原理的意识或批评。在这个意义上可以说存在‘土地私有权的不完全性’这一‘前近代’的侧面。”[67] 在漫长的传统社会中，土地权利始终依附于政治权利，纯粹经济意义上的私人土地所有权，从来也不曾获得独立的地位。纯粹法律意义上的所有，也从未成为一种获得法律确认的权利，从而具有排斥权力干涉的力量。因此，中国古代社会的私人所有权不适用于古代土地制度的概括。

最后，让我们回到本节最初的那个“传统社会是否没有私人财产权利”的问题。笔者认为，当我们用财产权或者权利的观念去描述古人对于财产的所有时，其实是基于一种当今的理念和视角，也是出于被现代法律概念包围之中的无奈。在传统社会中，没有稳定的、受法律保障的财产所有或占有、使用、处分“权利”，虽然可以将其视为一种利益或利益的组合，但很难视为当代的蕴含了平等精神的，不经法律程序不被剥夺的权利。所以，事实上当我们将“权利”或“财产权”一词用于明清时期时，更多的是在说一种利益。

---

〔66〕 ［德］马克斯·韦伯：《新教伦理与资本主义精神》，于晓、陈维纲等译，三联书店1987年版，第37－38页。

〔67〕 ［日］岸本美绪：《明清契约文书》，载［日］滋贺秀三等：《明清时期的民事审判与民间契约》，王亚新等编译，法律出版社1998年版，第301页。

## 第三节 明清时期土地“管业”的再解读

### 一、学者关于“管业”的阐释及问题的提出

传统地权制度一直是史学界、法史学界关注的焦点问题。20世纪50年代,经济史学界围绕传统社会经济结构和土地所有制形式展开的讨论,被视为史学研究中的“五朵金花”之一。在土地所有制性质这一问题上,无论是中国学界还是以西嶋定生、波多野善大为代表的日本学界均直接采用西方概念和话语体系,以一元的、绝对的所有权理论为指导。其中,存在封建土地国有制和封建土地私有制两种观点。主张传统社会土地制度是封建土地国有制者,如侯外庐(1954年)认为君王是土地所有者,韩国磐(1959年)等认为这是一种土地国有制度。认为传统社会是封建土地私有制,其中又可分为两派:一派认为这种私有制是“地主私有制”,如束世澂(1957年)、张传玺(1978年)等;另一派认为“自耕农小土地私有制”也占据了相当大的比例,如侯绍庄(1957年)和刘毓璜(1960年)。在这一阶段的讨论中,“地主私有制”观点占据主流。

此后,越来越多的学者意识到,简单地以国有制或私有制来概括传统地权体系的局限性。有学者提出传统社会公私混成的现实,如王家范认为,表面上看起来处于私有形态的土地产权,“始终受到政治权力系统‘主权就是最高产权’观念或强或弱、或显或隐的控制,处于‘国有’的笼罩下,朝不虑夕,私有制极不充分、极不纯粹”。同时,“国有产权”是在没有制度化的背景下,完全依靠权力的威慑支撑的。表面的私人占有,随时因权力对权利的掠夺成为国家所有,“国有产权”又是极端虚弱的,各种途径都可以将它“化公为

私”。“公私”就这样混成于中国传统社会。[68] 程念祺持相似的观点。杨师群研究了中国古代各时期的产权史料,并以西方古代社会作为参照系进行对比,认为我国古代存在财产私有的事实,却无相应的法律制度和法律意识,“在民间社会经济运作的小秩序中,我们似乎模糊感觉到自耕农土地私有权的存在,而在国家专制统治的大格局中,实际上自耕农往往并无土地私有权可言;就是说自耕农的产权形态在一定程度上必须服从国家大格局的运作规则,这时自耕农就被剥夺了排他的任意处置权”[69]。

近年来随着研究的深入,学界逐渐认识到西方所有权理论不适用于中国传统社会的产权经验,对土地性质的探讨也开始摆脱所有制观念的束缚,不再单纯从“公”“私”这一角度进行解读。学者提出“多元结构论”(傅衣凌,1988 年),注意到“土地私有权的不完全性”(岸本美绪,1998 年),用“片面的支配权”(仁井田陞,1960 年)、“分割所有权”(藤井宏,1979 年)等理论来解释中国传统地权形态。曹树基等(2010 年)以现代意义的刚性产权制度作为参照,将传统社会产权界定为“残缺产权”。陈明、刘祖云(2014 年)等认为我国古代无明确的产权制度,文献中的产权现象实则为赋税制度,“赋税是国家最根本的政治资源,土地之于传统国家统治的实际功用首先体现为其上的产出和税赋,这就导致了土地制度往往是作为租税制度的副产品出现的”。[70] “财产祖有”“祖先私有”(林济,2001 年)的观念也引起共鸣,如曾小萍认为清代政府确实承认私人产权,但

---

〔68〕 王家范:《中国传统社会农业产权“国有”性质辩证》,载《华东师范大学学报(哲学社会科学版)》1999 年第 3 期。

〔69〕 杨师群:《中国传统社会自耕农产权问题的考察——与西欧中世纪农民的比较研究》,载《学术月刊》2003 年第 8 期。

〔70〕 陈明、刘祖云:《传统国家治理逻辑下的地权运作》,载《中国农史》2014 年第 3 期。

这类私产不同于西方概念，其权利属于家庭而非个人。[71]

新近以来，少数学者开始注意到民间契约和官方文本的固有词汇“管业”，并以此为基础展开研究。寺田浩明最先注意到，在土地契约中，频繁出现的“业”和“管业”的词汇：“几乎没有仅仅写‘将土地卖给’的例子，通常都要再写上‘将某处土地卖给某某永远管业’或者‘永远为业’。”他以这一词汇为钥匙，打开了理解传统地权秩序的一扇新的门。寺田浩明认为，所谓“管业”“为业”之类的词完全可以改称为“土地的耕种、经营、收益”。也就是说，它的着眼点并非物理性、客观性的土地及其本身，而是在此基础上由所有者进行的收益以及经营的行为方式。“业”是在土地上进行经营收益的地位：

> 根据契据而被交易的对象，与其说是完整的无负担的“物”，还不如说是在不言而喻地负有税粮义务的土地上自由进行经营收益（当时称为“管业”）的一种地位。所谓“土地的买卖”指的是现在对某土地进行“管业”的人把这一地位出让给他人，而且今后永远允许后者对该地进行“管业”；所谓“土地的所有”，指的是自己现在享有的“管业”地位能够通过前一管业者交付的契据以及正当地取得该地位的前后经过（当时总称为“来历”。具体表现为前一管业者写下并交付的“绝卖契”）来向社会表明的状态。[72]

在寺田浩明看来，整个社会的土地的交易行为“整体上都是以

---

〔71〕 曾小萍：《对战前中国产权的评论》，载曾小萍等编：《早期近代中国的契约与产权》，浙江大学出版社2011年版，第17－34页。

〔72〕 ［日］寺田浩明：《权利与冤抑——清代听讼和民众的民事法秩序》，载［日］滋贺秀三等：《明清时期的民事审判和民间契约》，王亚新等编译，法律出版社1998年版，第199页。

土地的经营收益及其正当性这一理解为基础展开的”。[73] 整个社会的土地法秩序呈现为区别于所有权下的私人地权秩序:“尽管说是土地所有,着眼点却只在把税粮负担作为不言而喻的义务之后的土地经营。极而言之,持有土地只意味着以某种方式获得收益后扣除税粮而剩下的差额,或者说是靠这种差额谋生的一种称呼而已。”[74]

李力肯定和延续了寺田浩明从“业”的概念出发对于古代财产法的解读方式,但他认为,在寺田对于“业”的内容界定中所使用的“经营”概念还需要作进一步的诠释,“经营”这种解释也是在现代的语境中作出的,在清代社会的语境中并不存在与此相对应的概念。他强调收益的权利为古代业的基本内涵:“业是指能够给权利人带来收益的权利,这种权利与物有关,但并不必然表现为对物的权利。在清人的观念中,权利人对物的关系被包含在‘管业’概念中,即通过对物的管理来获得收益。”[75] 通过对清代契约的考察,他将业的概念扩展到更为广泛的物权关系中:“业在清代的法律体系中是以能够带来收益的财产为对象而设定的权利,其权利客体与那些只能使用而不能带来收益的财产相对应。从这个角度出发,可以把清代的财产分为两个部分,一部分是那些可以构成业权的客体的财产,另一部分则是只能带来使用效益而不能带来收益的财产;相应地,财产权利也分为两部分,即业权和一般财产权,前者的交易需要通过契约的形式进行,而后者则并非必须通过契约进行。”[76] 李

---

〔73〕 [日]寺田浩明:《权利与冤抑——清代听讼和民众的民事法秩序》,载[日]滋贺秀三等:《明清时期的民事审判和民间契约》,王亚新等编译,法律出版社 1998 年版,第 200 页。

〔74〕 [日]寺田浩明:《权利与冤抑——清代听讼和民众的民事法秩序》,载[日]滋贺秀三等:《明清时期的民事审判和民间契约》,王亚新等编译,法律出版社 1998 年版,第 21 页。

〔75〕 李力:《清代民法语境中“业”的表达及其意义》,载《历史研究》2005 年第 4 期。

〔76〕 李力:《清代民法语境中“业”的表达及其意义》,载《历史研究》2005 年第 4 期。

力认为民间契约中的田权、骨权、皮权、典权、佃权、永佃权、股权等，都可以归入业权的范畴，其主要特征为不仅有使用效益而且能够带来收益。

寺田浩明和李力使用明清时期的固有词汇“管业”，试图将人们置于当时的语境下，解读当时人们的财产观念和秩序。他们回避简单套用所有权理论带来的历史鸿沟，使更多的人注意到本土概念的表达所蕴含的法律内涵，具有方法论上的创新意义。此后，越来越多的学者使用“业”和“管业”的概念描述明清地权秩序，使明清地权的学术研究中出现“所有权”和“管业”两种描述并存的现象。这样的现象说明了近现代法学体系对研究领域的“占领”，以及研究者尽力摆脱用西方的术语、研究方法去认识传统中国的努力；也说明了使用固有词汇研究传统法律，面临“理屈词穷”“词不达意”的窘境，同时也存在极大的拓展空间。

从概念上看，寺田浩明将“业”界定为“土地上自由进行经营收益的一种地位”，李力认为是收益为核心的权利。这样的阐释揭示了在没有权利保障的明清时期，人们对收益价值的重视。此后，两位学者在这一意义上对“业”的解读被很多学者所认同和使用。明清时期的大量存世契约显示，“业”或者“管业”涵盖了明清时期地权交易的主要形态，管业的内涵是丰富而复杂的。因此，管业的权利是否仅限于前述学者所说的“经营收益”或“收益”的权利？当我们使用“管业”一词描述明清时期的地权状况时，所体现的又是何种不同于西方所有权的土地秩序？当学者将“管业”与“权利”连用时，“权利”所代表的核心与实质又是什么？本书将在前人的研究成果上，借助明清时期的契约，从比较法的视野试图对以上问题进行探讨。

## 二、“管业”的契约与官方文本考察

追溯历史，管业、业的表达不仅起源早，而且并未断绝过。如北魏的桑田称为“世业田”：“皆为世业，身终不还。”〔77〕唐代官方将所授之田称为“永业田”：“世业之田，身死则承户者便授之。”〔78〕其中的业，都包含了政府将土地分配给农民，永久所有的意思。

在宋代，《名公书判清明集》卷四《户婚门·争业上》记载了多个争产案件，在“吴盟诉吴锡卖田”案中，典卖田业，典主所依据契约获得的权益土地称为“却听照契为业”。而在另一个案件中，审判官最终将被争夺的土地判令给业主赵宏“给付管业”：

> 赵宏植产于宜黄，卜居于安庆，相去隔远，不可照应，托弟掌管，甚合人情，若无官物少欠，不可谓之逃亡。赵焕以兄之田，视为己物，初以献于县学，继复献于郡庠，……赵宏之男赵永持安庆公文，就本州陈乞，执出干照，具述前事，欲还元业。拖照金厅所拟，谓既是祖业分明，官司难以拘泥，使府照行，给付管业，可谓用意之厚，施行之当。张椿乃佃之人，辄敢固执，欲归于官，以贪耕作之利，观其状词，以赵永为别派，非是赵宏之子。〔79〕

通过契约文书以及官方文本来看，至明清时期，在土地、房屋、水面等使用收益活动中，时人形成了“业”“管业”等以“业”为中心的表述习惯和权利观念。这样的表述广泛存在于各种土地契约中，业的表达扩大到一田二主以及租佃等权利，涵盖了地权结构的各个

---

〔77〕《魏书》卷一一零。

〔78〕《旧唐书》卷四八。

〔79〕《名公书判清明集》，中国社会科学院历史研究所宋元金辽研究室点校，中华书局1987年版，第101－102页。

层级。

如明代徽州的绝卖契约(例1)：

明洪武二十年祁门县王亥郎等卖田契

二都王亥郎同五都王伯成,有王员于洪武廿年二月身故,无棺槨安葬。有众议将王员户内田一备,坐落十东都四保,有字一千令(零)二十七号,其田陆分有零,坐落方村。其田东至□,西至□,南至□,北至□。今来无钞支用,情(愿)将前项四至内田本家合得分法,尽行出卖与五都洪均祥名下。面议时钞一贯文。其钞当立契日收足。其田出之后,一任买人自行闻官收税、收苗管业。未卖之先,即不曾与家外人[重复交易]。[如有内外人]占拦,并是出卖人之(支)当,不涉买人之事。今恐无凭,立此为照。

洪武二十年三月初一日立　文约人　王亥郎　王伯成

代书人　李建忠

中见人　周子成〔80〕

如明代嘉靖年间的卖田骨契约(例2)：

明嘉靖三十七年祁门李求保卖田骨契

十西都李求保,今将承祖买受荒山乙备,坐落本保土名后塘坑大圣前,系经理塘字号,四至自有本保经理可照。计田乙丘,与叔社暹相共,本身合得一半,计大租乙秤。今为无钱支用,自情愿将前田合得大租乙秤凭中出卖与同都谢名下收租管业,面议时价纹银柒钱整。其田未卖之先,即无家外人重复交易。来历不明,卖人之(支)当,不及买人之事。前田原系荒田,

〔80〕张传玺主编:《中国历代契约粹编》(中册),北京大学出版社2014年版,第647页。

即无升科(无升科,未报官府登记纳税)之书,自成交之后,二家各不许悔。如有先悔者,甘罚壹钱与不悔人用。今恐无凭,立此文契为照。

嘉靖卅七年润(闰)七月初九日 出卖人 李求保(押)

代书人 李社暹(押)

中见人 谢天诏(押)

再批:前田东至田,西、南至坑,北至田塝,其田乙坵,标得求保已业。

叔社暹标得后塘坑冲下田分。前契内田乙坵,租乙秤,卖与谢求全业。

李求保(押)

代书人 李三保(押)[81]

如清代乾隆十八年(1753年)永安县冯玮玉典小租约(例3):

立典约人冯玮玉,原有承父遗下受分赔田一段,坐落土名黄历曲尾垄,小租谷一硕二斗正。自己养膳未分。今来要物用急,前问陈義麟表叔边典得铜钱一千文,其钱每百随月纳息二文算。其钱言约来年十一月尾,本利一足付还。如是至期无还,其田即便退与陈宅去管理召佃,管理收租为业,冯宅不得异说等情。其用并无重叠典挂之类,并无估折抑勒情由。如有来历不明,冯宅自己抵当。恐口无凭,立典约存照。[82]

在明清时期的租田契约中,田地也称为“业”,并将因无法按照

---

[81] 张传玺主编:《中国历代契约粹编》(中册),北京大学出版社2014年版,第735页。

[82] 傅衣凌:《明清农村社会经济,明清社会经济变迁论》,中华书局2007年版,第42页。

契约的约定将地租交给地主,致使地主收回出租的土地,称为“起业”。

同治元年(1862 年)郑继昌租田文约(例 4):

立租批人郑继昌,今租到程名下大小买秧田一业,计税三分,土名凌子塘下。三面言定,不论年成丰歉白穑吊钓,以熟色荒色还,无须早谷,计硬租谷十二斗正。秋收之日,送至上门,车扇清楚,不得欠少仔粒,如有欠少,听凭起业另召,不得留难。今恐无凭,立此租批存照。[83]

在上文中,无论是绝卖土地,还是卖田底权,或是典交易、租佃契约,所用的词汇均为“业”或者“管业”。除此之外,在涵盖了明清时期地权交易主要形态的广泛契约中,均将土地权益转让的对象称为“业”。签订契约的目的,即是对“管业”者的地位、权益予以认定。

“业”“管业”的表达,除了在明清时期民间契约文书中被广泛使用,在官方法律及其他表达中,也被广泛使用。

为了鼓励民众垦荒,清廷于顺治六年(1649 年)规定:“察本地方无主荒田,州县官给以印信执照,开垦耕种,永准为业。俟耕至六年以后,有司官亲察成熟亩数,抚按勘实,奏请奉旨,方准征收钱粮。其六年以前,不许开,不许分毫敛派差徭。”[84]乾隆六年(1741 年)陕西巡抚张楷奏称:“(陕西)无主之地,即给垦户为业。其有主而自认无力开垦者,定价招垦,给照为业。”[85]对于无主荒地,“永准为业”“即给垦户为业”,指向“永佃”;而对于有主之田,而因为战争等

---

〔83〕 王钰欣、周绍泉主编:《徽州千年契约文书》(第 3 卷),花山文艺出版社 1991 年版,第 10 页。

〔84〕 《世祖实录》,《清实录》卷四四,中华书局 1985 年版,第 347 页。

〔85〕 《高宗实录》,《清实录》卷一四六,中华书局 1985 年版,第 1107 页。

原因抛荒者,“定价招垦,给照为业”,实际上是招民佃耕方式开垦土地。

此外,在当时的法典中也使用“业”的概念。《大明律》卷五《户律·田宅》“盗卖田宅”条规定曰:“若将互争及他人田产,妄作己业,朦胧投献官豪势要之人,与者、受者各杖一百、徒三年。”“典买田宅”条曰:“若将已典卖与人田宅,朦胧重复典卖者,以所得价钱计赃,准窃盗论,免刺,追价还主。田宅从元典买主为业。”在《大清律例》中,可以看到相似的规定,无论是买还是典,所获得的权利都与“业”相连。

为减少民间契约诉讼纠纷,乾隆二十五年(1760年)二月,福建省颁发了典卖契式格式,这样的格式后记载在《福建省例》中:

典契合同式

立典契某人云云(听凭民间俗例开写),今将祖传或自置某县某都某图民(屯)田几号土名某某等处,共计几亩几分,年载租谷米若干,应纳钱粮若干,本色米若干,托中典与某姓某名处为业,得价银若干两(何戥何色或系纹广)。其银即日全数收明。其田听凭典主对佃收租管业,推收入户,完纳粮色。此田面约几年为限。限满之日,听某备照契载银两赎回,某处不得以粮经过割等词限留。如无银取赎,仍听某处管业云云(听凭民间俗例开写)。今欲有凭,邀同中见人等当场写立合同上下典契一样各一纸,典主执上契,原主收下契,各执一纸为照。

计开田地四至。

此上契买主某人收执存照。

中见　某人

某人

乾隆某年某月　日立　典契　某人

知契　某人

某人〔86〕

卖断契式

立卖断契某人云云(听凭民间俗例开写),今将某县某都某图民(屯)田几号土名某某等处,共计几亩几分,年载租米谷若干,应纳钱粮银若干,本色米若干,托中卖与某姓某名处为业。得银价若干两(何戥何色或系纹广)。其银即日全数收明。其田听凭买主对佃收租,推收入户,完纳粮色,永远管业。某等不得别生枝节,言找言赎。一切老契典契尽归买主收执云云(听凭民间俗例开写)。今欲有凭,邀同中见人等当场写立卖断契一纸为照。

中见　某人

某人

乾隆某年某月　日立　卖断契　某人

知契　某人

某人〔87〕

在乾隆年间福建省颁布的典、卖契式格式中可以看到,卖契称为"永远管业",典契称为"托中典与某姓某名处为业"。这说明管业的用法不仅在民间广泛存在,而且受到了当时官方的认可。

可见,在明清时期官方"业"的观念与民间习惯的使用具有一致性。业的使用涵盖了绝卖、佃、典等各种地权关系,包含了不同层级

〔86〕《福建省例·田宅例·典卖契式》,见《福建省例》同治年间汇刻本,载孔昭明主编:《台湾文献史料丛刊》第7辑,台北,大通书局1987年版,第157页。

〔87〕《福建省例·田宅例·典卖契式》,见《福建省例》同治年间汇刻本,载孔昭明主编:《台湾文献史料丛刊》第7辑,台北,大通书局1987年版,第156页。

的地权形态和各种层级的权利，具有时间和地域上的广泛性。从内涵来看，无论是例 1 的绝卖土地契、例 2 的绝卖田骨契，还是例 3 的典卖田面权、例 4 的租田契，管业总是和土地的某一种收益相连。例 1 中双方认为绝卖的是“收苗管业”；例 2 绝卖田骨的契约中，双方认为转让的是“大租收租管业”；例 3 中双方认为典卖的是合计“一硕二斗正”的小租部分；例 4 认为出佃的是“计硬租谷拾式斗正”。从寺田浩明和李力所阐述的“业”的概念来看，他们尤为强调“业”正是这种收益的权利。这样的观点在一定程度上揭示了土地管业的内容，但更为广泛的契约也说明，管业的内涵并非仅限于前述学者所说的“经营收益”或“收益”的权利。

### 三、管业概念的重新厘定

如上文所述，寺田浩明将管业界定为“土地上自由进行经营收益的一种地位”，李力认为是收益为核心的权利。笔者在一定程度上赞同上述学者的观点。“业”区别于所有权，使用“业”和“管业”的表达，体现的是明清时期人们对土地实际收益的重视。在权利与所有权没有被法律正面承认和未获得强有力保护的社会里，重视土地的收益，或许是人们不得已选择的生存法则。通过对民间契约与官方表达的考察，笔者想要解释的是：业的权利是否仅限于此？管业的核心与实质又是什么？

“业”及“管业”词汇除了在土地绝卖、活卖及典、租佃等契约中被广泛使用，用于描述人们付出劳动、获得出产物，以给人的生存和发展提供支持，“业”还有一种常见的用法，即被用于对空地、房屋的占有、使用，以及对水面的使用等方面。类似的契约大量存在，已被收录的格式契约可证明其存在的普遍性。

在明清时期，存在业主将空地转让的情况。在下文的清代契约中，业主没有在其土地上进行任何经营，但将空地估价出卖。此空地究竟是仅具有占有、使用的功能，不具有收益的功能，还是可以进行收益，并不能从契约中看出。

清雍正四年大兴县刘门王氏母子卖空地白契

立卖空地契约人刘门王氏同子永文、武，因无银乏用，自有祖遗空地一块，坐落草场三巷，地宽一丈，长六丈二尺，今卖到俞名下，言定卖价银捌两。自卖之后，倘有弟男子侄亲族人等争竞，有卖主、中保人一面承管。恐后无凭，立此卖约存照。

雍正四年六月　日立　卖空地人　刘门王氏(押)

子　刘永文、武

中保婿　刘起凤〔88〕

在房屋买卖的契约中，房屋并没有收益的功能，仅仅具有"居住房屋"这样的占有、使用功能，但契约仍然使用"尽行出卖与某为业""自卖已后，听从买主管业"。明代陈继儒的《尺牍双鱼》所载的一份"卖屋契"格式如下：

立卖房崖基地人某同某等，今因饥寒无措，情愿将自己受分房屋并基地几间，东至某，西至某，南至某，北至某，已上四至明白，上连瓦盖，下连地基……托中某人，尽行出卖与某为业，当日三面言议，时值价银若干整，银、契两相交讫，并无分毫悬欠。先时尽过亲房族内人等。凡包套重叠、典卖不明人等，一切俱无。如有不明，出卖人自管明白，不干买主之事。所作交易，系自二比情愿，故无逼勒，债负准折等情。自卖已后，听从买主管业，无得别生异说。如有悔者，甘罚契内价银一半与不

〔88〕 张传玺主编：《中国历代契约汇编考释》，北京大学出版社 1995 年版，第 1068 页。

悔人用。恐后无凭，立此卖契为照。[89]

在下文乾隆四十三年（1778年）正月上海县的卖房地契中，“有原银，不时回赎”，说明这是一个活卖房屋的契约。契约中明确采用“任从管业居住”的说法。在这里可以清晰地看到清人将“居住”这样的使用行为与“管业”连用：

立卖房文契知数人凌义，今奉主命，将廿五保六图三铺内坐北面南厅房一所，央中卖到顾处为业。三面议定，得受价银通足钱侧十四千文整。当日立契，一并收足。其房自卖之后，任从管业居住。并无门房上下言阻，亦非债利准折等情。如有原银，不时回赎。恐后无凭，立此卖房文契为炤（照）。

计开：其房坐落六图能字圩二百七十九号。随屋基地一亩，厅堂共计十一间。一应装修，另立交单。

四至：东至凌地，西至潘弄，南弄出至街，北至潘地、凌地。

乾隆四十三年正月　日立　卖房文契知数人　凌义（押）

中人若干（略）

代笔　西益张二爷（押）

实收契内银俱足。钱七折足底。（契纸钤有县印，并附一纸契尾）[90]

在此后的一年内，卖主经一次找贴后，最终将房屋绝卖于业主，其绝卖契约中也称“拆却改造，永远管业”：

立绝卖房文契知数人凌义，今奉主命，为因上年曾将廿五

〔89〕 马学强：《“民间执业全以契券为凭”——从契约层面考察清代江南土地产权状况》，载《史林》2001年第1期。

〔90〕 上海市档案馆编：《清代上海房地契档案汇编》，上海古籍出版社1999年版，第1-2页。

保六图三铺内坐北面南厅房一所，央中卖到顾处为业，除得过原价、加价，今思原价不敷，情愿央中绝卖到顾处。三面议定，得受绝价银通足钱四十二千文整。当日一并收足。其房自绝卖之后，任从收科入册，拆却改造，永远管业，与□主不涉。并无门房上下言阻。恐后无凭，立此绝卖房文契为炤(照)。

乾隆四十四年四月　日立　绝卖房文契知数人　凌义(押)

原中人若干(略)

代笔　西益张二爷(押)[91]

相近时期，无锡县城内的一份房屋绝卖契约也将居住和执业相联，称"已经卖与兄处居住执业""听凭拆却改造，毫无言论"：

立永远贴绝基地屋文书弟春异，向将坐落西街祖遗房屋第五进房楼两间、明堂两个、披弄壹条，第六进小楼下一间、明堂一个、朝北披屋两架、朝西侧屋两间、明堂全，已经卖与兄处居住执业，得过价银，有契证。今思前价未敷，央中再向兄处永远贴绝足钱二十六千文正，契日收足。自绝之后，任从永远居住执业，过户办粮，永为世产，听凭拆却改造，毫无言论。此屋的系己产，并无房族争差诸碍，有则出业理值不干业人事。自愿非退，恐后无凭，立此永远贴绝基地屋文书为照。

乾隆四十七年八月　日立　永远贴绝基地屋文书弟　春异(画押)

中　兄　东来等(画押)

代笔　兄　东幕(画押)

---

[91] 上海市档案馆编：《清代上海房地契档案汇编》，上海古籍出版社 1999 年版，第 3 – 4 页。

属 徐宪章(画押)

银随契领不用收票并照[92]

在明清时期的契约中,常见将土地和房屋一体出卖的契约。如下文契约即为清代张鹏翱等出卖田房文约中,张鹏翱、鹏云二人将土地、房屋一体卖与鹏鹏翊名下子孙永远为业。值得注意的是,无论是对土地还是房屋,绝卖都称为"永远为业":

立契出卖田房文约人张鹏翱、鹏云。情因负债难偿,弟兄商议,将父置产业请凭中证谭良才、陈焕章等将鹏翱本已受分正冲四方丘一丘,鹏云将受分在左边七柱三间瓦厢房一向,门窗户格俱全,情愿出卖与弟鹏翊名下子孙永远为业。彼即凭中面议,鹏翱名下四方丘田价时值实价九七色银六十二两整,鹏云名下受分左边厢房房价时值实价九七色银三十八两,通共九七色银一百两整。其银入手现交,鹏翱、鹏云二人即日各领各价,如数亲收领讫,并不查欠分厘,亦无货债准折。外有条粮,仍在户内拨出二分输纳。其田凭众踏明,其房亦凭众交楚。自卖之后,恁从鹏翊子孙永远为业,鹏翔、鹏云二人子孙、已在未在人等不得别生枝节异言。倘有异言,有鹏翱、鹏云二人承值。此系三家情愿,中间并无逼勒等弊。恐口无凭,立出永卖一契永远为据。[93]

在清末民国民事习惯调查中,承德、平泉、隆化、开鲁等县绝卖的标准契式为:

---

〔92〕 无锡市博物馆所藏。参见马学强:《"民间执业全以契券为凭"——从契约层面考察清代江南土地产权状况》,载《史林》2001 年第 1 期。

〔93〕 四川省档案馆编:《清代巴县档案汇编(乾隆卷)》,档案出版社 1991 年版,第 21 页。

立出杜卖地契(或房院)人某人(或某堂号),今因受乏不便,将祖遗(或自置)民地一份(或房院一处),坐落载某处,计地若干亩(或房若干间),四至列后,四至之内并无除留,自烦中人说允,情愿卖与某人名下永远为业。同中言明卖价京钱若干吊(或银若干两、大洋若干元),其钱笔下交足不欠。自卖以后,任由买主自便,日后倘有亲族人等出为争论,有中人暨卖主一面承管,不与买(卖)主相干。此系情愿,恐后无凭,立杜卖文约存证,随带红约若干张,白契几纸。计开四至,东至某处,西至某处,南至某处,北至某处。[94]

从中可以看出,对于房院的转让,契约使用的表述是"永远为业",这与土地转让一样,但如此表达并不鲜见。这样的传统延续到民国时期,在民国的一张卖屋契约中载:

立甘心净卖铺屋字人何定轩,今因家下缺用,合家夫妻商议,情愿将自买之铺屋乙座,坐落地梅花好上街新铺占西边,右与潘加加铺屋连壁,上平瓦盖,工人所造,一扫尽卖,其基地吴姓收租,将来净卖,件问亲房,不就,自请中人向到何庆祠处,出钱承买,当中三面言定,时值铺价三百六十千文正,即日立字交足,分文不欠,其铺屋卖后,任从买主管业,关锁、居住、批佃,卖主亲疏人等不得异言阻滞,亦不得找补归续,凡有抵契未清,卖主一并承当,不与买主知事,恐口无凭恃,立甘心净卖铺屋字乙纸,付与买主收执为据。

计开　中人　何三连

---

〔94〕 前南京国民政府司法行政部:《民事习惯调查报告录》(上册),中国政法大学出版社2000年版,第411页。

民国二十六年五月初四日 立甘心净卖铺屋字人 何定轩亲笔〔95〕

在民国二十六年(1937年),《中华民国民法》已颁行实施,在民间契约中仍然延续了管业的表述,从上文契约“其铺屋卖后,任从买主管业,关锁、居住、批佃”的约定中可以看到,对于铺屋,买主的权利包括所有、使用和租佃。

除绝卖、活卖外,出典房屋也被称为“业”。清咸丰二年(1852年)金大达立典屋约:“……只浔甘心将承祖土名陈林下三间侧屋壹堂,后堂楼板壹间并外门口下余地一并在内,凭中立典约出典与本家金国晏兄弟名下为业。”〔96〕

由上可见,在明清时期,买卖、出典房屋、空地等,也被普遍称为“业”。房屋本身并不像土地那样对人具有生养作用,它仅仅具有被占有、使用的功能。所以,寺田浩明将管业界定为“经营收益”的地位,李力认为是收益为核心的权利,并不能概括明清时期“业”的全部内容。

这样的情况也出现在水资源的利用中。以下以清末水资源的民间习惯为例。

例5:在湖北省汉阳等地的习惯中,调查员称“湖水、湖地之所有权各别,均属所有人,各照契据所载管业,系契据上分而为二,非习惯上分而为二。大都有湖地权者,多系栽种水藕,以备水涨,时仍可享其权利;有湖水者,多系捕取鱼虾,无论水退

〔95〕 吴向红:《典之风俗与典之法律》,福建师范大学2008年博士学位论文,第47页。

〔96〕 安徽省博物馆:《明清徽州社会经济资料丛编》(第1、2辑),中国社会科学出版社1988年版,第88页。

水涨均可享受湖水内之权利。界限天然，无待划分”。[97] 与此类似的还有广济、谷城两县习惯，广济县习惯，有塘水而无塘底者，只能取水；有塘底而无塘水者，只能取鱼。谷城县习惯，塘水与塘底所有权各别者，各照契约所定行使权利。[98]

例6：安徽省贵池县习惯，贵池鱼业买卖，在同一湖河四至之内，有大水、小水之分。其契内载明船网采取鱼息字样者，只能在大水时取鱼，水落则否。若载明𠰷採花篮采取字样，则于小水时采取鱼鲜。惟往往不载大水、小水字样，不免缺漏。[99]

例7：甘肃省平罗县习惯，平罗县灌溉田地，皆取给于山水，按亩轮流取用，有一定之时刻，亦可将分内之水典卖与人。能流一昼夜之巨水，其价值高者，或典或卖，可多至六七百串；每流一次若干时者，亦可典数十串不等。[100]

例8：山西省汾阳县习惯，灌溉地亩，燃香为度，每地一亩，只准灌溉一寸半香之水，名曰“水香”。地虽可卖，而水香则许典不许卖。[101]

在水系发达的南方各省，对于水塘等使用、收益的权利，也往往和对土地权益田面、田骨的分割一样，不同的权利归不同人享有。有意思的是，在例5中，湖北省汉阳习惯的调查员既按照当时调查

---

[97] 前南京国民政府司法行政部编：《民事习惯调查报告录》（上册），中国政法大学出版社2000年版，第335页。

[98] 前南京国民政府司法行政部编：《民事习惯调查报告录》（上册），中国政法大学出版社2000年版，第345页。

[99] 前南京国民政府司法行政部编：《民事习惯调查报告录》（上册），中国政法大学出版社2000年版，第228页。

[100] 前南京国民政府司法行政部编：《民事习惯调查报告录》（上册），中国政法大学出版社2000年版，第402页。

[101] 前南京国民政府司法行政部编：《民事习惯调查报告录》（上册），中国政法大学出版社2000年版，第158页。

表的分类和当时刚刚引进的西方法律词汇，将湖水、湖地称为所有权，又受习惯的影响，“各照契据所载管业”，深刻反映了当时东方习惯与西方法律文化的交融与冲突。有塘底权的人可以取鱼，而有塘水权的人只能取水灌溉而不能取鱼。在这种精细的权利划分中，取鱼可以成为使用、收益的权利，而取水只能是一种使用权利而已。而两者“各照契据所载管业”，在当地都属于一种管业。在安徽省贵池县的习惯中，不同人的权利产生有时间之别，在一定时间内，权利人可能并不享有实际的权利，而仅仅享有一种期待的收益权。

同时，在水源缺乏的北方，因为资源的有限性，灌溉地亩作为一种权利可以典或出卖。在例 7、例 8 中，灌溉地亩作为一种权利，可以进入市场流转。很明显，这权利仅仅为一种使用权，而这样的使用权可以分时段或典或卖。

上述土地、水资源的权利秩序给人最直观的印象首先是，一物之上存在具有不同权益的多个“管业”者，明显区别于近代具有排他性的所有权。肇始于罗马法的绝对所有权，指的是在法律范围内对于物的占有、使用和排他性的支配权。如意大利学者巴特鲁斯所言：“罗马法的所有权乃是完全的、绝对的支配物的权利。”[102] 在罗马法“所有权遍及全部，不得属于二人”的理论基础上，进一步产生了近代物权法的一物一权原则。所有权人排他性地享有占有、使用、收益、处分四项权能，处分权是所有权的核心权能。排他性和完整性是所有权的典型特征。完整性指的是，所有权中所包含的诸项权能完全掌控在所有权人手中。尽管所有权中的某项权能可能从所有权中游离出来被他人享有，但权能游离本身正是所有权人独享所有权的反映，而且，游离的所有权权能终究要向所有权回归；尽管

〔102〕 参见王利明：《民商法研究》（第 2 辑），法律出版社 2001 年版，第 278 页。

所有权人经过量的分割后须与他人共享所有权，但所有权人在自己的份额内所拥有权利的完整性不会因为他人的共有权而遭到破坏和分裂。[103] 在明清地权秩序中，同一资源之上具有不同权益的多个“管业”者可以存在，对资源并无排他性的权利，而是仅利用资源的某一方面，从而获得个人和家庭赖以生存和发展的财产。

其次，这些业主共享同一物占有、使用、收益中的某一种或几种利益。土地和水是具有多重功用、能够养育人的资源。一物之上的各个业主，不一定要独占此物，可以仅使用部分功能，就可以安身立命。有学者注意到，在皖南徽州一些地区，传统的土地买卖契约有相对固定的内容和格式，并有一个显著的特点，关于买主的权利，一般都会根据土地的不同类别和用途，作出清晰而具体的说明：水田写“收苗管业”或“耕作收苗管业”，菜园写“收苗种菜管业”，茶园写“摘茶管业”或“管业蓄养采茶”，池塘写“养鱼管业”，山坡林地写“入山管业”“砍木栽苗管业”或“长养收苗管业”“管业长养”，等等，清楚点明了买主权利或“管业”的具体内容。[104] 也就是说，“管业”总是和资源的某一具体的占有、使用、收益价值相连，而非仅限于收益功能。

最后，“管业”并不是一个内涵确定的概念，它具有很强的弹性、复杂性和包容性，既有使用权，又包含收益权或者处分权。“管业”并不一定是一种单一的权利或利益，它也可能是权利或利益的组合。

如灌溉地亩或对房屋典买后的权利仅仅为一种使用权。最完整的业主权利则可接近于当代的所有权。在一田二主中，田面权则

[103] 马新彦：《罗马法所有权理论的当代发展》，载《法学研究》2006 年第 1 期。

[104] 刘克祥：《永佃制下土地买卖的演变及其影响——以皖南徽州地区为例》，载《近代史研究》2012 年第 4 期。

包括了使用、收益和转让的权利，田底权则仅包括收租权及处分田底的权利。在典制中，出典人将使用、收益的权利在一定期间内让渡给典主，本身保留的仅仅是回赎权和对田宅的处分权。当出典人回赎土地时，便将出典给典主的权利收回，成为田主的永业主。田面主、田底主、典主、出典人、永业主都是业主，拥有对土地某一层面的权利。对一物的权利因时间或功用的不同而为不同业主共享，从而管业体现出非排他性、包容性的特点。这样的复杂性与习惯无明确的概念界限、无严密的理论体系相关，而包容性则源于传统法律实践理性、务实的态度。

因此，基于明清时期物权关系的这种特征去考察，将“管业”的概念扩展为“对物的占有、使用、收益、处分等权利或利益的集合”更为恰当。这一概念与上述两位学者概念的区别在于，时人对于土地等物的管业包括了收益权这一重要的权利，同时，还包括占有、使用、收益、处分等权利。这些权利有时仅为一种权利或者利益，有时有可能是多种权利、利益组合后的权利束；有时表现为一种现实的收益，有时则为一种可期待的利益。管业的权利表明了古代权利间的平行性、灵活性和可重叠性。

## 四、管业“权利”的本质

另一个亟待厘清的问题是，当我们以权利的概念来界定管业，称其为管业权，或者称明清时期的土地分配和流转状况为地权，即这些情况下我们使用“权利”这一当代的法律词汇时，其本质是什么？对于这一问题，或许可以从历史上中西权利观的比较考察中得到启发。

近代以来，法学家们试图从各个角度对权利的本质进行解释。历史上，不同法学流派曾将权利的本质解释为自由、意志、利益、归属—控制、道德资格、法律赋予的能力等。有学者归纳了九种说法：资格说、主张说、法力说、规范说、优势说、可能说、自由说、选择说、利益说。[105] 这些观点大致可以分为三类：资格说、法力说、规范说、优势说是一类，都是将权利的概念依托于制度对它的意义来描述的，制度授予的是资格、能力、尺度、优势；主张说、可能说、自由说、选择说则为一类，将权利描述为与人的自由意志的决定相关；而利益说则为一类。[106] 其中，意志说和利益说影响最大。

17～18世纪，启蒙思想家们提出了现代意义上的独立的权利概念。在自然权利理论的光环之下，他们将权利的本质界定为人的自由意志，看成人的理性的必然结果。启蒙思想家们倾向于从自由的角度来解释权利。黑格尔的权利理论，既强调意志，又强调自由："自由的东西就是意志。有意志而无自由，则仅是一句空话；同时，自由只有作为意志，作为主体，才是现实的……自由是意志的根本规定，正如重量是物体的根本规定一样。"[107]

霍布斯和斯宾诺莎都把权利看作一种免受干扰的条件，是法律上不干扰人类的自然自由。洛克认为，权利意味着我享有使用某物的自由。康德同样把权利看作"与生俱来的自由"。由此，我们发现在启蒙时代的思想家那里，更多的是从权利的主观方面——它所蕴含的人的自由意志来界定权利的本质。这显然与整个启蒙时代的精神是联系在一起的。[108]

此后，功利主义学派提出权利的本质是利益的理论风靡一时。

---

[105] 张恒山：《法理要论》，北京大学出版社2002年版，第359页。

[106] 张立伟：《利益抑或意志：权利本质理论的流变》，载《广州大学学报(社会科学版)》2009年第7期。

[107] [德]黑格尔：《法哲学原理》，商务印书馆1979年版，第11－21页。

[108] 张立伟：《利益抑或意志：权利本质理论的流变》，载《广州大学学报(社会科学版)》2009年第7期。

边沁将权利建立在功利主义实证的基础上，认为权利意味着利益和好处。而耶林将功利主义的观念发扬光大，提出著名的权利定义，即权利的本质，就是受法律保护的利益。[109] 对耶林来说，权利的现实目的是实现物质上或精神上的利益，保证实现这一利益的手段是法律，法律与利益的结合才是权利。

20 世纪，哈特对占据绝对优势地位的权利的利益论开战。在《边沁论法律权利》一文中，他提出了权利的选择理论。他指出，与义务相关的权利，仅仅是作为法律权力的一种特殊情况出现，在此种情况下，权利拥有者对另一人的义务可以自由地放弃、取消、强制实施或任其自然。相应地，在这三种权利类型下，拥有一项权利的人，就拥有了一种为法律所尊重的选择。根据这种权利的选择理论，权利主体对于相关联的义务拥有排他性的控制权力。[110] 哈特的权利选择理论继承和发展了启蒙思想家从权利主体的意志自由的视角来认识权利，因此，哈特的权利选择理论被视为是权利的意志理论的学说。

在利益论和意志理论的辩论中，双方都发现和承认各自的理论具有局限性，不能涵盖所有的权利现象，并试图对各自的理论限定范围或加以完善。确实，权利是复杂的，仅仅从某一方面去界定权利，都将失之偏颇。在当代，有学者认为权利主要包含五大要素：一是利益(interest)；二是主张(claim)，一种利益若无人提出对它的主张或要求，就不称其为权利；三是资格(entitlement)，提出利益要有所凭证，即要有资格提出要求；四是力量，它包括权威(power)和能

---

[109] 何勤华：《西方法学史》，中国政法大学出版社 2000 年版，第 208 页。

[110] 张立伟：《利益抑或意志：权利本质理论的流变》，载《广州大学学报(社会科学版)》2009 年第 7 期。

力(capacity);五是自由(freedom)。[111] 也有学者认为,权利包含了利益要素、自由要素和意志要素。[112]

如同法受制于物质和社会生活一样,"权利永远不能超出社会的经济结构以及由经济结构所制约的社会的文化发展"。[113] 权利是社会关系的反映。当我们用权利界定管业时,我们仅仅是在一个具体时代中去使用它,而非基于当代的权利概念。在没有法典正面肯定财产权的时代,管业的权利首先意味着利益,这是我们在提及那个时代的权利时最核心也是最本质的内容。无论是田底、田面,还是典制,或者是租佃土地,不同层级的业主所享有或者期待获得的是大大小小、可以养育自己和家庭的利益。这一利益也被当时的立法者所承认。其次是十分有限的自由和意志。虽然任何时代的权利都会受到限制,但在明清时期,人们选择的自由和意志是更为有限的。人们对于土地占有、处分、收益的自由有可能被政治权力剥夺,被家族和亲邻关系掣肘。他们仅仅能在国家法和政治权力不加以干涉的领域,拥有十分有限的自由和选择。

---

〔111〕 夏勇:《权利哲学的基本问题》,载《法学研究》2004 年第 3 期。

〔112〕 李晓春:《论权利的要素与本质》,载《广西政法管理干部学院学报》2006 年第 6 期。

〔113〕 《马克思恩格斯选集》(第 3 卷),人民出版社 1995 年版,第 12 页。

# 第二章　明清时期土地管业秩序的逻辑与结构

明清时期，土地管业作为一项产权制度，既包括了外在的权利证明，即当时所称的“来历”，又包括了内在的权利结构和流转秩序。这一时期，契约仅为土地管业“来历”的证明之一。土地契约本身，所代表的含义并非仅仅是如当代合同一样双方达成协议，而是因为中人、保人等众多人的见证、参与，获了当时特定生活区域中的人的认可。因此，熟人社会形成的人际网络，礼、道德和舆论的强制所共同构成的区域的环境才是证明管业秩序的合法性的根本保障。从制度内部来看，在明清时期的地权交易中，多种灵活的土地交易形态和多层级的结构得以形成，实现了土地的高效流转与利用。

## 第一节　管业“来历”：管业的合法性证明

### 一、契约是土地权利的重要证明

在当代，稳定的物权秩序是社会稳定有序的前提，也是物权流转的基本前提。在明清时期，管业秩序的稳定同样需要一个合法性的基础。一个人处分土地，前提必须是其合法地取得了土地权利。这样的合法性，在明清时期的法典中并没有受到明确肯定和授权，也不视为政府的证明义务。

清代光绪年间黄岩县“因遭火灾矜准存案”是一起因家中起火引发土地契据烧毁，请求官府矜准备案，以防止今后发生纠纷的案件。诉状云：

> 呈为报□□□□□杜害事。窃身农种为业，毫非不染，所赖历年辛苦始得茅屋四间，满望藉以安居。不料本年二月初一夜，二更时候合家俱以熟睡，未悉火从何来，蓦地茅厂火起，耳闻喊沸盈天，眼见红火直射。幸得人多奔出顷刻茅厂尽化灰尘，可惜猪牛什物等件烧毁一空。惟查身有佃田一亩零，自道光年间，向上罗地方徐世超截买而来，又祖坟山三亩，内三十规得承一规，并有厂基地半亩，交本村文馀地租，每年交够五斗，各契票山关俱被焚烧无存。若不预先呈明，今日契票被焚，他年恐生枝节，后害叵测，为此抄粘山关，不已叙情迫叩。伏乞大老爷电怜家遭火灾，矜准存案杜害。[1]

对此，官府的批复为“契票被毁，应即自向重立，□□请存案无益”。官府的批复虽然简单，却透露了两点信息：首先，在明清时期，政府和法典都没有为民间土地管业秩序提供权利正当性和交易合法性的正面证明，政府不承担证明土地权属的义务，不负担对于土地权利公示或者登记，甚至是备案的职责；其次，在政府视田土事项为细故的时代，各地官府并不能对丢失、毁损的契据全部做到补发，但也并没有因此直接否定业主的土地权利，而是将其推回到民间去自行解决。因此，我们只能从民间习惯和司法判决中，寻求管业秩序合法性的渊源。

---

〔1〕 田涛、许传玺等主编：《黄岩诉讼档案及调查报告》（上），法律出版社2004年版，第342页。

在明代民间卖田契的格式化契约中，可以明显看到契约双方对于地权合法性的需求和证明方式。

卖田契

1. 立卖田契人某都某图某人同某等。

2. 今因缺少钱粮，无从办纳，是以父子兄弟商议。

3. 情愿凭中将受分祖父早（晚）田地一段。

4. 坐落土名某处，共计几十几亩，栽种（租）若干，田塘水圳，俱已脚踏，四至明白。［或少则就开：东至某处，西至某处，（南至某处）北至某处。或多则止云：四至载明在后。］因有瓦（草）房几间，门窗（户）扇，园林竹木，一应俱全。（或随各处地方，如有石碾石碳、牛车风车、碓磨斛桶、牛栏猪圈，又在人酌量添减。）

5. 尽行出卖与某名下为业。

6. 当日三面言议，时值价银若干。

7. 随契交足，系是一色细丝，不欠分毫。

8. 其田请问亲房族内人等，不愿成交。

9. 并无重复交易，亦无债负准折。

10. 所卖所买，系是二比情愿，原非逼勒。如有不明，俱在卖主一任承管，不干业主之事。自卖以后，照契管业。

11. 所有田上税粮，悉依丈量方口，抱与买主输纳，俟过大造黄册，过割入户当差。（或有不必俟大造之处，止云所有田上税粮，照依原数过割当差）再无异说。今恐人信难凭，立此卖田文契，子孙永远为照。（后开本日实受价银若干，一应完足。）〔2〕

---

〔2〕 中国社会科学院历史研究所文化室：《明代通俗日用类书集刊》（第16册），西南师范大学出版社、东方出版社2011年版，第576页。

契约中的第三条和第九条都是为说明所出卖土地的合法性。第三条说明土地的来源。对于土地来源,明清时期在契约中常见的说法主要有“承祖”“标分”“自置”等几种。“承祖”指的是财产继承自祖辈,“标分”为分家所得的财产,“自置”即财产买入、获赠、开垦等方式取得。第九条意在说明土地不存在法律禁止的重复交易问题,“并无重复交易,亦无债负准折”等语说明交易土地没有事先的抵押、重复交易等带来的权利瑕疵。在契约中一般还会有“来历不明,卖人之(支)当,不及买人之事”〔3〕此类的保证,以说明卖主对于权利有瑕疵的土地承担所有责任。

在签订契约之时一般就将银两交付,随之交付的还有上手契约。因此契约中常有“银、契两相交足完讫,即听买主前去起耕招佃管业”之类的用语。实践中也有因老契(或称上手契)灭失(被火、被水、被盗等)、与其他未卖土地相连而不能交付的,因此往往在新立地契中写为“所有上手朱契,与别产相连,缴付不便”字样。〔4〕在典卖契约中刻意说明被交易物的来历正当性和权属明确性,也意味着明清时期的中国人已有强烈的“权利”意识,尽管没有这样的法律术语。这种“权利”意识,在当时的契约术语中被称为“管业”。可以说,这是一种“事实状态”和“实践性质”的权利意识,而非“法律形态”的权利表达,也尚未演进到概念阶段的权利意识。这是中西“权利”概念的根本差异。〔5〕

正是基于契约在明清时期的特殊地位,寺田浩明认为,清代“无

〔3〕张传玺主编:《中国历代契约粹编》(中册),北京大学出版社 2014 年版,第 735 页。

〔4〕中国社会科学院历史研究所徽州文契整理组:《明清徽州社会经济资料丛编》第 1 辑,中国社会科学出版社 1990 年版,第 1 页。

〔5〕徐忠明:《社会与政法:在语境中理解明清契约》,载《吉林大学社会科学学报》2018 年第 3 期。

论国家还是社会之中，都找不到离开事实上的领有关系而证实抽象的权原存在和保护其存在的所谓'土地所有权制度'。在国家与社会中较清楚地存在着的，只是一种通过契约文书而形成的'土地买卖制度'。在那里，买卖时由卖主写下并交给买主的契据本身就是买主唯一的权限证书，发挥着争取来自社会的一定支持或保护这一功能"。"所谓'土地的所有'，指的是自己现在享有的'管业'地位能够通过前一管业者交付的契据以及正当地取得该地位的前后经过（当时总称为'来历'。具体表现为前一管业者写下并交付的'绝卖契'）来向社会表明的状态。"〔6〕寺田浩明认为，契约成为"来历"的证明，而"来历"又表明其业主权的正当性和交易的合法性，契约是"管业来历"得以合法延续的唯一手段。"'上手老契'使产权（物权）带上了债权的特性，它由一连串买卖关系来证明不动产权利的正当性。"〔7〕

寺田浩明关注到了上手老契在证明管业秩序合法性中的作用。无疑，契约在传统管业秩序中具有重要的地位。在明清时期，获得土地的途径有封赏、官方确认的开垦荒地取得，以及民间习惯中的买卖、典、继承、赠与等。对于土地来历的正当性，除开垦荒地取得的管业权利由政府发给"由贴"证明外，对于民间土地买卖、赠与、分家、继承等进行的土地流转，一般由私人社会的规则加以约束，私人之间签订契约来实现，在一般情况下官府不涉入其中。因此，对于民间典、卖、继承、赠与等取得的土地则需要一系列的交易契约作为证明。同时，因开垦而取得土地权利主要发生在王朝之初或者战乱

〔6〕［日］寺田浩明：《权利与冤抑——清代听讼和民众的民事法秩序》，载［日］滋贺秀三等：《明清时期的民事审判和民间契约》，王亚新等编译，法律出版社1998年版，第199页。

〔7〕徐忠明：《社会与政法：在语境中理解明清契约》，载《吉林大学社会科学学报》2018年第3期。

之后，在王朝的大部分时间，契约就成为管业秩序合法性的重要证明。由现有的明清时期的契约资料可见，土地流转的方式丰富，有绝卖、活卖、典、抵押等各种形式。从是否经过官府认可来看，契约文书有红契、白契的区别；从交易形式上看，契约分为活卖契、绝卖契、找贴契、契尾、田单、推单等不同形式；从买卖对象上看，契约又有卖田、卖地文契、卖屋、卖园、卖基地、卖田骨、卖田皮等区别。

契约作为“来历”的合法性证明得到了民间的普遍认可。如上文所述，明清时期交易中很多地区存在交付上手老契的民间规则。在直隶省高阳县，“不动产交易以随带老契为必要。往往习惯不随带老契，不由于老契遗失，即由于原来虽无老契，亦不能指为无效。此习惯酿成藉契索地之风”〔8〕。陕西榆林县习惯：“民间买卖产业，只书过接字据，所有产业老契，必须由卖主交与买户，否则无人承买。”〔9〕黑龙江大赉县习惯：“查县属习惯，凡出卖田宅，均交老契。其老契内所载之产尚未卖尽者，则于老契上注明卖与某人若干本，名净存若干，仍由原主收存。”〔10〕

契约作为合法性的证明不仅为一般民众所认可，也为官方法律所认可。《大清律例》将契约视为解决田产纠纷的关键证据：“凡民人告争坟山，近年者以印契为凭。如系远年之业，须将山地字号亩数、及库贮鳞册、并完粮印串，逐一丈勘查对，果相符合，即断令管业。若查勘不符，又无完粮印串，其所执远年旧契及碑谱等项，均不

〔8〕　前南京国民政府司法行政部编：《民事习惯调查报告录》（上册），中国政法大学出版社 2000 年版，第 18 页。

〔9〕　前南京国民政府司法行政部编：《民事习惯调查报告录》（上册），中国政法大学出版社 2000 年版，第 370 页。

〔10〕　前南京国民政府司法行政部编：《民事习惯调查报告录》（上册），中国政法大学出版社 2000 年版，第 68 页。

得执为凭据，即将滥控侵占之人，按律治罪。”[11]乾隆三十八年（1773年）浙江省在文告中强调：“民间执业，全以契券为凭。其契载银数或百十两，或数千两，皆与现银无异。是以民间议价立契之时，必一手交银，始一手交契，从无将契券脱手付与他人收价之事……盖有契斯有业，失契即失业也。”[12]这一公告将契约提到更高的地位，“失契即失业也”，虽然在实践中并不一定如此，却在一定程度上说明了官方对于契约的立场。

明清时期的大量案件说明了在司法审判中契约所起到的直接证据作用。明末福建兴化府推官祁彪佳在《莆阳谳牍》中记录一则判例：仙游县民戴三租种生员陈鼎土地十八亩，契约写明十年一更佃。在第五年年底，陈鼎向戴三要求增租，戴三拒绝并公开辱骂陈鼎。陈鼎觉得自己受到了侮辱，遂控告至官府。祁彪佳调查审理后的判决为：陈鼎在双方有契约的前提下，强制对方增租换约，是为违约在先的行为，戴三大庭广众下辱骂田主，也存在过错。判决租约继续履行，对戴三实施杖刑。陈鼎因过受辱，接受训诫。因为“原约犁然在也”，官府依靠当事人的契约认定是非曲直。[13]

明代末年，广州府推官颜俊彦审理的一则案例中，陈杰的房屋买自曹懋德，曹懋德买自钟应鸿。陈杰居住了二十九年，无人有异议。现在陈杰日益穷困，房屋由陈贻王购买。然而，正在交易之时，钟应鸿的儿子钟继志、钟继祖出面阻挠，声称房屋属于赡军，本来租赁给陈杰却久住不还。双方产生纠纷。“问其赁契，则曰已失。亦何所据乎？印照壹纸，未尝开有四至坐向，亦难臆断陈杰之屋为即

[11]《大清律例》卷九《户律·田宅》，“盗卖田宅”条。

[12]《治浙成规》卷一。

[13]杨一凡、徐立志主编：《历代判例判牍》（第5册），中国社会科学出版社2005年版，第156页。

是印照之屋也。陈杰之契凿凿可据，而继志、继祖徒为捕风捉影之说，其为诬罔不待其词之毕矣。”在此案中，陈杰胜诉，因为他手中的卖契确凿，继志、继祖因手中没有契纸，“各杖犹有余罪”。[14]

从清代奏折中的一则案例中，可以看到官方对于解决田土纠纷的思路和契约在田土纠纷解决中发挥的作用。

> 户部谨奏，为奏闻事。本月初五日，据江西南昌旗丁高表芳赴臣部呈控该县生员陶渔等，将伊祖遗洲产捏契霸占，并经地方官屡次断明，陶渔叠行翻控，案久未结等情。
>
> 当经臣等吊查部存丁册，并按照原呈逐一研讯，据供：伊祖高伏住所遗契置洲产坐落槎湖、干湖等处，向同监生陶浩、民人陶英虔等分管执业，本与陶渔无涉。因系洲并无顷亩、段落，每年伊名下完纳税课银二钱零，有家存串票可凭，未得带来。自乾隆五十一年陶渔捏造前明崇祯年间伪契，硬行占去取利，每年约吞草价三四十两零，共计十四年，约六百两。伊等于五十六年及嘉庆元年，叠控总督等衙门。经南昌府县各官查审九次，断令高姓与陶浩等照契管业。陶渔不服，随详翻控。布政使衙门书吏万姓是陶渔亲戚，禀驳另审，想是勾串贿嘱，实无凭据，现在案未得结等语。臣等查：控告田产，全以契纸、串票为凭，该旗丁高表芳所控槎湖、干湖产业，即系伊祖上契置，完课有年。何以陶渔等辄捏造伪契，凭空霸占该洲？即系地并无顷亩、段落，且系与陶浩等公共之产，陶渔系陶浩一族，是否有分？其契载四至究系如何？分管均应逐一究讯。今高表芳并未将契串等项带来呈验，查对部存丁册内所载高姓田产亦无槎湖、干湖名目。是此案非将契串追出，传同两造质讯难以明晰。且

---

[14]　(明)颜俊彦：《盟水斋存牍》，中国政法大学出版社2002年版，第185页。

查前项洲产,叠经地方官断令高表芳等执业,因何一任陶渔翻控,久延不结?是否有徇纵情弊?研讯该丁,不能有所指,但该书吏万姓,如果实系陶渔亲戚,其为勾串、延搁情节,显然自应严行究办。应请旨饬交江西巡抚,就近亲提人犯,秉公严审,速即妥拟具奏,以息争端,而免拖累。俟命下之日,将原告高表芳,由兵部照例,解往候质。为此,谨奏请旨。

嘉庆四年八月二十三日奏。本日奉旨:此案着交江西巡抚张诚基秉公审拟具奏。原告高表芳着照例解往候质。钦此。[15]

户部称江西南昌旗丁高表芳呈控该县生员陶渔等为了霸占其祖遗洲产,伪造契约,硬行占去取利,已十四年之久。经南昌府县各官查审九次,断令高姓与陶浩等按照契约分别管业。陶渔不服,随详翻控。高表芳称,因布政使衙门书吏万姓是陶渔亲戚,案久未结。对于此案,户部的思路为"控告田产,全以契纸、串票为凭",将"契纸""串票"视为案件是否能够审断明晰的证据。户部认为"将契串追出,传同两造质询",并审问相关官员是否有徇纵情弊是解决案件的关键。

正是因为契约在证明管业合法性和司法审判中的作用,民间还存在为了争产伪造契约的现象。辨别契约真伪就成为司法审判中官员的一项重要任务。清代司法官吏通过长期的司法实践,总结出一套辨别证据真伪的方法。清代著名循吏汪辉祖在《论治讼》中记载:

据笔迹断讼者宜慎。寻常讼案,亦不易理也。凡民间粘呈契约议据等项,入手便须过目,一发经承,间或舞弊挖补,初之不慎,后且难办。向馆嘉湖,吏多宿蠹,闻有绝产告赎者,业主

[15] (清)祁韵士:《己庚编》,载刘长海编:《祁韵士集》,三晋出版社2014年版,第440-441页。

> 呈契请验，蠹吏挖去绝字，仍以绝字补之。问官照见绝字补痕，以为业主挖改，竟作活产断赎。致业主负冤莫白。余佐幕时，凡遇呈粘契据借约之辞，俱于紧要处纸背盖用图记，并于辞内批明以杜讼源。至楚省则人情虽诈，只知挖改绝卖为暂典而已。欲以笔迹断讼者，不可不留意。[16]

方大湜在《平平言》说：

> 券约等项无一不可诈伪据，笔迹断案者，必须处处留神，切勿稍涉大意，察弊之法大略有九。一曰防挖补，一曰验纸色，一曰对笔迹，一曰查印信，一曰考年月，一曰辨界址，一曰稽价值，一曰察情理。[17]

以上的考察说明，在明清时期，契约的作用在民间习惯和司法审判中得到认可。契约不是土地权属的唯一凭证，却是纠纷解决的直接证据和重要依据。契约和完粮凭证、官方黄册等记载，共同起到厘清事实、解决司法纠纷的作用。在没有确权制度和公示登记制度的明清社会，契约既是土地权利的重要证明之一，也在纠纷解决中发挥了重要的证据作用，对于维护土地管业秩序具有重要意义。

## 二、契约不是管业秩序的唯一合法性证明

寺田浩明在对明清时期管业来历的论述中认为，“买卖时由卖主写下并交给买主的契据本身就是买主唯一的权限证书，发挥着争

---

〔16〕 (清)汪辉祖：《学治臆说》，载(元)叶留等撰：《为政善报事类》，岳麓书社2005年版，第121页。

〔17〕 (清)方大湜：《平平言》，载刘俊文主编：《官箴书集成》(第7册)，黄山书社1997年版，第423页。

取来自社会的一定支持或保护这一功能”[18]。但是一个不可否认的现象是，在民间交易中不交付契约，或者无法交付契约的现象是大量存在的。

在民间，有不少地区在土地交易时有不交付上手老契的习惯。如黑龙江省龙县习惯：“查龙江地方习惯，多不交付老契，而新契内亦无老契遗失，或另有毗连，不能交付老契之记载。”[19]福建省平潭县习惯：“平邑称祖遗业者，多无契据。相传明末清初时，潭民遭兵燹，契约遗失不少，现多凭粮串或阄书管业；出卖时只立新契一纸，载明坐落四至，不及其他。”[20]福建省闽清县习惯：“闽清山底在城内池、张两姓最多，并无契证，只凭簿据管业，凡遇批卖吉地，有山皮者不敢抗拒。”[21]

同时，还存在大量上手老契无法交付的情况。有的是因为契约焚毁，有的是因为年久遗失，还有的是在某些地区如福建和江南等地，土地交易频繁，地权分化严重，将原有土地分化作几小块分家或者买卖的情况下，没有条件在所有的地权交易中都转移上手老契。但在这些情况下，土地交易并没有受到影响。一些地方的习惯是在契约中对具体情况加以说明，或者作出“捡出作废纸论”的承诺。如黑龙江省安达县习惯：“出卖田宅，有老契者当然一并交出，如老契遗失，则应于新契上载明。至若老契所管之产并未完全出卖，则虽

---

〔18〕［日］寺田浩明：《权利与冤抑——清代听讼和民众的民事法秩序》，载［日］滋贺秀三等：《明清时期的民事审判和民间契约》，王亚新等编译，法律出版社1998年版，第199页。

〔19〕前南京国民政府司法行政部编：《民事习惯调查报告录》（上册），中国政法大学出版社2000年版，第50页。

〔20〕前南京国民政府司法行政部编：《民事习惯调查报告录》（上册），中国政法大学出版社2000年版，第318页。

〔21〕前南京国民政府司法行政部编：《民事习惯调查报告录》（上册），中国政法大学出版社2000年版，第306页。

有老契,亦不交付。"[22] 黑龙江省大赉县习惯:"本邑典质田宅,以出典人字据为准,不交老契。"[23] 如果某些情况下没有办法交付契约,则需要注明理由,如清代广东的一张契约上注有"并上手红契,远年遗失,日后搜出,是为故纸"。[24] 另一件契纸上写有"上手红契与别业相连,未曾交执,取出批明再照"。[25]

在很多情况下,官府也并没有因为业主没有上手老契而否定他们的权利。司法官吏也会认为,"盖一契田产,先后分售,不付老契,情事之常"。[26] 明代永乐八年(1410 年)徽州的《永乐八年李生等卖地赤契》载:

> 十一都李生,同侄士暄,承祖父置买到休宁三十一都张得茂名下地一片,坐落本都一保,土名下福册船埠头张家园,系罪字九十三号,计地一亩一角。……今将前项四至内地并竹,尽行立契出卖与同都吴希仁名下。面议时价宝钞三十贯整,其钞当日收足。……所有来脚契文,检寻未着,日后将出,不再行用。今恐无凭,立此为用。[27]

在这份官府所认可的红契中,"所有来脚契文,检寻未着",表明

---

〔22〕 前南京国民政府司法行政部编:《民事习惯调查报告录》(上册),中国政法大学出版社 2000 年版,第 106 页。

〔23〕 前南京国民政府司法行政部编:《民事习惯调查报告录》(上册),中国政法大学出版社 2000 年版,第 68 页。

〔24〕 谭棣华、冼剑民:《广东土地契约文书(含海南)》,暨南大学出版社 2000 年版,第 265 页。

〔25〕 谭棣华、冼剑民:《广东土地契约文书(含海南)》,暨南大学出版社 2000 年版,第 259 页。

〔26〕 陈全伦等主编:《徐公谳词——清代名吏徐士林判案手记》,齐鲁书社 2001 年版,第 194 页。

〔27〕 中国社会科学院历史研究所徽州文契整理组:《明清徽州社会经济资料丛编》(第 2 册),中国社会科学出版社 1990 年版,第 175 - 176 页。

业主没有找到上手老契。但是官府并没有因此否认业主的权利,也没有禁止业主交易。双方只是在契约中约定“日后将出,不再行用”。官府以红契的形式肯定了业主管业权利和交易的合法性。

由上文明清时期的司法审判可见,契约确实是地权纠纷最直接和重要的证据,却不是确认地权的唯一证据。在下文清代的诉讼中,可以看到在没有契约的情况下,司法审判并不必然判定业主没有管业的权利:

> 郑郝氏帮父母“赎地盖房”,却将地契遗失。其弟郝虎儿“知契遗失,昧良抗债。”司法官吏樊增祥派人调查,认为如果确有其事,就确认郑郝氏父母对田宅的权利,并让“郝虎儿出钱二十串了事,免致姊弟兴讼,徒伤手足之情”。[28]

本案中,司法官吏并没有简单地以地契是否存在作为业主权利的唯一证据,而是结合其他证据加以确认。论述到这里,不禁发问:如果契约不是明清时期权利合法性的唯一证据,那么在那些不以交付契约为必要的区域,或者无法交付契约的区域,什么是司法审判和民间管业秩序的权利凭证?又如何维持这一秩序的基本稳定?

明清时期,官方文件中的黄册或土地册籍上记载的管业权是合法性的有力证据之一,但是其有效性、权威性与政府的决策和政治的清明等都有很大的关系。此外,其本身还存在滞后性的问题。明朝于洪武三年(1370 年)开始建立户贴登记制度,对乡民的乡贯、人丁及土地财产等进行统计。洪武十四年(1381 年)朝廷又开始进行户籍黄册的统计工作。户籍黄册将每户居民的人口、财产、土地、赋税等登记在册,作为国家控制人丁增减、土地财产及赋税的法律依

---

〔28〕 杨一凡、徐立志主编:《历代判例判牍》(第 11 册),中国社会科学出版社 2005 年版,第 55 页。

据。洪武二十年(1387 年),朝廷在清查各地土地田产的基础上,第一次完成了土地簿籍的编制即鱼鳞图册的任务。《明史·食货志》记载:"洪武二十年(1387 年),命国子生武淳等,分行州县,随粮定区。区设粮长四人,量度方圆,次以字号,悉书主名及田之丈尺,编类为册,状如鱼鳞,号曰鱼鳞图册。"鱼鳞图册对业主姓名、占有土地的数量、位置等进行登记,并编成序号。明代户籍黄册是明代政权控制掌握财政税收制度的重要工具。鱼鳞图册作为国家统一编制的土地田产簿籍,既是国家确认土地产权关系与征收赋税课役义务的文书凭证,也是官府处理"田土之讼"亦即田土纠纷的法律依据。[29] 因此,《明史》中说:"鱼鳞册为经,土田之讼质焉;黄册为纬,赋税之法定焉。"[30]

在清代初年,为加强对社会的控制,朝廷曾于顺治三年(1646 年)开始编制《赋税全书》,详列土地、人丁、垦田、赋税等内容。在编制《赋税全书》的同时,政府下令对无主荒地进行统计。顺治十一年(1654 年),朝廷开始编制户籍黄册,并以原有土地数额为基数,对土地进行调查统计核实,并于顺治十四年(1657 年)首次完成土地丈量册和户籍黄册。当时的土地丈量册分为鱼鳞图册和简明总括册两种。土地鱼鳞图册对每户土地的面积、形状、四至等进行详细绘制,形成状似鱼鳞的土地等基础。简明总括册仅记载各地或每户土地田产的总数。康熙年间曾一度"停止攒造黄册",后为配合"摊丁入亩"改革的推行,朝廷又于康熙五十一年(1712 年)重新建立了土地册籍制。

在明清时期,黄册或土地册籍的记载被司法官吏视为解决纠纷

---

〔29〕 蒲坚主编:《中国历代土地资源法制研究》,北京大学出版社 2011 年版,第 346 页。

〔30〕《明史》卷七七。

的重要证据。即使有契约，也要查看其与官方文档是否相符，如不相符，契约的效力也不会被认定。《四西斋决事》中的一则案例载："孟大柱执有同治二年印契，契载孙午亭出卖丽字三百十一号田四亩四分一厘，并有户管及历年完粮串票，似乎执业己产，凿凿可凭。"司法官吏经查证后发现，契约所载的土地与鱼鳞图册中所载的面积并不相符。同时，旗上虽然载明由南东庄孙长兴户出推，然而在户籍册中孙长兴这一户名并不存在。旗内还多处都有涂改痕迹。最后，知县判定孟大柱契约为伪契，田产"归孙其昌管业"，"契旗串票涂销附卷"。[31] 在此案的查证过程中，司法官员将契约与官方的鱼鳞图册、户籍册等文档相比对，因多处无法相符而认定契约为伪造。

不过，朝廷编制鱼鳞图册和土地册籍等本身就有时间性，并非贯穿明清整个王朝的稳定制度。在明代洪武年间完成黄册与鱼鳞图册统计后的一百多年里，地权关系发生了很大的变化，鱼鳞图册也破败不堪。至孝宗弘治十五年（1502 年），全国登记在册的土地较洪武年间减少了一半。因此，不断有官员提出要重新核查土地，重新攒造鱼鳞图册。然而直至神宗万历六年（1578 年），鱼鳞图册才开始被重新绘制。在清代也是如此，上文提及的简明总括册取代鱼鳞图册，本身就是希图方便的行为，但却影响了土地田产的清查。"从道光十七年刊本《治浙成规八卷》所反映的情况来看，乾隆年间（1736—1795 年），安徽、四川、浙江等省的鱼鳞图册仍残缺不全，鱼鳞图册制度并未在全国范围内普遍推行。"[32] 明清时期地权交易频繁，土地状况需要大量人力、物力进行丈量核查，黄册、鱼鳞图册和

〔31〕 杨一凡、徐立志主编：《历代判例判牍》（第 11 册），中国社会科学出版社 2005 年版，第 564－565 页。

〔32〕 蒲坚主编：《中国历代土地资源法制研究》，北京大学出版社 2011 年版，第 412 页。

土地册籍本身需要强有力的政府去维护、更新，而这并非当时的政府在王朝存续期间所能一直做到的。同时，户籍黄册本身十年修订一次，较之社会现实有很大的滞后性。因此，户籍黄册、鱼鳞图册和土地册籍等具有官方权威性，却因其本身的问题，无法在任何时期都成为管业秩序合法性的最有力的凭证，只能成为地权秩序的证据之一。

第一章曾论述道，明清时期私人地权的一大来源是通过颁布法令，将垦荒土地分给农民"开垦耕种，永准为业"。对于垦荒的地权，明王朝以法令的形式加以确认，并颁发"户贴"证明产权归属，而清代官方颁发的土地证明文书为"执照"。如下文的贴文，是明朝成化七年（1471 年）徽州祁门县人程昂开垦了四分荒山，祁门县官府给程昂颁发的贴文〔33〕：

直隶徽州府祁门县为开垦事，据六都军籍程昂告前事，据告得此，参照前事，既以（已）开耕山土，拟合就行。为此立案：贴下告人程昂。前去文书到日，仰将告开山土如法开耕，永为己业，候征税粮，依期送纳毋违。

计开：山二号，共四分，麦四合二勺，米四合三勺。一号山一分，坐落本都三保，土名鲍家坞，系经理阙字五百五十六号，东降，西田，南、北程山。一号山一分，土名同处，系经理五百五十七号，东降，西田，南、北程山。一号山二分，坐落本都四保，土名羊鹅坑，系经理珠字八十号，东山，西、南降，北田。

开垦事印。成化七年四月□日。知县（缺）、县丞汤、主簿邵、典史曹、司吏（缺）、典吏吴宣、张道。

以上贴文是官府承认陈昂对开垦土地权利的证明，贴文对土地

〔33〕　周绍泉、赵亚光：《窦山公家议校注》，黄山书社 1993 年版，第 287－288 页。

的位置、四至等作了详细说明，并有政府的印章和官吏的签字。在拥有了将此山地“永为已业”的资格后，程昂也有了“候征税粮，依期送纳毋违”的义务。在清代，朝廷亦多次颁布法令，将垦荒土地分给农民开垦，并颁发执照确认产权。这样的官方行为一般出现在因战乱抛荒土地，或者新增无主土地的情况。如在清末民初湖南省南县、沅江等地，“滨于洞庭湖一带，历有沉塌或新淤。沿居该处人民遇有新淤土地，即先往该管县公署请领业照，载明弓口，开垦成熟即为良田。如欲将该领地出卖，当事人只立一顶契，将所领业照顶于受业者，而该项领地即因之而移转”〔34〕。官方户贴或执照无疑是土地管业合法性最有力的证明，然而，不可否认的是，能够得到这样的官方证明文件的土地数量也是非常有限的。

民众缴纳赋税的凭证是地权的有力证据，能够得到官方的认可。业主必须纳税缴粮，缴纳粮税的粮串是政府提供的收据。按照明清法律的规定，田宅交易应该缴纳契税，“查产业以红契为据”。〔35〕在司法审判中，常见官吏将粮串或契税作为解决纠纷的证据之一。清代光绪年间知县孙鼎烈在《四西斋决事》中说：“叶喜意控林美荣等谋霸山地一案，虽远年祖坟已无买契，但有户存有粮串，林姓则既无契据，又无户存粮串，徒以空言争执，天下岂有无粮之地耶？”〔36〕在此案中，官吏以叶喜意虽无契据，但有粮串，且对方无契也无粮串为由，判定叶喜意为业主。

不过，粮串本身作为解决纠纷的凭证也常存在漏洞。清代江西地方法规《西江政要》提到：“查民间田地祖遗旧业居多，历年久远，

---

〔34〕 前南京国民政府司法行政部编：《民事习惯调查报告录》（上册），中国政法大学出版社2000年版，第281页。

〔35〕 （清）许文濬：《塔景亭案牍》，俞江点校，北京大学出版社2007年版，第90页。

〔36〕 杨一凡、徐立志主编：《历代判例判牍》（第10册），中国社会科学出版社2005年版，第603页。

券约遗失,地界不能认清。佃户其无据,顿炽阴谋,将田割坵换段,指出四至,潜赴州县报垦升利,久之则隐匿退字抗租不还。迨田主告官,该佃执有粮串为凭,报垦可据,田主反致一无质证,百喙皆虚,经年讦讼,波累无休。"[37]清末民初的江西省乐安县的习惯也说明,人们意识到了粮串不足以作为解决田产纠纷的唯一证据:"田土之所有权,除契据、簿据外,多以粮册为凭。粮册有官挨序(鱼鳞图册)、土挨序(各都图根据官挨序自造者)两种。官挨序三年一推,收田都书经管,最多弊窦,遇有诉讼,往往临时添造,此物实不足为唯一之证。"[38]契税也是如此。国家立法虽然规定田宅交易应缴纳赋税,然而,不缴纳赋税而为民间习惯承认的白契大量存在。同时,由于存在契税管理或审查的不严格,土地交易后不立即投税、临讼投税的情况也常带来混乱。清代江苏句容县县令许文浚曾对这种情况深恶痛绝:"临讼投税,例禁甚严,此恶其事前之吝延,尤恶其临时之弊混也。"[39]

除了以上官方的证明之外,民间的宗谱、墓碑还可以作为坟地、坟山合法性的证明。对于坟地的纠纷,官方有时以宗谱作为纠纷解决的证据。清代《四西斋决事》载:"宗谱之设,原控年湮代远,为子孙者于祖宗无从追溯,故其人生年死期、名号、已未出仕、配何氏、生几子、葬何处、纖悉毕载谱内,庶几渊源可寻。"[40]在此判牍文集中,官府认可了宗谱的证明效力。清代知县沈衍庆在《槐卿政迹》上记载了一起诉讼,山场分属三个宗族,两姓之间为权属起了纠纷,其中

---

〔37〕《西江政要》卷二《严禁佃户私佃并侵占报垦(乾隆十六年)》。

〔38〕前南京国民政府司法行政部编:《民事习惯调查报告录》,中国政法大学出版社1998年版,第206页。

〔39〕(清)许文濬:《塔景亭案牍》,俞江点校,北京大学出版社2007年版,第207页。

〔40〕杨一凡、徐立志主编:《历代判例判牍》(第10册),中国社会科学出版社2005年版,第582页。

一方契约遗失,仅有一本乾隆年间刻有山图坟墓的族谱,以及一份胡姓的佃山租批留存。沈衍庆认为:"虽坟山例以契为断,碑谱不得为凭,然亦必视其谱据之确与不确,契界之符与不符,自可准情度理,以定中正之衡。"[41] 在此案中,司法官员因认可一方乾隆年间刻有山图坟墓的族谱,而判令其胜诉。

此外,还有学者通过对民间文献的研究,认为当事人除了会提供契约、土地登记册、税票,以及墓碑、家谱等尚有一定的"实定性"的证据,还会引入传说、故事。如此可以更加深刻地理解历史文化资源对于权利合法性的作用,也更能够理解"来历"及其与"管业"之间的关系。[42]

通过上述的考察可以看到,契约不是明清时期权利合法性的唯一证据,司法官吏在纠纷解决中会综合考察契约、官方鱼鳞图册和土地册籍、粮票、契税,以及墓碑、族谱等证据判断权属。在那些不以交付契约为必要的区域,或者无法交付契约的情况下,司法官吏并不会武断地确定当事人没有管业权利,民间社会也不会直接否定他们对土地的管业。上述凭证共同构成了管业"来历"的证明,维系明清时期土地秩序的稳定。

## 三、社会关系与礼治文化对于管业秩序的维系

上文的结论引发了新的需要解答的问题:从制度上来看,上述有关管业秩序的证据都不具有稳定性、唯一性,那么一定会存在上述证明都缺乏的地带,即既没有契约,又没有官方土地册籍等凭证

---

〔41〕 杨一凡、徐立志主编:《历代判例判牍》(第10册),中国社会科学出版社2005年版,第241－242页。

〔42〕 张小也:《何谓"来历":从〈灵泉志〉看明清时期土地权利的"证据"》,载《江汉论坛》2012年第9期。

的情况，这样的土地纠纷该如何解决？土地管业秩序是如何维系的呢？

笔者认为，在清代社会中，对管业合法性的证明并非完全由上述证据来完成的，上述证据仅仅是进入司法程序后成为官吏的审判依据。证明管业秩序的合法性是由整个乡村社会完成的，是乡村社会自治的一个重要功能。[43] 亲族、邻人、中人等都起到了维系这一秩序和证明权利的作用。当时，熟人社会中的社会关系与礼治文化才是维系管业秩序的根本性因素。

不同于当今的陌生人社会，明清时期的社会是一个熟人社会，地权交易和地权秩序是在世世代代乡民基本固定、不甚流动的社会里形成的。在这样一个"没有陌生人的社会"[44]和较为封闭的地域中，人们彼此熟识或通过中间的熟人而联系在一起。村落首领、亲戚、邻人和四邻共同形成了一个普通中国人生存的软环境。如梁治平先生分析的那样，"村庄首领（广义上包括长老、头人、首事、乡约等）与族邻（泛指亲戚、邻人和四邻）在个人生活世界里更扮演重要角色。前者代表了乡村公共事务一方面，后者则直接构成个人周围之'关系'，因此也更经常介入于个人生活"[45]。在这样的封闭社会里的土地交易"是一项'人格化的交易'（personalized transaction），即交易双方之间事先就存在某种血缘的或地缘的关系，而这种关系会带入交易中来。我们还将看到，即使是两个事先不认识的买卖方（如有时候和外村人的交易），他们的关系也因中人制度的存在而'人格化'了。在狭小的村级市场上，买卖双方总能找到一个双方都

---

〔43〕 李力：《清代民法语境中"业"的表达及其意义》，载《历史研究》2005 年第 4 期。

〔44〕 费孝通：《乡土中国生育制度》，北京大学出版社 1998 年版，第 9 页。

〔45〕 梁治平：《清代习惯法：社会与国家》，中国政法大学出版社 1996 年版，第 159 页。

认识的人,而使交易间接人格化”[46]。

在这样的软环境下形成的秩序,其更为有效的规则不是法律,而是礼、道德和舆论的强制。在直接或间接联系构成的人际网络下,熟人社会中的人与人之间的道德评判较之于法律审判更被人们所在意。因为法律和司法审判不仅在私权领域的涉入是极为有限的,而且其公正性和合理性还会受到人们舆论的质疑。可以说,在当时的环境下,一个被司法审判判令为胜诉的人,未必可以在熟人社会中被接受和认可。“对于出于对廉耻和道德观念的忌讳,非礼之事被中国人所不齿,而且一般的纠纷依据礼义廉耻就可以解决……在传统社会中生活的大多数人一辈子逃脱不掉这一‘熟人关系’网络,因此,来自熟人之间道德上的负面评价成为其‘不能承受之重’。”[47]通过中人,使先前并不熟悉的人被带到一张具体的关系网络中,受到道德和舆论的制约。因此,有学者说,中人机制只是中国底力的一种表象,它的本质则在于创造了一种“柔性秩序”,相对于具有国家强制力的“刚性秩序”而言,它具有更大的弹性,更注重运用社会的情感功能,从而也更加符合中国人的认知规律、道德情感和价值认同。[48]

以契约为例,它虽然是管业秩序最直接的证明,然而契约在民间交易和地权秩序合法性中的作用却不是不可替代的,它在丢失或毁损情况下的替代品所起到的证明作用,与契约本身一样受到认可。这种情况正是明清时期柔性秩序下的环境所造就的。民间在契约丢失或毁损时常去寻求对契约的补办,有些情况下去寻求政府

〔46〕 赵晓力:《中国近代农村土地交易中的契约、习惯与国家法》,载《北大法律评论》1998年第2期。

〔47〕 王帅一:《明清时代的“中人”与契约秩序》,载《政法论坛》2016年第2期。

〔48〕 吴欣:《明清时期的“中人”及其法律作用与意义:以明清徽州地方契约为例》,载《南京大学法律评论》2004年第1期。

的补办。下文是经官方认可的红契丢失时，去请求官府补办的契约文书。

清同治十一年宛平县全吕氏补税房红契

立补税契人全吕氏，原有祖遗自置住房一所，坐落在前门外安南营西口路南，南房两间，北房两间，西平台两间，后院灰棚一间，共计房七间。价银七十两整。此房老契实因赴江苏候补被贼乱遗失无存，今情愿遵例赴县补税，以便管业。其中并无虚捏重复情事。如虚，同知底保人情甘认咎。恐后无凭，立此补税契据为照。

再批：此房老契倘日后查出，作为废纸。

（宛平县挂号讫）

同治十一年四月　日知情铺保（宏义酒店）[49]

立补税人　全吕氏（押）

官方所补发的契据自然可以成为管业的有力凭证，但当时社会中还存在大量的白契，无法寻求政府补发契约。同时，明清时期的法律并没有规定政府有承担这种登记或公示的义务，在政府职责并不明确的时代，尤其民间田土事项还视为是细故，各地官府并不能都做到如上文一样补发契约。如清代黄岩诉讼档案所显示的那样，官府拒绝了管辖的百姓因契约焚毁而要求登记在案的请求。[50] 在这样的情况下，人们还可以通过亲族地邻等人的共同参与来获得管业的凭证：

---

〔49〕张传玺主编：《中国历代契约汇编考释》（下册），北京大学出版社1995年版，第1432页。

〔50〕田涛、许传玺等主编：《黄岩诉讼档案及调查报告》，法律出版社2004年版，第251页。

立补契人涂桂芳，因祖遗房地老契失迷，无法查找，特请亲族地邻人等，按地勘丈各地亩麦弓口合理补契，谨将地段亩数开列于左：

计开弓口五尺四寸

刘忠地计地六亩，南北长科二百四十弓，北、中、南横科均六弓。

东河地计地三亩，东西长科一百二十弓，西、中、东横科均六弓。

条道地计地六亩六分零八七五，南、中、北横科八弓十弓，中长科一百七十弓。

张家地计地九亩六分二，中长科二百四十四弓，北、中、南横科十弓零四分，九弓四分，八弓五分。

同族亲人（略）。[51]

这种情况在有些地方还演化为一种习惯，如在浙江的平湖县，“凡管业田产之家，如遇业单遗失，前清时，有向架书给抄号以凭管业者，惟请给时须有凭证，或凭粮串，或凭保人，抄号上必须载明”[52]。所谓“架书”，指的是地方官府中管理鱼鳞图册的官员，在家中藏有的草册或者副本。凭借粮串或保人，可以根据并不正规的架书，请求补发遗失的管业凭证。这种民间习惯一直延续到民国时期。在湖南湘阴等地，民间还有清理字据的习惯：“清理字据，系因所有权界限不明，甲乙两方所有争执，遂请凭团邻从场理落，以清界限。自经书立清理字据之后，均照该清理字据所载界址管业，不得再事混争。此种事实，多因新老契据记载四抵不明，或因新契遗失，

〔51〕 朱文通：《沧州土地文书辑存（一）》，载《中国社会经济史研究》1987年第4期。

〔52〕 前南京国民政府司法行政部编：《民事习惯调查报告录》（上册），中国政法大学出版社2000年版，第290页。

老契所载之界抵又不足以资证明故也。"[53]在契约所载的地权界限不明时,或契约遗失时,可由乡保和地邻等人进行现场勘丈,并书写字据作为以后管业的证明。这样的凭证为民众所认可。

人们依靠乡保和地邻等民间力量获得"管业"的凭证,是因为明清时期将田土纠纷等私权纠纷交由民间社会去解决。这些替代契约的凭证之所以受到认可,是因为与契约一样获得了当时人们具体生活的区域环境的认可。因此,明清时期的土地契约,所代表的含义并非仅仅如当代合同一样双方达成协议,而是因为中人、保人等众多人的见证、参与,更代表了当时特定生活区域中的人的集体认可。在农业社会中,土地交易很难延伸到更远的陌生环境中去,一旦发生纠纷也是在熟悉的乡村范围内以和解的方式得到解决。[54]即使最后诉讼到官府,也会先由乡保、亲邻、保人、中人等作证或先进行调解,所以请"亲族地邻人等,按地勘丈各地亩麦弓口合理补契",其证明力在将来可能发生的交易或纠纷中也是绰绰有余的。

明清时期的管业秩序就是在这样的熟人社会和礼治文化,及众多可以采用又均非必不可少的证据中,实现秩序的相对稳定状态。因为没有当今社会明确的土地登记和公示制度,明清时期土地权利的模糊地带是不可避免的,因此也会出现寺田浩明所说的"挤来挤去的状态",[55]地权的争夺和纠纷也是不可避免的。但这样的纠纷

---

〔53〕前南京国民政府司法行政部编:《民事习惯调查报告录》(上册),中国政法大学出版社2000年版,第358页。

〔54〕刘高勇:《中国传统不动产买卖契约的生效及其获得途径——以清代田宅买卖契约为中心》,载《长江师范学院学报》2008年第3期。

〔55〕[日]寺田浩明:《权利与冤抑——清代听讼和民众的民事法秩序》,载[日]滋贺秀三等:《明清时期的民事审判和民间契约》,王亚新等编译,法律出版社1998年版,第232页。

并没有破坏土地秩序总体的稳定性。不过一旦社会环境被打破，管业秩序也会随之遭到破坏。如因战乱局势动荡，原有社会秩序被破坏，地契丢失，人员流散，地权纠纷也会大量增加。例如，清代咸丰、同治年间，江南地区因受太平军冲击，造成大量册籍散佚，不惟官方鱼鳞图册、黄册散失过半，就是民众的地契也狼藉一片，社会经济秩序大乱。[56] 一些书吏假借私藏之所谓“秘册”招摇过市，导致纠纷不断，土地秩序更为混乱。可以想到，管业秩序的破坏不仅是由于地契和土地册的丢失造成的，也是由于人们稳定生活的关系网被破坏造成的。这些都足以说明由人组成的区域环境对于管业秩序稳定性的作用。

## 第二节　土地管业的流转秩序与结构体系

迨至明清时期，土地交易形式趋于多样化，租佃、抵押、顶、退、押租、典、活卖、绝卖等方式在此时得到进一步发展、成熟，并形成“一般租佃—押租—典—押、抵—活卖—绝卖、股份交易”的体系。[57] 从交易方式来看，存在绝卖、活卖、典制、租佃等方式；从转让的内容来看，有骨皮一并买卖者，有骨皮分别交易者。通过多种流转方式，最终形成全业（永业）、典业、田面、田主等多层级的地权形态。在明清时期的地权结构中，我们可以看到从国家到各级业主，实际上没有谁是唯一的、绝对的所有者，各层级的业主共存于土地之上，仅利用土地的某一层面功用，但土地的流转与利用效率极

---

〔56〕 马学强：《“民间执业全以契券为凭”——从契约层面考察清代江南土地产权状况》，载《史林》2001 年第 1 期。

〔57〕 龙登高：《地权市场与资源配置》，福建人民出版社 2012 年版，第 51 页。

为高效。土地的多重价值得以充分发挥。

## 一、土地管业的交易流转体系

### (一)绝卖

明清时期,绝卖是地权流转中的重要方式之一。所谓绝卖即卖断,转让土地的交易结果是卖主永远失去土地,买主“永远为业”。下文清嘉庆六年(1801年)山阴县高兆原兄弟的卖田官契是一份典型的卖契:

> 山阴县卅六都三图出卖田契人高兆原同弟兆丰、兆岳,自己户内驹字号田壹亩,凭中保出卖与本县族□□处名下为业。三面议定时值估价银贰拾伍千文正,其银当日一并收足。自卖之后,永不找贴,永无回赎,任凭银主管业,收户办粮。并无重叠交关。倘有事端,卖主自行承值,不涉买主之事。欲后有凭,立此绝契为照……其田任凭钱主管业,收花入册轮(输)粮。契价以(已)足,遵新例壹契杜绝。并照。[58]

在此绝卖契中标明“卖与本县族□□处名下为业”,“永不找贴,永无回赎,任凭银主管业”,该契在上文后还列有所卖之地的地号和四至,最后由高兆原、高兆丰和高兆岳兄弟三人共同在“立绝卖契人”项下署名画押外,另有中人、代笔人署名画押。

土地是人们安身立命之本,是最重要的家庭财产。业主对土地很少一次绝卖尽净。业主对出卖的地权多保留部分权利,或是可以回赎,或是绝卖之后,卖主还保留自己长期佃耕的权利,如此使得明清时期的地权交易呈现出复杂性。

---

〔58〕 张传玺主编:《中国历代契约会编考释》,北京大学出版社1995年版,第1306－1307页。

## （二）活卖

在明清时期，民间还存在大量活卖契约。如下文雍正年间福建闽北张赤奴活卖田皮契约：

> 立赔契人张赤奴，承祖遗下旱田皮一段，坐落土名油坑垅，即目四至老契俱载明白，计还主人张宅大苗谷一十五箩四斗正。今因缺少银两使用，情愿托中将此田皮出赔与吴宅边为业，当日三面言议时值赔价纹银一十二两正。成契之日一顿交足，不欠分厘。并无准折债货之类，及无重复典赔之理，所赔其田的系自己物业，与亲房伯叔兄弟侄人等各无相干。自赔之后，仍从赔主前去召佃管业。其田皮言议后日备有原价，仍从随冬取赎，不得阻执，此系两家甘允，并无异说，今欲有凭，立赔契为照用。当日交得实价纹一十二两正。其有上手赔契一并缴照。雍正四年十月。〔59〕

在此契约中，立契人称“田皮言议后日备有原价，仍从随冬取赎，不得阻执”，说明这是一份活卖契约。活卖区别于绝卖，是可以回赎的土地交易。日本学者仁井田陞注意到明清时期的契约文本中反复强调断“绝卖”“永卖”等词汇，其背后的原因是存在另一种不同于绝卖的买卖形式的存在，即活卖。他认为，活卖是附赎回条件的买卖，“附有赎回条件的买卖等于活卖、质等于典，本为不同的法类型”〔60〕。我国台湾地区学者戴炎辉也认为，“活卖常与典混淆，盖其经济上效用相同，只其法律形式不同。活卖者将其所有权移转

---

〔59〕 杨国桢：《清代闽北土地文书选编（一）》，载《中国社会经济史研究》1982 年第 1 期。

〔60〕 ［日］仁井田陞：《中国买卖法的沿革》，载杨一凡主编：《中国法制史考证》，中国社会科学出版社 2003 年版，第 49 页。

至买主，而典则否”[61]。杨国桢在其撰写的《明清土地契约文书研究》一书中，也有涉及活卖的论述，认为活卖制度起源于明朝政府十年一造黄册登记丁口财产所导致的政府承认的迟延。同时，他注意到，“典与活卖混同，契纸上只有微小的区别，有的在卖契文末写上典字，有的文字与卖契一样，但中人不画押，不加注意是难以辨认的”[62]。还有学者认为，明清时期，在典与卖之间，出现活卖。[63]笔者认为，活卖交易的出现有可能是典交易日渐成熟和常态化的结果。典制发展至明清时期，已经广泛存在于地权交易中，被广泛接受和运用。伴随着典制的普及，回赎和找贴也越来越常见。在有些地区，对于未标明绝卖的契约，回赎也逐渐被承认和接受。契约只有在写有“永卖”“绝卖”“永不回赎”等字样时，才是真正放弃所有的意思，否则都可以回赎。实际上，明清政府在律典中均未承认过活卖，但在清代乾隆十八年（1753 年）发布的条文里可以看到活卖的存在，以及与典制的混同：

> 嗣后民间置买产权，如系典契，务于契内注明“回赎”字样。如系卖契，亦于契内注明“绝卖永不回赎”字样。其自乾隆十八年定例以前，典卖契载不明之产，如在三十年以内，契无“绝卖”字样者，听其照例分别找赎。若远在三十年以外，契内无“绝卖”字样，但未注明回赎者，即以绝产论，概不许找赎。如有混行争告者，均照不应重律治罪。[64]

从这一法令可以看到，政府否认活卖的存在，并试图将地权交易规范为非典即卖的二元模式。但此法令的目的，以及所言明的

[61] 戴炎辉：《中国法制史概要》，台北，汉林出版社 1980 年版，第 122 页。
[62] 杨国桢：《明清土地契约文书研究》，中国人民大学出版社 2009 年版，第 28 页。
[63] 龙登高：《地权市场与资源配置》，福建人民出版社 2012 年版，第 51、95 页。
[64] 《大清律例》卷九《户律・田宅》，“典买田宅”条。

“典卖契载不明之产，如在三十年以内，契无‘绝卖’字样者，听其照例分别找赎”，说明了未标明交易性质的买卖契约即可以回赎。

（三）典交易

典交易在中国产生较早，且历史悠远。一般认为产生于南北朝时期，历经唐宋，至明清日益成熟。典型的典契、找贴契如：

同治元年曹长林出典佃约

立出典佃约曹长林今因正用，自愿将己置佃业一宗，土名查充，计田一坵，计田骨七秤，央中正立约出典与黄名下为业。当日议得典价足大钱五千二百文整。其钱自成约日照数一并收讫，其田仍系身承种，凭中言定，按年除交租谷回硙半外，另交租秤佃息净干谷五十斤，随割随交，决不拖欠短少。倘有租佃不清，听从受典人拘业召种，并无异说，恐口无凭，立此出典佃约存照。[65]

乾隆三十五年十一月三十日　林显昌立尽根找田契

立尽根契人林显昌，原与严瑞恒旧边交易民田三亩正，先日契明价足，今因口食不给，托中相劝向严边找过契外银五两，其银收足，其田任从严边永远耕种管业，自找之后，永远无找无赎，永斩割藤，恐口难信，故立尽找契为据。[66]

典交易，出典人将土地交由典主使用收益，出典人获得相应的价金。除了占有、使用、收益的功能外，典交易的流转功能较为发达。明清时期，出典后出典人可以多次向买受人要求支付价金，这

［65］王钰欣、周绍泉主编：《徽州千年契约文书》（第3卷），花山文艺出版社1991年版，第448页。

［66］曹树基、潘星辉等：《石仓契约》（第1册），浙江大学出版社2011年版，第51页。

被称为“找价”“找贴”。有明一代,找贴习惯已经相当普遍。出典人可以通过找贴实现对土地的绝卖,也可以最终回赎土地。典主在有需要时,也可以将土地转典。通过出典、找贴、绝卖或者转典,典制实现多种不同的交易方式。

### (四)抵、抵当

将田宅设为民间借贷的担保,在中国古代起源很早。据学者的考证,改田宅担保的行为在秦汉时期已相当流行,在南朝时称为“悬券”,在北朝时称为“注”,在唐代称为“指质”。[67] 这种以田宅为担保来借贷的行为,一般并不转移田宅所有,而仅将地契等证书交给债主保管,如不能按时偿还债务,田宅则转移给债主所有。在无法偿还债务时将田宅直接归为债主所有,就成为许多债主借钱时的直接目的,因此这一制度也成为土地兼并、巧取豪夺的手段,自宋代起就被官方视为违法行为。明清时期延续了这样的规定。《大清律例》规定:“若豪势之人,(于违约负债者)不告官司,以私债强夺去人孳畜产业者,杖八十。(无多取余利,听赎不追。)若估(所夺畜产之)价过本利者,计多余之物,(罪有重于杖八十者),坐赃论。”对于假立契约,买方并不付价金而直接以债务折抵的,按照盗卖田宅罪处理。

虽然法律如此规定,但这样的担保方式由于可以在田宅不转移的情况下借贷到金钱,所以在缺乏金融借贷渠道的传统社会仍然具有很强的生命力。典型的契约如下:

清康熙四十二年休宁县项福生借银约

立借约人项福生,今因缺少使用,今借到汪名下本纹银一

---

[67] 郭建:《中国财产法史稿》,中国政法大学出版社2005年版,第90、91页。

两整,其银每年加谷利四斗,其有来年八月交谷利清白。如迟,将窝下田一丘二亩七分抵还不误。借约存照。

康熙四十二年十二月　日

立借约人　项福生(押)

中见人　毕君达(押)〔68〕

明清时期,抵契在全国各地较为普遍的存在。因地域的不同,名称不同,内涵类型也呈现出复杂的面貌。如直隶保定所属各县习惯称为“指地借债”:“指定自己所有之田亩,凭中人介说,使用债款若干,商明利息几分,何日归还,即以该田亩为担保之凭证订立契约。此契约殆与借券无异,不过开首注明‘立指地、使钱人’等字样……”〔69〕陕西榆林的“指业揭借”,甘肃华亭县“指地指款”,福建福清等地的“胎借”等都是类似的担保契约。除了抵之外,唐末五代还出现了以田宅的利益担保债务的抵当制度,在未能清偿债务时,田宅收益归债主所有。唐宋时期出现了官营的抵当制度,其中就包含了以田宅利息为抵押物的抵当。至明清时期这样的官方抵当已经消失,然而以田宅利益担保的抵当制度依然在民间保有相当的活力。

(五)租佃

租佃制是利用他人土地的一种方式。至迟到北宋中叶已可明显看出,契约租佃经济已经成为当时生产方式最主要的表现形态。〔70〕租佃制可以根据利益分割的方式和人身依附关系的强弱,

〔68〕张传玺主编:《中国历代契约会编考释》(下),北京大学出版社 1995 年版,第 1569 页。

〔69〕前南京国民政府司法行政部编:《民事习惯调查报告录》(上册),中国政法大学出版社 2000 年版,第 22 页。

〔70〕葛金芳:《中国封建租佃经济主导地位的确立前提:兼论唐宋之际地权关系和阶级构成的变化》,载《中国社会经济史研究》1986 年第 3 期。

分为佃仆制、分成租制、定额租制。明清时期,定额制日益成熟。在定额制下,田主将土地交给佃户耕种,向佃户收取固定数额的地租。在佃户无法缴纳地租的情况下,地主有权剥夺佃农的佃权。下文为清代定额租制的契约:

同治元年郑继昌租田文约

立租批人郑继昌,今租到程名下大小买秧田一业,计税三分,土名凌子塘下。三面言定,不论年成丰歉白穑吊钓,以熟色荒色还,无须旱谷,计硬租谷拾弍斗正。秋收之日,送至上门,车扇清楚,不得欠少仔粒,如有欠少,听凭起业另召,不得留难。今恐无凭,立此租批存照。[71]

因人员的流动性较弱,加之佃农对土地权利的争取,佃租关系趋于稳定,在定额制的基础上日益发展出永佃制和一田二主的形式。明清时期,永佃制和一田二主已日渐成熟,田皮和田骨通过两个权利系统分别转让,大大加快了这一时期地权交易的流转速度和地权分化程度。下文为崇祯年间安徽休宁李奇付田皮交易的契约文书:

立佃约人李奇付,原佃得李三付田一备,从落土名树坑头,计田一亩五分,计大小田三丘,计硬租十四秤十四斤,先年得价银一两,佃与同春堂,迭年交小租三秤,崇祯十四年十一月,是身凑价银二两六分佃来耕种,交纳正租并同春堂小租。今因江三孙会银,将田转佃与房东李□名下为业,得受价银并酒食银二两八钱。其银契两相明白……

崇祯十五年五月初二日

---

〔71〕 王钰欣、周绍泉主编:《徽州千年契约文书》(第3卷),花山文艺出版社1991年版,第10页。

立佃约人　李奇付

依口代笔　谢元禄[72]

这一契约为田皮交易的契约。从这一田皮转佃的契约可以看出，李奇付从李三付处取得土地租佃的权利，后转佃与同春堂。崇祯十四年（1641 年）十一月，李奇付凑银两，又从同春堂处佃回耕种。崇祯十五年（1642 年）又转佃与李□名下“为业”。此契约中并未见到诸如“经田骨主的同意”等字样，同一块土地的田皮权在多人手中流转。下文嘉庆年间，一份地产绝卖交易以分卖田骨、田皮契约分别记载：

立杜卖田租契人二十六都四图吴帷大，今因急用，自情愿央中将祖遗下田租一号，坐落土名马劲坳，系新丈慕字四千二百九十、九十一号，计田大小四丘，计税二亩二分整。其田四至自有册载，不及开写，凭中出卖与二十七都二图朱敦素名下为业。当日三面议定，时值价银二十两整。其银当日一并收足，其田即交买人管业收租办赋。本家内外人等，毋得生情异说。未买之先，并无重复交易及一切不明等情，如有，尽是出卖人理直，不涉受业人之事。其税在本家吴奇玄户内起割，推入买人户内办纳无辞。恐口无凭，立此杜卖田租契文，久远存照……

嘉庆十二年十二月　日

立杜卖佃契人　吴帷大　押

侄吴希万　押

凭中亲……友　余品三　押

依口代书

---

[72] 安徽省博物馆：《明清徽州社会经济资料丛编》（第 1 辑），中国社会科学出版社 1988 年版，第 424 页。

项君锡　押

立杜卖佃契人二十六都四图吴帷大，今因急用，自愿央中将承祖遗下佃业一号，坐落土名马劲坳，计佃二亩二分，计田大小四丘，凭中出卖与二十七都二图朱敦素名下为业。当日三面议定时值价钱十九两整。其银当日一并收足。其佃即交买人管业，另发耕种，……今恐口无凭，立此杜卖契，久远存照。

嘉庆十二年十二月　日

立杜卖佃契人　吴帷大　押

侄吴希万　押

凭中亲……友　余品三　押

依口代书　项君锡　押[73]

在上述的两份契约中，同一块土地，连皮带骨卖于同一买受人，却以两份契约的形式皮、骨分别转让。田骨的买卖称"凭中出卖与二十七都二图朱敦素名下为业""其银当日一并收足，其田即交买人管业收租办赋"。田皮契约亦称"其佃即交买人管业"。这一情况在明清时期普遍存在。随着一田二主的盛行，很多地方的土地绝卖契约也采用卖田骨、田皮契约分别记载的形式。

## 二、土地管业的结构体系

### （一）全业（永业）

所谓永业，是归属于业主个人所有，受到政府确认的土地。这样的确认更多地体现为给政府缴纳赋税的义务。永业可能来自王朝建立之初开垦土地政府的认可，也可能来自政治层面的"封、赏、

[73]　章有义：《明清徽州土地关系研究》，中国社会科学出版社1984年版，第83页。

请、射”，或是来自继承、分家，抑或是来自绝卖。明清社会，虽然以土地的利用收益为核心，更为重视土地带来的利益，但并不意味着业主不重视对物的最终归属。相反，从另一个层面来看，先民仍然存在强烈的对于永业的理想。这种理想鲜明地体现在典制和永佃制及一田二主中，业主对于出典或者租佃给他人的土地，即便时隔几代人，却仍不肯放弃其归属于自己的事实。这样的事实，从明清时期频繁地出现找贴、田底主日渐衰落却不肯放弃土地的现象中都可以看到。虽然地权经历了时间和空间的分割，土地与永业主的归属关系却并未真正断绝。在土地居于生存之本地位的格局中，永业给人带来的踏实与安全感，以及祖辈传承的伦理观念，都是这种理想的源泉。然而，在“普天之下，莫非王土”的传统社会中，永业也未能成为一种所有权，而只是一种栖息于政治权力之下的有限的利益或权利的组合。

### （二）典业

典制作为中国传统的地权形态，在找贴、回赎、转典等各个方面均体现出区别于当代物权的扩张性、灵活性和实用性。出典人、典主乃至转典人等多位业主共存于同一土地之上。出典人作为业主，获得无息的借贷——典价，同时失去对土地的占有，享有找贴和回赎的权利。典制中各主体对典产权利的分配，是通过时间来加以分割的。出典人仍然有一种期待利益——在资金充裕的情况下收回土地，获得全业。在土地转移给典主期间，典主作为田宅的另一位业主，具有占有、使用、收益以及转典土地的权利，享有近似于地主的权利。典期可以自由约定，典期期满之后，除非业主回赎，典主可以长期利用土地。当出典人无力回赎时，典主可获得土地的全业，还可以在资金紧张时通过转典兑现典价。典制在古代社会中承担了多重社会功能：对于出典人而言，出典是温和又快速的融资手段，在生活进一步恶化时还可以通过找贴多次获得资金，是其生活的最后保障；对于典主而言，可以通过典交易以较低价格获得典产较长时期的使用收益。在资源贫乏的古代社会，土地从多个层面为相关利益人提供生存的保障。典制实现了土地的担保和用益双重价值，是具有较高的收益价值及流通价值的土地制度。

### （三）一田二主中的大业（田骨）与小业（田面）

一田二主虽然由永佃制发展而来，但在权利配置、制度功能等各方面均与永佃制有很大的差别。在一田二主中，佃农对耕种的土地具有永久使用权，可以自己决定如何使用土地，在土地上种植何种作物，以及不受干涉地自由转让田面权。除收租权尚归田底主外，土地的生产管理及收益活动可以完全脱离田底主正常进行。尤为关键的是，田底主完全丧失换佃的权利，成为一种普遍的现象。张五常认为，私有产权包括以下三种权利：使用权（或决定使用权）、自由转让权、不受干预的收入享受权。他认为，有了这三种权利，所有权是不需要的。[74] 所谓的“所有权是不需要的”，实际上的意思是，如果对一项资产有了上述三种权利，他就相当于拥有了所有权权利。因此，田面主实际享有了占有、使用、收益土地的权利，以及对田面权进行流转的权利。所以田面在实际上成为具有高流通性和高收益的产业。

与田面的实际收益功能相比，田底发挥了完全不同的功能。在明清时期，田底主从土地经营中退出，不过田底主仍是官府认可的土地业主，享有的是收租的权利和名义上与土地的关系，担负着缴

〔74〕 张五常：《佃农理论》，商务印书馆2000年版，第33页。

纳国家税赋的义务。随着田底权与土地的实际联系日益微弱，田底权的买卖最终演变成租权买卖，田底权的交易日益发挥着金融调剂的功能。

### （四）租佃制

租佃制是业主将土地出租给佃农耕种，并以一定方式收取地租的土地利用方式。租佃关系是明清社会中一种重要的土地制度关系。业主仅将土地耕种的权利交给佃农，佃农有耕种的权利和部分收益权利，负有交租义务。分成租制和定额制是明清时期比较重要的租佃制方式。

分成租制是一种实物地租的方式。明代中叶以后，随着商品经济特别是商品性农业的发展和人身依附关系的松弛，这种租佃关系逐渐衰落。[75] 业主每年（季）按照收获量的固定比例向佃户征收地租，是一种较为低级的地租关系形式。分成租制租佃关系与较低的生产力水平相伴，佃农一般难以完全具备自有生产资料如耕牛、农具等，需要业主提供，生活资料住屋、食粮等也由业主供给，人身依附性较强。《汉书·食货志》中所引的董仲舒之言："或耕豪民之田，见税什五。"即是五五分成的分成租制。在分成租制下，业主不仅提供生产资料，还干预农业生产。由于业主每年收获的地租与土地产量有着直接的关系，所以业主可能会安排生产的时间、土地的适用以及种植何种作物等。在一些情况下，业主还会亲自监督或者参与生产过程。业主对农业生产有较大的自主权。分成租制租佃关系在明代中叶以前曾经是占据主导地位的租佃关系形式。

定额制是佃户按照土地的面积、土地肥沃贫瘠等情况，在一定

---

〔75〕 卞利：《明清土地租佃关系与租佃契约研究》，载《原生态民族文化学刊》2015 年第 4 期。

时期内向业主缴纳固定数额地租的方式。至明清时期，随着生产力的发展，高产田地逐渐增多，佃农具备了准备相应的生产资料的能力，并可以承担农业生产经营的成本，这为从分成租制到定额制的发展准备了一定的条件。同时，农业生产技术进一步提高，农业抵御风险的能力增强，定额制下业主收取定额，地租完全转嫁了风险，佃户本身有能力抵御风险，分成租制才逐渐向定额制转变。定额制下，地租数额固定，“大江以南，则多系计亩收租。其租额之多寡，系各视其田之肥瘠及彼处斛、秤之大小而定，亦属历来相沿使旧额。虽更换业主，佃户照旧额，立约输纳，其额亦人所共知”〔76〕。同时，在主佃双方“恪守丰歉两无加减”〔77〕的约定之下，业主所关心的只有缴纳地租，业主与佃农“交租之外，两不相问”。佃户种植什么，如何种植，生产的各个环节都由佃户自主安排。“田中事，田主一切不问，皆佃农任之。”〔78〕佃户获得了较大的生产自主权利。同时，定额制下佃农拥有全部的剩余索取权，从而大大提高了劳动积极性和生产效率。

综上，传统社会存在多元的土地交易体系与多层次的管业结构体系。在明清时期的土地管业结构中，我们可以看到从国家到各层级业主，共存于土地之上，仅利用土地的某一方面功用，共享土地“权利”和利益，有效地调度了土地资源的利用，并极大促进了土地流转和分化。在这一时期的土地管业制度中，通过时间维度的调剂与各种要素的调配，最大限度地调动了劳动力，最大限度地提高了土地资源的利用效率。

---

〔76〕 中国人民大学清史研究所、中国人民大学档案系中国政治制度史教研室编：《康雍乾时期城乡人民反抗斗争资料》(上)，中华书局1979年版，第10页。

〔77〕 《宁都直隶州志》卷十一《风俗志》。

〔78〕 《租核·重租论》。

同时,明清以来,围绕土地形成的抵押、租赁、典、活卖、绝卖等多种交易方式共同构成一个连续的市场交易体系。在自然或人为的突发事件导致迫不得已处分土地时,业主可以选择最有利的交易方式,从而维护自己的利益。在传统社会中,很少有人直接绝卖土地,在有短期的资金需求时,业主可选择抵押;在有长期的资金需时,业主可以选择典,出典之后可以通过租赁仍租种土地;土地可以分为一田二主分别抵押、典、出售。土地交易之间大多可以相互转化,且所有的交易都有逆转的机会,典和活卖可以回赎,租赁和抵押也可以解除,甚至在有些地区绝卖都可以回赎。这一系列交易制度为生存所迫的人提供时间上的缓冲,减缓了农民与土地分离的进程,最大限度地保护了农民占有土地的基本愿望。交易的规则正是通过各种手段延缓失去土地的过程,并在各个时期给予失去土地者参与分享土地利益及重新得到土地的机会。这一连续的市场交易体系正是土地市场和金融市场深度结合的表现,其存在的同时也为生活窘迫者提供了最后的生存保障。

这样的地权结构和交易方式,实现了土地资源的多重价值。既发挥了土地保障功能、耕作收益功能,又在金融工具短缺的农业社会实现了其资金融通功能,堪称一种高效灵活且兼具保障功能的地权秩序。

# 第三章　土地管业的形成及其权利结构
## ——以典制和永佃制为核心

明清时期关于土地制度的安排，构成传统民事法领域最有魅力和最具特色的部分。其中，典和一田二主为中国传统地权秩序的两个核心问题。本部分以典和永佃制为中心，从管业视角展开对明清时期土地秩序的考察。本章对典和永佃制的研究，着重从发展演变和权利结构两个层面展开，以此来探讨在特定历史背景下具体管业制度的形成及其权利结构，由此窥探土地管业制度的历史演进规律、内在特征。

## 第一节　典　　制

### 一、典制的起源与其社会功能

#### （一）典制的起源与其特点的形成

从历史起源来看，典制是国家土地制度、民间的土地需求、民族文化心理、利益平衡机制复杂作用的结果。在长期的发展中，其特点与多重功能逐渐凸显，使其与其他土地管业制度日益区分。

与土地交易有关的典字，最早见于周恭王时期《倗生簋》的铭文。铭文共9行83字。其中有记载:“格白(伯)受良马乘于(倗)生”,而倗生则“铸保簋,用典格白(伯)田,其万年,子子孙孙永保用”。[1] 对于其中“典”字的含义,争议很多。郭沫若认为,“典如今言记录或登录”,[2]为记录的含义。杨树达先生云:“典,常也。典、常有今言确定之意。或谓典当读为奠,奠,定也,记田之界于宝簋(《倗生簋》——引注),故为定也。或曰,典字从册,有册书之意,说亦通。”[3]连劭名认为“典”有法的含义,说明铭文为法律凭证:“典,《仪礼·士昏礼》:‘吾子顺先典’及《周礼·太宰》:‘掌建邦之六典’,《郑注》并谓:‘典,法也’。此句意谓铭之宝簋,作为占有格白田地的法律凭证。”[4]张传玺认为,这里的“典”含“典卖”“抵押”之意,意即格伯将“三十田”抵押于倗生而取得良马。[5] 这一现象产生的背景是,虽然西周中后期,王朝所确定的“溥天之下,莫非王土”以及“田里不鬻”的原则虽仍有形式的效力,但“由于社会经济的发展,在贵族之间已发生了土地抵押、典当,赠送,赔偿等关系,并出现了相应的契约,……叫作‘大约剂’。因只行用于贵族封君之间,所涉及的是封国、采邑疆土之事,所以称为‘邦国约’。这种契约也是先卸载竹简木牍上。再析券为二,双方各执其一。然后再铸于鼎彝上”[6]。

因为没有更多的史料证据,笔者推测,“典”在西周时代有可能为一种规避土地买卖禁止性规定的变通做法。西周时代,贵族统治

---

〔1〕 连劭名:《〈倗生簋〉铭文新释》,载《人文杂志》1986年第3期。

〔2〕 郭沫若:《两周金文辞大系图录考释》(上),上海书店出版社1999年版,第82页。

〔3〕 杨树达:《积微居金文说》,中华书局1997年版,第11页。

〔4〕 连劭名:《〈倗生簋〉铭文新释》,载《人文杂志》1986年第3期。

〔5〕 张传玺主编:《中国历代契约会编考释》,北京大学出版社1995年版,第10页。

〔6〕 张传玺:《中国古代契约资料概述》,载《法律文献信息与研究》2005年第2期。

者按宗法制的原则形成自上而下的等级秩序，各级贵族依其等级身份之高低分封获得相应的土地和臣民。周天子在名义上为最高土地所有权者，并以“天子建国，诸侯立家卿置侧室，大夫有贰宗，士有隶子弟”〔7〕的分封形式占有土地。周天子不能直接支配王畿以外的下级贵族的土地和臣民，周天子拥有的土地权力是有限的。三代的君主作为凌驾于众多小的共同体之上的“总合的统一体”而具有名义上最高的土地所有权，但没有全国性的公共职能作为他的权力基础，土地的实际所有权属于各级贵族。〔8〕西周时代，有“田里不鬻”的规定，但在周天子的控制力削弱之时，贵族很有可能通过不转移所有的变通形式，来进行土地流转。

西周以后，君主集权的领土国家取代了旧的宗族城邦，原来国家的土地分封制度被国家授田制所取代。春秋末年至战国时期，国家试图对土地和人口进行控制，并以授田制的方式对百姓分配土地。“授田制是从公有私耕的农村公社的土地分配制度延续下来的，但主持者不是各级贵族或农村公社，而是各国政府。政府在调查计算国家所掌握的各类土地资源、估算耕地与非耕地的比例和人地比例的基础上，对授田作出统筹安排。受田农民必须首先在国家的户口册籍上登记——立户。”〔9〕这一时期各国通过授田制的形式，实现国家对税源、役源的控制。

秦以后至唐虽未能实现国家授田制度，但都希望通过政府的力量将土地和人口控制在国家权力之下。西汉时期土地实行名田制度，东汉、西晋时期土地实行占田制度。南北朝时期的北魏开始实

〔7〕《左传·桓公二年》。

〔8〕李根蟠：《官田民田并立　公权私权叠压——简论秦汉以后封建土地制度的形成及特点》，载《中国经济史研究》2014年第2期。

〔9〕李根蟠：《官田民田并立　公权私权叠压——简论秦汉以后封建土地制度的形成及特点》，载《中国经济史研究》2014年第2期。

行均田制。《魏书》记载：北魏“太和九年，下诏均给天下民田。诸男夫十五以上，受露田四十亩。妇人二十亩。奴婢依良丁，牛一头，受田三十亩，所授之田，率倍之。三易之田，再倍之。以供耕作，及还受之盈缩。诸民年及课，则受田。老免及身没，则还田。奴婢牛虽有无以还授，诸桑田不在还受之限，但通入倍田分。于分虽盈，没则还田，不得以充露田之数。不足者，以露田充倍。有盈者无受无还，不足者，受种如法，盈者得卖其盈，不足得买其不足，不得卖其分，亦不得买过所足……”〔10〕可见北朝时期的均田制，对所授田地进行严格限制，禁止在所授数额外进行土地买卖。此后的隋唐都延续了均田制。不过在每个王朝的后期，各项制度大都松懈，土地兼并严重，均田制也往往名存实亡。根据《通典·食货二·田制下》引《关东风俗传》的记载，造成北齐时期土地兼并的重要原因为“贴”的合法化。所谓贴，《关东风俗传》记载：“贴卖者，贴荒田七年、熟田五年，钱还地还，依令听许。”有学者认为，贴卖是“附有买回条件的买卖……卖方实际上是向买方转让一定年限的土地占有、使用、收益权利，仅保留以原价回赎土地的权利。这种买卖契约行为又可视为以不动产抵押的借贷契约行为，以一定年限内的土地收益充作债务的利息”〔11〕。

在古代社会，因缺乏公示制度等手段的有效保障，当时的担保制度以转移占有的担保为主。日尔曼法的古质、法国的不动产质权均是早期转移占有的担保方式。“贴”将土地作为担保物，与其他担保物的不同在于，土地是一种可以产生预期价值的资源，在担保价值之外可以带给债权人经济价值，从而可以抵销借款的利息。在熟田五年、荒田七年的期限内，当债务人还钱时债权人将土地返还。正是因为荒

〔10〕《魏书》卷一一零。

〔11〕叶孝信：《中国民法史》，上海人民出版社1993年版，第203页。

田产生的经济收益少,从而赋予债权人较长的土地占有时间;反之,熟田五年的经济收益足以等同于借款的利息。“依令听许”说明了当时政府对于这一习俗的默认。《关东风俗传》将其认为是土地兼并的原因之一,也可以看出这一制度在南北朝时期民间存在的广泛性。

土地转移占有、可以回赎并且不计债务利息是典制的明显特征,南北朝时期的贴卖已经具备了这些特性,因此可以将其看成典制度的萌芽。有学者从字义本身分析,认为贴与质字的区别在于,“提供‘质’的财产本身不会自然升值或创造出价值。而史籍所记载的‘贴’这种行为的对象,往往是专指具有创造新价值能力的人身或者可以产生收益的财产”〔12〕。

唐代实行均田制,土地的流转受到一定条件的限制。唐开元廿五年(737 年)政府曾下令“诸田不得贴赁及质,违者财没不追,地还本主。若从远役、外任,无人守业者,听贴赁及质,其官人永业田及赐田,欲卖及贴赁者,皆不在禁限”〔13〕。对于此处的贴赁,包含租赁的意思,不同于北齐时期的“贴”。有学者认为,“是如同贴一般的租赁,出让方或者作为出租土地的地主,在租期届满后,无须再还钱,就可以收回土地;或者出让方作为债务人,清偿一定数额债务后也可以收回土地”〔14〕。可见,唐朝统治者力图限制土地的自由流转,对贴赁及质等交易都加以禁止,但出于社会关系发展的需要,不得不放开一定的交易空间。贴赁及质作为社会允许的土地交易方式,在当时得到了普遍发展。到了唐代后期,法令松弛,典、质等土地交易在民间发展迅速,政府也放宽了对土地买卖、典等流转的限制。据唐宪宗元和元年(806 年)敕:“应赐王公、公主、百官等庄宅、

---

〔12〕 郭建:《中国财产法史稿》,中国政法大学出版社 2005 年版,第 78 页。

〔13〕 《通典·食货·田制下》。

〔14〕 郭建:《典权制度源流考》,社会科学文献出版社 2009 年版,第 45 页。

碾磨、店铺、东坊、园林等，一任贴典货卖。”[15] 此处将贴典和货卖并列，将两者看成是不同的土地交易形式。

后周广顺三年(953 年)的一份典契约(九五三年敦煌龙章祐兄弟典地契)记载：

广顺三年，岁次癸丑，十月廿十二日立契。莫高乡百姓龙章祐、弟祐定，伏缘家内窘阙，无物用度。今将父祖口分地两畦子共二亩中半只(质)典已与莲(连)畔人押衙罗思朝，断作地价其日见过麦一十五硕，字(自)今以后，物无利头，地无雇价。其地佃种限四年不喜(许)地主收俗(赎)，若于年限满日，便仰地主收地。两共对面平章为定，更不计喜(许)休悔。如若先悔者，罚青麦十驮，充入不悔人。恐后无信，故勒(立)此契，用为后凭。(押)

地主　弟　龙祐定(押)

地主　兄　龙章祐(押)

只(质)典地人　押衙　罗思朝(押)

知见　父　押衙　罗安进(押)[16]

在此份契约中，龙家兄弟二人因为贫困无法度日，将父祖传下的土地典给押衙罗思超，以取得小麦，并约定四年后才可以收赎土地。文中“物无利头，地无雇价”及“恐后无信，故立此契，用为后凭”等用语在唐及五代契约里频繁出现，[17] 表明了典作为交易形式

---

〔15〕《旧唐书》卷十五。

〔16〕张传玺主编：《中国历代契约会编考释》(上)，北京大学出版社 1995 年版，第 272 页。

〔17〕参见张传玺主编：《中国历代契约会编考释》(上)，北京大学出版社 1995 年版，第 269、270 页；《乙未年(九三五年)敦煌赵僧子典儿契》，《癸卯年(九四三年)敦煌吴庆顺典身契》等契约文书。

在民间已经大量存在,并形成了相应的格式化的语言。

在此类契约中,土地以其出产物抵销了借贷的利息,土地除了具有质物的功能——充当担保物外,还发挥了与其他质物不同的用益价值。时人已清楚地意识到了这一特征,将其准确地概括为"物无利头,地无雇价"。这些特征使它区别于唐朝盛行的计息借贷的质押担保,是典从典质不分到逐渐分离的体现。唐代以后的立法,"逐渐将动产的'质'与不动产的'质'分别称呼,逐步以'质'的同义字'典'来称呼不动产的担保债务、'钱还地还'的交易行为"[18]。从典的历史发展中,可以清楚地看到典与仅具有担保价值的质逐步分开。在典的发展过程中,其使用、收益功能逐渐与担保价值受到同等重视,呈现出多重功能和价值。

宋代法典《宋刑统·户婚律》"典卖指当论竞物业"门,将典、卖、指质、倚当四种土地房屋交易方式的法规编为一门,确立了典的合法性,并较为详细地规定了典制的各个方面。发展至明清时期,民间习惯中的典制更为普及和成熟,政府法典对典制的规定更为详尽、成熟。典制不仅在民间源远流长,还获得了国家立法的认可而进一步得以普遍化、规范化。

### (二)典制产生的社会背景与社会功能

通过对西周至宋典制萌芽、发展的梳理可以很鲜明地看到,典制产生的一个重要背景为国家对土地流转的控制。运筹帷幄,将土地和人口尽在掌控之下,一直是古代政府的理想。控制了土地和人口,就是掌握了国家的税赋来源,也保证了国家安全。合理地分配土地,既可以实现耕者有其田的理想,避免出现流民而影响社会稳

---

〔18〕 郭建:《典权制度源流考》,社会科学文献出版社2009年版,第53页。

定,又可以避免豪强坐大,威胁统治者的政权。然而,周王朝的失败,暴露了分封制在经济、政治上对统一国家的天然离心力。“战国和秦代实行的国家授田制,要求的条件和支付的‘成本’颇高,除了要有一个强有力的集权政府和政府直接掌握大量土地资源以外,还要有准确及时掌握下情的畅通的信息系统和忠实执行国家有关法规的干练的办事机构。这就决定它只能在特定时期和有限范围内实行。”[19]此后的历代王朝虽然无力对土地进行国家授田制,但一直希望以有力的手段对土地进行管控,因而实行名田、占田、均田等制度。

即便国家理想和制度背景如此,也并不能阻止民间社会的自发秩序形成。即使农业社会是一个稳定、较少商品交易的社会,但只要有需要,社会交易就会产生。土地不可避免地向有产者聚集。同时,在缺少融资手段的时代,亟须资金时,民间也只能靠土地的流转交换来获得资金。

在典制发展的过程中,可以窥见国家在土地制度上逐渐地放松乃至放任。从分封制、授田制到占田制、均田制的改革,其本身为国有土地制度的削弱。在实施禁止土地买卖等限制措施的同时,又有秦代“民得买卖”、北齐“依令听许”、唐代“一任贴典货卖”等政策的出现,直至宋代“田制不立”,由于民间土地流转需求的日益高涨和国家对土地管理的乏力,国家最终放任了民间土地的自由交易。

政府对典制的认可正是其放松对民间土地交易控制的体现。同时,典制在一定程度上也符合了政府的治国理念。政府对典制的认可即是统治者对于不动产特别是土地永久所有权的理想的承认,它对那些由于生活所迫失去土地的人给予照顾,赋予他们无限期回

---

〔19〕　李根蟠:《官田民田并立　公权私权叠压——简论秦汉以后封建土地制度的形成及特点》,载《中国经济史研究》2014年第2期。

赎的权利。[20] 同时，典制也符合了封建统治者的和谐、均衡思想。孔子说，“不患寡而患不均，不患贫而患不安”。对正统思想影响深远的董仲舒也认为，“使富者足以示贵而不骄，贫者足以养生而不致于忧。以此为度而均调之，是财不匮而上下相安，故易治也”[21]。在民间信贷的诸形式中，典的规则罕见地摆脱了高利贷的危害，其关键手法是通过租息相抵抑制了复利。作为一种重要的信贷手段，典制成功完成了对高利贷风险的控制。它是民间信贷诸形式中最为温和稳健的一种。[22] 政府对于典制的规范较为积极，正因为与其他担保制度相比典没有利息，因此不像高利贷等融资方式一样易于造成财富的过分集中，与统治者推崇的和谐、均衡思想相一致。

从民间社会来看，典制在禁止土地买卖制度下能达到占有他人土地的目的，为富豪之家兼并土地提供了规避法律的途径。此外，急需资金的人也可以从中得到需要的周转资金，同时避免了因借贷产生的高额利息和债务风险。典制是一个可逆的交易进程，存在逆转的机会，延缓了土地绝卖的过程，为一时资金窘迫者重新拥有土地提供了回旋余地。这一点上典制满足了独特的民族心理。房产不仅是生存的根本，是一个家族几代人的共同的财富积累，还凝聚着一个家族的精神和情感。因此，古代对土地房屋的出卖，与孝道等家庭伦理道德相连。“（典制）其所以兴起之缘由，乃因众人认为变卖祖产尤其是不动产，筹款周转以应付急需，乃是败家之举，足使祖宗蒙羞，故绝不轻易从事，然又不能有解决之计，于是有折中办法之出现，即将财产出典于人，以获取相当卖价之金额，在日后又可以原价将之赎回，如

---

[20] ［美］黄宗智：《法典、习俗与司法实践：清代与民国的比较》，上海书店出版社2003年版，第71页。

[21] 《春秋繁露·制度》。

[22] 吴向红：《典之风俗与典之法律》，福建师范大学2008年博士学位论文，第60页。

此不仅有足够之金钱，以应融通之需，复不落得变卖祖产之讥。”[23] 可以说，典制满足了多方的需求，从而在民间社会得以发展。

可见，典制产生于国家授田制、限田制的背景之下，根植于民间土地流转的需求，契合了独特的民族心理，并因符合了国家的治国理念而不断萌芽发展，被国家所认可。

作为一种纯然的东方习惯，典制在中国古代社会条件下承担着多重社会功能。典制既是无近现代公示制度的社会里，以转移田产的占有实现债务担保的可靠手段，又是在无抽象所有权观念而重视物之使用权能的社会里，对物的使用价值的转让以及实现物之利用与流通的途径；典的多次找贴既实现了对弱者的救济，也使富有自耕农以“分期付款”的方式逐渐实现对物之绝卖。[24] 典制的无过割赋税负担是民间大量选择典而非卖的原因之一，典的找贴、回赎、转典以较为简便、可靠的方式实现物的担保、利用、流转，体现了中国民众的生存智慧和生存哲学，也蕴含着独特的公平观念和正义理念。典制的长期、广泛存在与中国经济制度的相容，与政府治国理念的相恰，与特定文化的相和谐也是分不开的。

近代以来，随着法律近代化，典制历经由习惯到与西方民法制度相融合的转变。在民法法典化的过程中，经历《大清民律草案》、民国《民律草案》，至南京国民政府时期的《中华民国民法》，终于在《中华民国民法典》第 911 条将传统的典制定义为：“称典权者谓支付典价，占有他人之不动产，而为使用收益之权。”近代改造后的典权和典制有质的区别。典制的功能也发生了较大的改变。典制经由西方法理完整的改造，从一种管业秩序下松散、实用、扩张性的权利塑造为大陆法系下受到所有权限制的用益物权——典权。

---

〔23〕 谢在全：《民法物权论》（上），中国政法大学出版社 1999 年版，第 456 页。

〔24〕 邹亚莎：《清末民国时期典权制度研究》，法律出版社 2012 年版，第 2 页。

## 二、典制的权利结构：以时间划分地权

典制可以基本概括为出典人（业主、原业主或原主）在一定时期内将土地、房屋交与典主（承典人、银主或现业主）管业。典主对典产有使用收益之权，以交付典价给出典人作为对价。双方可以约定典主使用、收益典产的最短期限，期满即可回赎，即出典人可以以一定的价格将典产收回，亦可以约定随时回赎。当出典人无力回赎之时，可以将典产做绝出卖于典主，这一过程常伴随着出典人向典主要求支付典价与市场价值之间的差价，即找价行为（找贴、拔价或添典）。此外，典主亦可以在需要之时将典产转典于第三人。

在典制中，典主以典价为代价取得对土地的使用、收益权，获得了近似于业主的权利。典主既可以自己使用收益土地房产，又可以将土地转典、出租、抵押给他人。典主的权利内容可以说较之业主并无限制，虽无业主之名，却有业主之实。当典主再次将典产转典之后，转典主所获得的权利也基本无异于业主和原典主。在下面的清代契文中，典主杜昌、杜联芳将祖遗的一块典产，以典价制足钱五十千文，转典给本族杜洋名下为业，并且声明“自典之后，任凭钱主栽种”：

立转典田文契人杜昌、杜联芳，系本村八甲住人。今因乏用，有祖遗田一坵，计五工。坐落柳树塘脚下第七坵，东至赵姓塘子，南、北、西至本家田。四至开明，随田秧田一节，佈种四升，坐落三岔沟，四至二比相知，秋粮四京升，条丁夫差随粮上纳。今凭中人说合，情愿立契出典与本族杜洋名下为业，实接授典价制足钱五十千文整，入手应用。自典之后，任凭钱主栽种，杜昌、杜联芳不得异言。此系二比，日后取赎，钱到田归，恐后无凭，立此转典文契存照。

咸丰五年三月初十日　立转典田文契人　杜　昌（画十）

杜联芳(画十)

凭中人　村万甲(画十)

杜云龙(花押)

杜永裕(画十)

代字人　金蕙圃(花押)〔25〕

典制无须如买卖一样过割典产,典主也无须同业主一样向国家交付赋税。在权利上,典主、转典主都基本获取了原业主对典产的权利。“典制度可以打破所有权排他性的现状,使更多的社会成员从中受益,出典人可以把物权转化为货币,承典人虽非所有人,却能够充分利用典物,达到物权的共享。”〔26〕典制的价值核心就在于实现物的共享,最大限度地发挥土地资源的功效,社会资源得以利用效益最大化。业主、典主、转典主的权利,包括对物的占有、使用等种种较为完整的权利,在同一时间内具有排他性,无法同时共享。典制中各主体对典产权利的分割,是通过时间来划分的。

从图3.1中可以看到,从“管业”的角度来看,出典时发生了一次权利的分割。在同一块土地之上,引入了一个典业主,拥有了对典产占有、使用、收益、处分的大部分权利,但业主对土地的权利仍未完全消失,其仍保留对土地的处分权,以及回赎土地的权利。由此,在同一块土地上,出现了两个不同权利的业主。原业主享有的是一种未来回赎土地的可能性。当再次转典之时,同一块土地上又增加了第三位业主。转典主在此后的时间段中,可以对典产占有、使用、收益、处分。业主和原典主仅有对土地回赎的权利。因此典制所造成的权利分割主要是一种时间上的分割。

---

〔25〕　吴晓亮、徐政芸编:《云南省博物馆馆藏契约文书整理与汇编》(第一卷)(下),人民出版社2013年版,第698页。

〔26〕　张生:《中国近代民法法典化研究》,中国政法大学出版社2004年版,第235页。

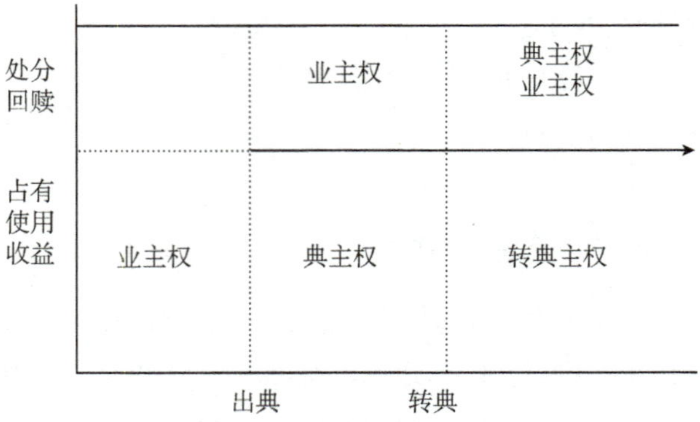


**图 3.1　典制中多元主体对典产权利的分割**

（一）典期中的利益平衡机制

在典制的习惯中，关于典的回赎权存在两个时间限制，分别为典期和典的回赎期限。

典期，即典主使用、收益典业的最短期限。在此期限内，出典人不得回赎典产。此期限届满后，出典人才能行使回赎权。在各地的民事习惯中，典期一般分为两种：第一种是不限年限，可以随时回赎；第二种必须在契约约定的期限届满后，才可以回赎。

有些地区对于典期没有限制，出典人可以不限年份随时回赎。如福建省惠安县习惯：惠安县不动产之典卖，除绝卖产业不准赎回外，凡属典当与人之产业，无论时间近远，均准赎回。[27] 湖北省恩施县习惯也是如此，“典当土地，不限年份”，“俟业主有力取赎时，无论何时，均准取赎”。[28] 另如下文咸丰年间契约规定：“面约不拘

〔27〕 前南京国民政府司法行政部编：《民事习惯调查报告录》（上册），中国政法大学出版社 2000 年版，第 308 页。

〔28〕 前南京国民政府司法行政部编：《民事习惯调查报告录》（上册），中国政法大学出版社 2000 年版，第 330 页。

年限，听璋田备价照契面银两依期取赎。”

立典面根田契陈定璋同弟定珪，承祖遗阄分下有民屯田数号，坐落侯邑廿三都汤院地方，土名汤前洋，官文捌亩零，面根全，其粮色立在本都屯甲陈桢祥户下，照县例派完纳，历掌无异。今因乏用，自愿将此田抽出根面租谷二百五十斤正，托中典与本邑廿四都福田杨振纲处为业，三面言议，典出价银三十二两正，纹广。其银即日交足，其田即听银主对佃收租，完课管业。其粮色亦听过甲入户。自典之后，面约不拘年限，听璋田备价照契面银两依期取赎。赎回之日，每两银折钱八百五十文算，银主不得执留。但此田系璋租遗物业，与别房内伯叔兄弟侄无干。并未曾重张典当他人财帛，以来历不明。系璋出头承当，不涉及银主之事。两家允愿，各勿反悔。今欲有凭，立典面根田契一纸，付执为照。

内标此项田典出根面租二百五十斤，应派粮一钱四分正，听银主完纳，再照。

咸丰九年十二月

立典面根田契　陈定璋（花押）

在见　叔　士立（花押）

廷忠（花押）

廷臻（花押）

弟　定进（花押）

兄　定良（花押）

中见　弟定祥（花押）

执笔　弟定珪（花押）[29]

有些地区对于典期作了限制，出典人必须在年限已满时才可以

---

〔29〕 福建师范大学历史系编：《明清福建经济契约文书选辑》，人民出版社1997年版，第180页。

回赎。江苏省奉贤县习惯“田三屋四”：查奉贤民间典买不动产，所立文契每每绝头活尾，大多不限年限，末尾写随时回赎字样，但所典系田产，至少须满三年；所典系房屋，至少须满四年，方可回赎。[30]甘肃省武当县习惯，“典田、房屋于人，非过三年不得取赎”[31]；甘肃漳县典户管业至一年后方可取赎[32]；陕西省武功县典户收过一季禾稼者，业主即得回赎[33]。

在下文清宣统年间的典契中，对典期作了限制：

宣统元年潘贵业向潘奇峰立典田契

立典田契人贵业，今因家下无银应用，父子商议，愿将祖首[手]遗下粮田一号，坐落土名在于水背坡下龙牛路面田一坵，载黜种一斗二升正，实载粮米二升四合正，在于禄兆户完纳。先招房亲不取，请中送至本门叔祖奇峰承取。当日三面言定时值价钱十五两三钱正。即日银契两相交讫明白，并无债贷准折，二比情愿。自典之后，任从奇峰耕处管业，贵业亲房不得异言生端。典后三年，价到随便收赎。恐口无凭，立典契一纸是实。

惠宗　中人

贵业　亲笔

宣统元年正月廿七日　立[34]

---

〔30〕前南京国民政府司法行政部编：《民事习惯调查报告录》（上册），中国政法大学出版社2000年版，第208页。

〔31〕前南京国民政府司法行政部编：《民事习惯调查报告录》（上册），中国政法大学出版社2000年版，第402页。

〔32〕前南京国民政府司法行政部编：《民事习惯调查报告录》（上册），中国政法大学出版社2000年版，第402页。

〔33〕前南京国民政府司法行政部编：《民事习惯调查报告录》（上册），中国政法大学出版社2000年版，第374页。

〔34〕谭棣华、冼剑民编：《广东土地契约文书（含海南）》，暨南大学出版社2000年版，第317－318页。

此典契规定，“典后三年，价到随便收赎”，说明此典期为三年。三年内，典主潘奇峰对典物享有占有、使用、收益的权益，出典人潘贵业不得侵害典主的这些权利。三年典期届满后，“价到随便收赎”，出典人备原价赎典，典主将所典土地返还给出典人。

也有不少地区，同时存在有典期限制的典和无典期限制的典。典交易的双方可以在契约中约定。如甘肃省大通县习惯，典分为“有期典当及无期典当”两种，“民间有典当其产业者，两方于议定价值后，书立合同字据，彼此各执凭。若是有期典当，字据内必书名几年为限、年满以原价赎回字样，差役、粮草则随地应纳。如为无期典当，必书明自此之后，不论年限远近，有钱即可赎回、无钱照旧耕种字样，差役、粮草则随地应纳。房屋亦然，惟无应纳差役、粮草等字样而已”〔35〕。福建省顺昌县、江苏省赣榆县习惯都是如此。

从经济学和双方利益平衡的角度来看，一定年限的典期设置具有合理性。

在典制中，对于典主而言涉及两类成本：一类为一次性投入的成本，包括典价（固定成本一）和典契订立的成本（固定成本二）。前者随着年限的增加而典价数额随之增大，但由于典制“地不起租，银不起利”的原则，业主的金钱收益与典主的土地收益相抵销，因此典期的长短不会破坏公平。典契订立的固定成本包括中保费用、时间成本、出现纠纷的潜在费用，还有“现日煮酒杀牲，议定每年帮粮税钱一百”，“即日煮酒当众立下典约一纸”〔36〕等仪式所需要的费用，这些成本对于双方尤其对于典主来说，都需要一定的时间回收。

另一类成本为变动成本。对于土地，典主需要投入肥料、维护

---

〔35〕 前南京国民政府司法行政部编：《民事习惯调查报告录》（上册），中国政法大学出版社 2000 年版，第 398 页。

〔36〕 谭棣华、冼剑民编：《广东土地契约文书（含海南）》，暨南大学出版社 2000 年版，第 368、372 页。

等物质、时间和人力成本，这些成本是需要每年持续、稳定地投入，才可以获得既定的产出。这部分总的成本随着典期的延长而不断增加。

对于典主而言：

年平均成本＝年均变动成本＋一次性成本/时间

一次性成本包括典价与订立契约的成本，因此：

年平均成本＝年均变动成本＋典价/时间＋订立契约的成本/时间

其中，年均变动成本是基本不变的。除去土地质量、位置等因素，同一块土地的典价与典期基本成正比。订立契约的年均成本随着典期的不断延长，不断降低，趋近于0，这对于典主而言，平均固定成本就越低。对于双方来说，都需要一定的时间使成本不断降低，增加收入，所以典制中典期的最短设置有积极意义。

如果用函数方式来表示，x为典期，y为年总平均成本，则x与y大体呈图3.2的变化趋势。

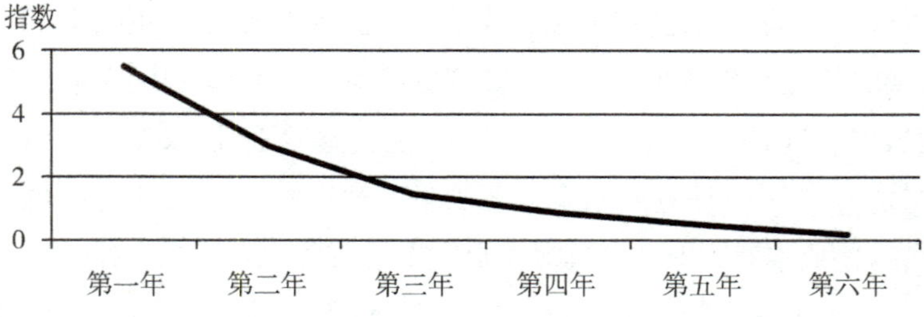


**图3.2　典制中典主年平均成本的变化**〔37〕

〔37〕　此图参见王志民：《从清代到民国：民间田宅典契研究》，吉林大学2018年博士学位论文。但在此文中，作者没有考虑典价的因素，笔者在分析中将其纳入一次性投入的固定成本。

对于典主而言，随着典期的延长，订立典契的平均固定成本不断变小，年总平均成本更趋近于典主每年投入的变动成本加典价除以年限的平均值。而且，典期时间越长，典转变为卖的可能性就越大，期待利益就越高。因此，建立较长期的典契对典主而言更为有利。但对于典主来说，需要一次性拿出较大数额的典价。对于业主而言，出典是为了获得长期无息信贷。较长期的典期可以一次性拿到数额较大的典价。但典期越长，典价越高，典产越难以回赎。

通过上述分析可见，双方尤其是典主，都需要设置一定的典期，以收回成本。由于"租息相抵"原则的存在，典期本身无悖于公平和效率原则，反而有利于双方利益的实现，通过典期的设置可以实现利益平衡。

### （二）管业视角下的回赎期限分析

另一种关于回赎权的时间限制为典的回赎期限，即典的回赎权行使的时间限制。典的回赎期限是指，在多久的期间内出典人可以主张回赎典业，超过这一期间，出典人则无权再要求回赎，典产归于典主。关于典的回赎期限，民间最为普遍的是无期限。因此，民间才流传"典在千年，卖在一朝""一典千年活"等俗语。

如福建省政和县习惯"永不典绝"："不动产之典质多不设定期间，无论数十年或数百年，皆得取赎。"[38]

陕西省朝邑县习惯"当地千年活"："当业无论经过若干年限，找价几次，一旦业主执持当契向当户赎地，当户均须回赎，不得异言。"[39]

---

[38] 前南京国民政府司法行政部编：《民事习惯调查报告录》（上册），中国政法大学出版社2000年版，第294页。

[39] 前南京国民政府司法行政部编：《民事习惯调查报告录》（上册），中国政法大学出版社2000年版，第373页。

甘肃省古浪县习惯"一典千年活"："古浪民间出典田地，契约中有注明期限取赎者，亦有不注明者，其实际上，无论有期、无期年，久典业均可由原业主赎回，故有'一典千年活'之谚。"[40]

湖北汉阳、兴山、麻城、员卜县、竹溪五县习惯："……兴山之典当契约，均写当约人某，不定年限……以后无论何时，均得取赎。麻城之典质权，俗谓之'当约'，有不限年岁者，永久可以回赎；如书有年限，限满未赎，不能回赎，并不找贴。郧县不动产质权应书典当契约，订定回赎年限，如限期未赎，可以催赎，如无力回赎，亦听其便，以后钱便仍准取赎；竹溪出典田地……均于当约内载明自当之后、凭承当主另耕无阻、异日钱便备赎取，两无异言云云，日后无论何时，均准取赎……"[41]

有些地方，契约中虽载明限一定期限内取赎，但实际上超过时限，出典人仍保有回赎的权利。如福建省闽清县之习惯："闽清习惯，典契习惯多载明限三年或五年取赎字样；故虽期限届满，延迟数年，典户不得抗赎。甚至有逾期数十年，或达百余年仍取赎者。"[42]甘肃省循化县习惯："凡典当田地与人，期限至长不过五年，如届典期无理赎回，亦得请求典户展期，从无勒买情事。"[43]

普遍存在的无限期的回赎期限与传统文化中保护弱者的观念不无关联，同时也是与中国古代物权制度的精神是分不开的。近代社会通过促进所有权的流转，实现对物的利用价值最大化。与此对

---

〔40〕 前南京国民政府司法行政部编：《民事习惯调查报告录》（上册），中国政法大学出版社2000年版，第399页。

〔41〕 前南京国民政府司法行政部编：《民事习惯调查报告录》（上册），中国政法大学出版社2000年版，第339页。

〔42〕 前南京国民政府司法行政部编：《民事习惯调查报告录》（上册），中国政法大学出版社2000年版，第401页。

〔43〕 前南京国民政府司法行政部编：《民事习惯调查报告录》（上册），中国政法大学出版社2000年版，第304页。

比,中国古代土地的终极所有归于王朝,个人的土地私有权具有不完全性这一“前近代”的侧面。[44] 王朝最为重视的是将土地的终极所有牢牢掌握在政府手中,同时尽可能地限制物之归属的流动,各朝代对土地兼并的严格限制,重农抑商政策等都体现了这一点。在私权得不到保障的社会下,整个社会重视对物的使用收益,以对物之现实“管业”为制度核心,社会依靠典、永佃等的流转频率和速度实现对物的利用的流转。

将无限制的回赎权交给出典人,实际上也是将一种业权给予了典主。典主将土地耕作、收益并传给下一代,或是转典出租,实际上与己产无异。因此有学者认为,“……典为卖之变象,(俗称典卖,而称出卖为杜卖或绝卖,以示区别),其办法,一方面不放弃所有权,而保留回赎之机会,另一方面又能筹足需款(典价常接近典价),不负出卖之名,而有出卖之实。如在典权人方面而言之,虽无取得所有权之名,而亦有取得所有权之实(典权内容丰富,接近所有权,况尚有异日取得所有权之期待)……”[45] 因此,无期限的回赎权实际上使得在国家干涉的“所有”没有改变的情况下,转让了“管业”,实现了社会利益的共享,促进了物之利用和流转。

## 第二节　永　佃　制

### 一、从租佃制到永佃制

#### (一)永佃制为租佃制发展的阶段性产物

对于永佃制的起源的时间,学界存在不同的观点。第一种观点

---

〔44〕 参见[日]岸本美绪:《明清契约文书》,载[日]滋贺秀三等:《明清时期的民事审判与民间契约》,王亚新、梁治平编译,法律出版社1998年版,第301页。

〔45〕 郑玉波:《民法物权》,台北,三民出版社1988年版,第158页。

是，以秦晖为代表的学者认为永佃制最早产生于汉代。如秦晖（1992 年）认为，“秦汉时以‘假田’形式向农民出租公田，即允许农民永久占有公田，向政府缴纳‘假税’可以看作是永佃权”。但这样的观点受到质疑，据张传玺先生考证：“假民公田，在这里不是出租公田，而是暂时出借公田给灾民，以便生产救灾。”[46]“假田”，是政府向农民出借之田，而非出租之田；是暂时出借，而非长期或永久出租。因此，认为“永佃权”出现于秦汉的观点，值得商榷。第二种观点认为永佃制发源于隋唐时期，周子良（2002 年）指出，“唐代中期以后，永佃户所佃之官田，与收取两税的私人的产业没有区别。因此，可以说，事实上的永佃制出现（或萌芽）于隋唐或唐中期以后”[47]。第三种是学界较为普遍的观点，认为中国的永佃制起源于宋代，多数学者持这一观点。如傅衣凌（1961 年）、梁庚尧（1985 年）、乌廷玉（1992 年）等。[48]

以目前的史料记载来看，宋代以前永佃的记载仅零星可见，说服力有限。宋代相关记载明显增多，在宋代官田中最早出现永佃制。在《宋史·食货志》中记载淳化五年（994 年）令：“凡州县旷土，许民请佃为永业，蠲三岁租，输三分之一。”宋太宗至道二年（996 年）闰七月，诏：“‘邢州先请射草地，并令拨归牧龙坊，自余荒闲田土，听民请射。’先是，诏应荒闲田土，许民请射充永业。”[49]国家赋予佃户长期佃耕荒闲官田的权能，并视之为百姓的产业。神宗年间

---

〔46〕 张传玺：《秦汉问题研究》，北京大学出版社 1995 年版，第 86 页。

〔47〕 周子良：《永佃权的历史考察及其当代价值》，载《现代法学》2002 年第 2 期。

〔48〕 傅衣凌：《明清农村社会经济》，载《傅衣凌著作集》，中华书局 2007 年版，第 48 页；梁庚尧：《南宋的农村经济》（修订版），台北，联经出版事业公司 1985 年版，第 136 页；林甘泉：《〈中国封建土地制度史〉前言》，载《中国史研究》1988 年第 4 期。

〔49〕 （清）徐松：《宋会要辑稿》，中华书局 1957 年版，第 7136 页。

在三司上书中有这样的表述:“……屯田省庄,皆子孙相承,租佃岁久……每亩所出子豆斗比田税数倍”[50];“河北、陕西、淮南、京西、夔州等地的屯田,率耕垦已四十余年,虽有屯田之名,父子相承,以为已业”。在江西,哲宗元祐年间,宣仁太后高氏垂帘之日,“以在官之田,区分为庄,以赡贫民,籍其名数计其顷亩,定其租课,使为永业”。之后,“民又相与贸易,谓之资陪,厥价与税田相若。著令亦许其承佃,明有资陪之文,使之立契字,输牙税,盖无异于税田。……历时既多,展转贸易,佃此田者,不复有当时给佃之人”。[51] 据《续资治通鉴长编》记载,宋哲宗元祐二年(1087 年),河东、河北和陕西,“三路百姓佃官田者甚众,往往父祖相传,修营庐舍,种植园林,已成永业”[52]。《文献通考》中记载,宋徽宗政和元年(1111 年)“诸路惟江西乃有屯田非边地。……所以祖宗时许民间用为永业。……其实便如典卖己物。……既不可例以夺卖,又其交佃岁久,甲乙相传,皆随价得佃”。[53]

上述关于宋代的史料记载存在一个特点,即永佃制仅仅出现在官田之中。国家将荒闲官田长期租给佃农耕种,收取地租。对于佃户而言,长期佃种,视为“永业”,可以继承,甚至转让给他人。在目前可见的史料中,还没有找到宋代私田永佃的相关证明。在元代的史料中,无论官田还是私田都出现了关于永佃制的记载。发展到明代中叶,永佃制已经在东南省份较为普遍。到了清代,永佃制不仅在东南地区,而且也在华北、西北、西南、东北、华南等地蔓延开来。[54]

---

〔50〕 (清)徐松:《宋会要辑稿》,中华书局 1957 年版,第 5723 页。
〔51〕 《陆九渊集》,中华书局 1980 年版,第 114 页。
〔52〕 (宋)李焘:《续资治通鉴长编》,中华书局 1992 年版,第 9685 页。
〔53〕 (元)马端临:《文献通考》,商务印书馆 1936 年版,第 80 页。
〔54〕 杨国桢:《明清土地契约文书》,人民出版社 2009 年版,第 71－72 页。

永佃制是租佃制发展到一定阶段的结果。有学者将我国传统的农业社会划分为三个阶段:(1)战国秦汉时期,封建经济制度确立、封建依附化关系发展阶段。(2)魏晋隋唐时期,庄园农奴制阶段。(3)宋元明清时期,封建租佃制占主导地位阶段。〔55〕这样的划分,大体体现了春秋时代以前的土地公有制(井田制)到战国时期"除井田""开阡陌"建立土地私有,再到三国两晋隋唐时期的屯田、均田制,最终发展至宋元明清时期租佃制的发展历程。虽然关于租佃契约的记载,在秦汉已经出现。但是,直至中唐以前由众多均田户构成的中古自耕农经济,或称中古田制经济仍占主导地位。在唐宋之际,租佃经济成分日趋增长乃至最终确立自身主导地位。至迟到北宋中叶已可明显看出,契约租佃经济已经成为当时封建生产方式最主要的表现形态。〔56〕在北宋,"佃人之田"的客户"多于主户",〔57〕至少要占总户口数的一半,如当时人吕陶所说:"天下之自耕而食为天子之农者,十无二三,而食于富人而为之农者,盖七八矣。"〔58〕佃租制度日益普遍。

租佃制度可以分为佃仆制、分成租制、定额租制。佃仆制租佃关系是一种落后的租佃制度。地主以佃为仆,佃仆附属于土地之上,对田主有较强的人身依附关系。除了要交租外,还要为地主承担各种劳役,甚至要接受地主的各种人身惩罚和压迫,法律地位低下。佃仆制租佃关系是一种非自由租佃关系,在明清时期不占据主流地位,至清初逐渐瓦解,逐渐被比较自由的租佃关系取代。

---

〔55〕漆侠:《中国经济通史宋代经济卷》(上),经济日报出版社1999年版,第6页。

〔56〕葛金芳:《中国封建租佃经济主导地位的确立前提——兼论唐宋之际地权关系和阶级构成的变化》,载《中国社会经济史研究》1986年第3期。

〔57〕(宋)李觏:《寄上孙安抚书》,《直讲李先生集》卷二八,《四部丛刊·初编》。

〔58〕(明)杨士奇等辑:《历林名臣奏议》卷一〇六《论申必行之法、任必择之官疏》,明永乐刻本。

分成租制是中国传统社会中实物地租的原始形态，在相当长的时期内占据主导地位。佃主每年（季）按照收获量的固定比例向佃户征收地租，是一种较为低级的地租关系形式。分成租制租佃关系与较低的生产力水平相伴，佃农一般无法完全具备自有生产资料如耕牛、农具等，需要地主提供，生活资料住屋、食粮等也由地主供给，人身依附性较强。《汉书·食货志》中所引的董仲舒之言："或耕豪民之田，见税什五。"即是五五分成的分成租制。分成租制租佃关系在明代中叶以前曾经是占据主导地位的租佃关系，明代中叶以后，随着商品经济特别是商品性农业的发展和人身依附关系的松弛，这种租佃关系逐渐趋于衰落。[59]

定额租制是佃户按照土地的面积、土地肥沃贫瘠等情况，向业主在一定时期内缴纳固定数额地租的方式。至明清时期，随着生产力的发展，高产田地逐渐增多，佃农具备了准备相应的生产资料的能力，并可以承担农业生产经营的成本，这为从分成租制到定额租制的发展准备了一定的条件。同时，农业生产技术进一步提高，农业抵御风险的能力增强，定额租制下业主收取定额，地租完全转嫁了风险，佃户本身有能力抵御风险，分成租制才逐渐向定额租制转变。定额租制下，地租数额固定，所谓"大江以南，则多系计亩收租。其租额之多寡，系各视其田之肥瘠及彼处斛、秤之大小而定，亦属历来相沿使旧额。虽更换业主，佃户照旧额，立约输纳，其额亦人所共知"。[60] 同时，主佃双方"恪守丰歉两无加减"[61]的约定之下，地主所关心的只有缴纳地租，地主与佃农"交租之外，两不相问"。佃户

[59] 卞利：《明清土地租佃关系与租佃契约研究》，载《原生态民族文化学刊》2015 年第 4 期。

[60] 中国人民大学清史研究所、中国人民大学档案系中国政治制度史教研室编：《康雍乾时期城乡人民反抗斗争资料》（上），中华书局 1979 年版，第 10 页。

[61] 《宁都直隶州志》卷十一《风俗志》。

种植什么,如何种植,生产的各个环节都由佃户自主安排。“田中事,田主一切不问,皆佃农任之。”〔62〕佃户获得了较大的生产自主权利。同时,定额租制下佃农拥有全部的剩余索取权,从而大大提高了劳动积极性和生产效率。

从分成租制向定额租制转变,是一个长期的渐进过程。唐宋时期定额租制逐渐发展起来,宋、元、明时期在当时社会中分成租制与定额租制一直是共存的状态,直至清代中期定额租制开始占据了主要地位。乾隆四年(1739年)两江总督那苏在一份奏折中说明了当时分成租制和定额租制的情况,“北方佃户计谷均分,南方计亩征收”〔63〕。直隶总督孙嘉淦也持相似的认识:“直隶业主佃户之制,亦与江南不同。江南业主自有租额,其农具籽种,皆佃农自备,而业主坐收其租。直隶则耕牛籽粒多取给予业主,秋成之后,视其所收而均分之。”〔64〕总体而言,北方省份实行分成租制的较多,而南方大多选择定额租制。

从本质上看,永佃制是在定额地租和长期租佃的基础上发展起来的,它本身即为租佃制发展到一定阶段的表现形式。“在额租制下,由于租额是固定不变的,地主也就丧失其直接干预生产的条件,以致谁来经营,如何经营,地主一概不再过问,只要有人交租就行。”〔65〕地主对佃户夺耕撤佃是为了增租,但在定额租制下,地主失去了剥夺佃民耕作权的必要——因为无论谁佃种,他们的收入都不能增加。佃农由此就有了较长久和稳固的佃种权,有的还取得了永

〔62〕《租核·重租论》。

〔63〕中国人民大学清史研究所、中国人民大学档案系中国政治制度史教研室编:《康雍乾时期城乡人民反抗斗争资料》(上),中华书局1979年版,第10页。

〔64〕《孙文定公奏疏》卷八。

〔65〕中国社会科学院历史研究所清史研究室:《清史论丛》(第2册),中华书局1985年版,第72页。

佃权。因此，在一些地方，佃农世代耕种土地，长达几百年。如在江西宁都，“下乡闽佃，先代相仍，久者耕一主之田至子孙十余世，近者五六世”。[66] 佃农已经形成了实际上的永佃权利。在清代，这样的事例明显增多。在一些地区逐渐形成佃户不欠租，地主不能退佃的习惯。如在福建仙游县，乾隆年间，林正佃种陈姓祭田，租佃契约内载明：“如无欠租，不得另付他人耕种。”浙江永康县俗例，“如佃户并不欠租，不许田主自种”。[67] 还有些地区形成了换田不换佃的习惯，即即使土地易主，佃户仍有佃租原土地的权利。如浙江临海县“地方乡例”：“若田主把田卖与别人，仍旧是旧佃户耕种还租，叫作卖田不卖佃。”福建平和县也是“佃农原有粪土佃银，业主卖租不卖佃”。广西武宣县，壮人种田，“历来只换田主，不换佃户，就算世业一般”。[68] 佃户逐渐拥有稳定、长期的权利。

不过，在习惯中形成的永佃制度，并非是和平状态下完成的，从档案提供的资料看，地主和佃户之间的矛盾是复杂和深刻的，两者之间伴随着长期的斗争。对于佃户而言，最担心的是地主的增租和夺佃。在传统租佃制度下，“起耕另赁，权由业主，此主佃之通例也”。[69] 土地归地主所有，地主可以随时撤佃。在定额租制下，随着人地矛盾的加剧，都曾出现地主和佃农为了获取更多利益而频繁换佃。自宋代以来，尤其是明清时期，多地特别是江南和东南地区的佃户和佃仆发动了抗租减租，争取永佃权和田皮权，反对人身压迫的抗争活动，甚至还出现了集体抗租、起义等事件。顺治二年

---

〔66〕《宁都三魏集·季子文集》卷八《魏礼·与李邑侯书》。

〔67〕中国第一历史档案馆、中国社会科学院历史研究所编：《乾隆刑科题本租佃关系史料之一〈清代地租剥削形态〉》，中华书局 1982 年版，第 563、596 页。

〔68〕中国第一历史档案馆、中国社会科学院历史研究所编：《乾隆刑科题本租佃关系史料之一〈清代地租剥削形态〉》，中华书局 1982 年版，第 485、491、586 页。

〔69〕《西江视臬纪事》卷二。

(1645年),佃户吴万乾为了争取永佃权,在石城领导了田兵起义。此后,1669年康熙年间,佃户吴八十再次在石城揭开了争取永佃权的斗争。吴八十在"穴河、左坑起田兵,借永佃为名,抬碑直竖县门。知县不能捕治,以致蔓延"。[70] 从长期来看,在抗租斗争中佃户还是取得了较大的成果,取得较为长久和稳定的佃权;地主取得较为稳定的收租权。从双方经济利益博弈的角度考虑,永佃制度实现了地主和佃农双方利益的共同增长。在定额租制下,双方短期收益偏好增加,频繁地更换佃户带来的是双方寻找地主或者佃户的签约成本的增加,长期报酬减少。在增租换佃的威胁下,生产积极性受到影响,更遑论精耕细作。永佃制的本质是将土地使用契约固定化、长期化,这样可以在业主付出较少的签约成本的情况下获得较为长期的稳定收入,可以使佃主具有长期明确的投资回报,从而激发激励因素。由于佃户的投入而产生的收益,长期来看,双方受益。

### (二)永佃制产生的历史背景与具体途径

在永佃制形成过程中,存在诸多纷繁复杂的社会经济背景,如前述佃农与地主的长期斗争,最初政府在地权流转交易方面宽松的政策,这些都成为推动永佃制形成的催化剂。而人地关系的紧张与商品经济的发展,则成为催生地权结构分化的两个最重要的社会经济背景。

人口与土地相对价格的变化对土地制度的变迁具有重要影响。有学者认为,永佃制的产生存在两种背景:一种是战乱后劳动力紧缺或经济落后人口稀少的地区;另一种是江南经济发达地区,劳动

[70] 《石城县志》卷七《兵寇》,乾隆四十六年刊本。

力充裕。实际上,人地关系状况是这两种背景下产生永佃制的诱因,因为两种背景下都存在佃权不稳定的现象,只不过要求佃权稳定的主导者不同,前者是地主希望获得稳定的佃权,后者是佃农希望获得稳定的佃权,总体上看中国永佃制产生的背景是以后者为主。[71] 一个为史学家所证实的历史史实为,从宋朝开始,直至明清时期,中国人口不断增加,并不断创造历史上新的人口高峰。如表3.1 所示,宋朝及明清时期是人口增长最为显著的时期。宋徽宗时期(1109 年)人口总数超过 1.2 亿,明神宗时期(1592 年)人口总数突破了 2 亿。到清朝,人口更是以前所未有的速度增长,从 1776 年至 1848 年的 70 余年,人口总数从 2.68 亿增加到 4.26 亿。同时,在这一时期,随着生产力的提高,以及政府对土地开垦的重视,政府对农民和组织民众垦田的地方官员的奖励政策持续优化,耕地面积大大增加。但是人口增长的速度远远超过了耕地面积增加的速度,人均耕地面积不断下降。尤其是自宋代以后,北方人口不断南迁,南方的土地短缺现象日益普遍,人地紧张的现象尤为严重(如表 3.2 所示)。在明末,谢杰已经注意到这种现象:“闽中有可耕之人,无可耕之地。”[72] 在这种情况下,土地价值不断上升,劳动力过剩,人们只能不断地在耕作技术、作物品种等方面进行改进,采用精耕细作等方式提高产出。同时,在租佃制度方面,社会更为迫切地需要高效率的制度,促进人们对土地的投资及高效利用。高效率的永佃制成为一种必然的制度选择。

---

〔71〕 李静:《中国永佃制制度演化研究(960—1949)》,辽宁大学 2013 年博士学位论文,第 60 页。

〔72〕 谢冬水:《人口增长与中国历史上土地经营制度演化——对明清时期土地经营制度演化的博弈解释》,载《财经研究》2010 年第 12 期。

表 3.1 中国历代人口与耕地面积〔73〕

| 朝代 | 人口统计年份（公元纪年） | 耕地面积统计年份 | 人口（百万人） | 耕地面积（百万亩） | 人均耕地面积（亩/人） |
|---|---|---|---|---|---|
| 西汉 | 2 | — | 59 | 506 | 8.57 |
| 东汉 | 105 | — | 53 | 535 | 10.09 |
| 东汉 | 146 | — | 47 | 506 | 10.76 |
| 北宋 | 961 | 976 | 32 | 255 | 7.96 |
| 北宋 | 1109 | 1072 | 121 | 660 | 5.45 |
| 明朝 | 1391 | 1393 | 60 | 522 | 8.70 |
| 明朝 | 1592 | 1581 | 200 | 793 | 3.96 |
| 清朝 | 1662 | — | 83 | 713 | 8.59 |
| 清朝 | 1776 | 1784 | 268 | 989 | 3.69 |
| 清朝 | 1800 | 1812 | 295 | 1025 | 3.47 |
| 清朝 | 1848 | 1887 | 426 | 1202 | 2.82 |

表 3.2 我国部分时期南北方人口比例〔74〕

| 年份（年号纪年） | 北方著籍户口比例（%） | 南方著籍户口比例（%） |
|---|---|---|
| 西汉元始二年 | 81 | 19 |
| 唐贞观十八年 | 45.4 | 54.6 |
| 天宝元年 | 55.5 | 44.5 |
| 北宋初年 | 40 | 60 |
| 元代初年 | 10 | 90 |
| 明嘉靖时期 | 29 | 71 |

〔73〕 参见谢冬水：《人口增长与中国历史上土地经营制度演化——对明清时期土地经营制度演化的博弈解释》，载《财经研究》2010 年第 12 期。年份栏括号内数字表示耕地面积的统计年份，未加括号的为相应人口的统计年份。

〔74〕 参见李静：《中国永佃制制度演化研究（960—1949）》，辽宁大学 2013 年博士学位论文，第 60 页。

此外，传统社会后期商品经济的发展成为推动永佃制产生的重要因素。从宋代到明清时期，在农业经济占主导的传统社会中，在各种因素的刺激下商品经济得以迅速发展。日益发展的商品经济也渗透到农业领域，对部分经济发达地区传统的农业经济结构造成冲击。一方面，商业的繁荣、城市的发展为土地交易市场的发展提供了基础，在日益发达的土地交易市场中土地交易频繁、流转加快，土地的多个主体日益独立，土地的多种价值得以实现，土地功能的分层和多元主体逐渐形成；另一方面，随着商品经济的发展，作为农业社会最重要财产的土地，其商品化和资本化功能日益凸显。为了追逐商业利益，部分经济基础较好的地主阶层不再专注于农业生产，放弃了对土地产权结构中使用权的控制，坐收固定的地租收益，成为“不在”地主。随着土地交易的便利和频繁，更多无法实际耕种土地的商人和官僚阶层得以将资金投入土地中，土地的投资功能与使用收益功能日益分开。商品经济的发展成为促进土地产权结构变化和永佃制产生与盛行的重要背景之一。

从历史上看，明清时期是永佃制的成熟时期。总体而言，永佃制的具体形成途径有以下几种：

第一，永佃权获取的途径之一是由佃户开垦荒地。王朝建立之初，或者战乱之后，往往经历了长期的社会动荡，土地荒芜、流民失所、人员稀少。为了安抚民心、稳定社会，尽快恢复经济的发展，统治者往往许诺承认佃民的永佃权利。如北宋时期，淳化五年（994年）政府公布法令：“凡州县旷土，许民请佃为永业。”[75]明代中期，屯田制遭到破坏，政府颁布诏令招人开垦屯田，“垦者纳粮，永远为业”。清代乾隆年间江西按察使凌焘解释清代永佃权的产生：“揆厥

[75]《宋史·食货志》。

所由,因国初定鼎,当兵燹之后,地亩荒芜,贫民无力垦复,率系召人佃垦。垦户开荒成熟,未免需非工本,遂世代守耕。……业主止管收租,赁耕转顶权自佃户。"[76] 在清代乾隆七年(1742 年),甘肃巡抚黄廷桂的一份奏折中,说明了甘肃地区永佃制盛行的原因:"我朝定鼎以来,流亡渐集,然开垦之始,小民畏惧差徭,必借绅衿出名报垦承种,自居佃户,比岁交租。又恐地亩开熟,日后无凭,一朝见夺,复立永远承耕、不许夺佃团约为据。"经过数世之后,事渐淡忘,遂发生夺田换佃种种纷争。黄廷桂的建议是继续给予开垦荒地的佃农后代永佃权:佃户祖上"芟刈草莱,辟治荒芜,筑土建庄,辛勤百倍,而子孙求为佃户而不可得,实于情理未协"。他建议具体处理的原则为:(1)"当日垦荒之原佃子孙,止令业主收租,果有拖欠,告官押追,不许夺佃";(2)其"立意抗欠粮租至三年者,方许呈明地方官,讯实驱逐,田归业主";(3)"若业主贫乏,将田另售,契内注明,佃户系原垦人之子孙,照旧承耕,不许易佃";(4)"若业主之子孙有欲自耕者,准将肥瘠地亩各分一半,立明合同,报官存案"。对此,当时的户部经议复,"均应如所请,从之"[77]。这份奏折说明了清代官方对于佃户永佃权保护的态度,是清代政府对永佃权的明确承认。

一些拥有大量私有土地的田主或特权官僚,在开垦荒地时,因需要付出较大的人力、物力,也常赋予佃户永佃权利。史料记载清代"沙田低洼不能耕种,由业主租于佃户,佃户筑岸排并成埠,耕殖成田者,亦遂取得永佃权"[78]。在直隶怀安县,庞正喜之祖庞太始将刘珠之祖河滩荒地一顷,开垦成熟,佃种多年,庞太始物故后,"庞

[76] 《清高宗实录》卷一七五。

[77] 《西江视臬纪事》卷二。

[78] 实业部中国经济年鉴编纂委员会:《中国经济年鉴(1934)》,商务印书馆 1934 年版,第 77 页。

氏子孙相继分种"[79]。同时,自然条件下形成的海滩沙田、江河淤地,相对来说比较贫瘠,需要经过艰辛的改良过程才能成为良田,在这种情况下,开垦的佃农一般也会被承诺给予永佃之权利。下文的开垦佃契约正是由于佃户开垦荒地后获得的永佃权,具有一定的代表性:

立安开垦佃佳昌、日顺等,承租顶有民田三号,坐产闽清县升平坊祭林地方,土名菜园里,并上斜下份炭窑湾,又本厝后门湾,受种二十斤。今安与佃户吴承德开垦耕作,递年不拘损熟,约纳租米四斗正,早晚两冬付黄家房内当年轮收,不得欠少。自安之后,务要用力耕作,不得抛荒丘角,亦不得欠少租粒,听佃永远耕作,黄家不得另召。两家允愿,各无反悔。今欲有凭,立安开垦佃一纸付照。

乾隆二十年正月[80]

第二,投入租地劳力或工本取得永佃权。明清时期,有些贫瘠土地往往需要付出较多的人力、物力及时间成本才能改良为良田。当时民间所称的"粪土银",正是指佃户对于贫瘠土地在施肥、兴修水利等方面的投入。在一些地区,佃农可以因为这种劳力和工本的投入要求获得该田地的永久耕作权作为报酬,从而取得永佃权利。如清代乾隆年间,福建侯官林绪章之田,历来不换佃户,因其田"从前没有水坝,多致歉收",后来由几家佃户共同"出资雇工,修筑水坝(变旱田为水田)才有收割,照旧纳租。如各佃内有不能自种者,因

〔79〕 中国第一历史档案馆、中国社会科学院历史研究所编:《乾隆刑科题本租佃关系史料之一〈清代地租剥削形态〉》,中华书局1982年版,第486页。

〔80〕 福建师范大学历史系编:《明清福建经济契约文书选辑》,中国人民大学出版社1997年版,第485页。

有开筑工本得价顶耕”[81]。根据福建长乐的习惯，“洲田之佃户，如耕作勤勉，俾该田地增多收益，田主不得另佃他人”；在江苏省一些地区，佃户因对土地的长期劳力与工本投入而获得永佃资格，“佃户佃种田亩，对于该田有相当之地价，俗称‘灰肥’。其原因系由成岡兵燹，业主流离失所，田地荒宪，佃户投资耕种所取得者也。造业主归来，即许佃户长期佃种，遇有解约事实发生，业主即酌退相当地价”。[82] 在不少地区，付出较长的时间、较多的劳动力培育土地理应获得永久耕作权的观点，渐成习惯。

第三，支付价金而取得永佃资格。在定额租制的基础上，产生了押租制。押租制是佃农付给地主的一笔资金才可以获得耕种土地的权利。最初押租金是为了防止佃户欠租而向佃户收取的。押租制最早出现于明代万历年间的福建，清代开始在各省普遍流传。各地对押租金的称呼不同。根据安徽通省的“清庄”习惯，佃户必须支付给业主一定的“羁庄钱”才能获得土地使用权。[83] 在江西上饶，佃户需要支付业主“脱肩钱”，两者之间才能确定租佃关系。[84] 按照江苏松江县的习惯，佃户“向业主认种田亩须预纳顶首”。[85] 押租金的最初作用都是支付给田主的租金保证，当佃农欠租时，田主就可以从中抵扣。如福建长泰县，“乡间俗例，凡佃户租种田亩，

---

〔81〕 中国第一历史档案馆、中国社会科学院历史研究所编：《乾隆刑科题本租佃关系史料之一〈清代地租剥削形态〉》，中华书局 1982 年版，第 577 页。

〔82〕 前南京国民政府司法行政部编：《民事习惯调查报告录》（上册），中国政法大学出版社 2000 年版，第 180、316 页。

〔83〕 前南京国民政府司法行政部编：《民事习惯调查报告录》（上册），中国政法大学出版社 2000 年版，第 225 页。

〔84〕 中国第一历史档案馆、中国社会科学院历史研究所编：《乾隆刑科题本租佃关系史料之一〈清代地租剥削形态〉》，中华书局 1982 年版，第 389 页。

〔85〕 前南京国民政府司法行政部编：《民事习惯调查报告录》（上册），中国政法大学出版社 2000 年版，第 196 页。

先给田主保租银子(押租),若有欠租,便可扣抵”。[86] 当双方想要解除租佃合同时,田主要归还押租金。清代的《云霄厅志》中也有相关记载:“保佃之银,佃户无欠税,业主欲招佃,宜清还之。”

随着押租制的发展,在一些地区,地主收取押金的数目越来越大。佃户拥有了讨价还价的资本,并能在契约中约定“许退不许辞”或“只许客辞主,勿许主辞客”,从而取得了长期的较稳定的佃权。押租金的性质也逐渐发生变化,从保证资金短缺的保证金,演变成购买土地永佃权的价金。福建建宁县,“乡例,收了佃户的钱,田主不得另佃,退耕时还钱”。[87] 按照江苏海门的习惯,佃户“当出顶首银若干,有所谓预租者,有所谓额租地,(额租地)之顶首银较预租地为大,该佃户遂有永佃之权”;按照江西宁都的习惯,“佃户向田主纳坠脚(即押租)认租,田主不得无故提田另佃于他人,佃户亦不能以所佃之田转佃于他人,故佃户仅有自己永佃之权力”;在江西省龙南,“有退耕纸一项,俗称‘工本纸’,与他处佃耕通例相违。其事由佃人出资承贴,业主写立退耕字据,此后,田非得佃人许可,不得另易新佃”。[88] 在以上各地的习惯中,佃户都是因为给付业主佃价而取得永佃权利。

在清代咸丰十一年(1861 年)的一份契约中,佃户取得永佃权的前提为支付了佃价:

立退过梗字兄增标,情因先年在名海叔祖等边承有过埂苗一段,坐落小仁州土名掘丘,年收大苗光早谷六担二桶延庄。且

〔86〕 中国第一历史档案馆、中国社会科学院历史研究所编:《乾隆刑科题本租佃关系史料之一〈清代地租剥削形态〉》,中华书局 1982 年版,第 379、445 页。

〔87〕 嘉庆《郴县志》卷二十一。

〔88〕 前南京国民政府司法行政部编:《民事习惯调查报告录》,中国政法大学出版社 2000 年版,第 253、591 页。

标今因年迫乏钱应用，即将前过埂字退与族内家驟弟边承耕，前去永远耕作，当日受得过埂铜钱一十千文足，未少分文立字之现钱交。其田苗谷，递年还清，永不敢召耕之理。若有欠少，任凭苗主过埂钱坐扣，如未欠苗、召耕，前过埂原钱逐一清还，二家不得异言。此系先言后定，今欲有凭，立过埂字为照。[89]

不过，值得注意的是，在很多地区，佃价并不是形成永佃关系的必备条件。按照福建浦城县习惯，“常年承种人不欠租课，业主不得起佃。又佃领山场，双方合意，订定契约后，佃户如无违反契约情形，则山主不得起佃”。在建瓯县，“租山约字，不载退还年限，若无欠租，例不换佃”。福清县“田园赁借与人，若非欠纳租课，不得退佃”。按照顺昌县习惯，佃户与业主订立契约，佃户“永远耕种者……然习惯上，佃户不能以永佃权让与于人，亦不能赁贷于人”。[90]

第四，出卖土地而保留永佃权。田主在生活困苦急需资金时，往往会变卖土地以救急，然而为了保住最后的生活来源，在有些地区田主会选择卖掉田地而保留对土地的长期耕作权，即“卖田不卖耕”。在江西省临川县，“乡民遇窘迫时，如欲将田卖去，又苦无田耕种，于是有只卖大业于买主，原田仍归卖主自佃耕种，其卖价较诸普通之卖价稍贱，每年只交买主租谷若干，卖契内亦只载杜卖大业字样”[91]。在福建闽清县，一些农民将土地“半多贱售于显贵，愿为之

---

〔89〕 杨国桢：《清代闽北土地文书选编（三）》，载《中国社会经济史研究》1982 年第 3 期。

〔90〕 前南京国民政府司法行政部编：《民事习惯调查报告录》（上册），中国政法大学出版社 2000 年版，第 302、309、318、321 页。

〔91〕 前南京国民政府司法行政部编：《民事习惯调查报告录》（上册），中国政法大学出版社 2000 年版，第 202 页。

耕作,故呼业主曰势头”。[92] 田主是在不得已的情况下将土地卖给他人,向新的田主缴纳地租,保留永久耕作的权利,从而形成了一种新的永佃关系。如清代雍正、乾隆时期,安徽芜湖的保留“肥土”,江苏靖江的“自卖留种”、无锡的“卖租米”,湖北天门的“客田”,江西乐平的“饭碗田”等都属于保留永佃。

第五,诡寄或投献行为。在明代初年,按照国家制度的规定官吏享有无须服徭役的权利。这样的权利对于赋税徭役沉重地区的田主是一个很大的诱惑。一些田主为了免去徭役的负担,在表面上将土地转让给官户,称为“诡寄”。田艺衡在《留青日札》中记录了两浙诡寄的风俗:“两浙富民畏避差役,往往以田产诡寄亲邻、佃仆,谓之贴脚诡寄亦作铁脚诡寄。久之相习成风,乡里欺州县,州县欺府,奸弊百出,谓之通天诡寄。”[93] 诡寄不仅包括将土地假借转让给有特权的乡绅官吏,有些情况下业主还将土地诡寄于寺庙的僧户。顾炎武在《天下郡国利病书》中对这一现象有记载:“寺租之田,访之故老,其说不同。或云前代给僧之田或云擅越舍施入寺或云二者之外又有民户拨寄之田。盖先年僧粮概免杂差,故诡寄僧户,日久为业,此亦有之。”[94] 到嘉靖年间,官吏逐渐又有了免除赋税的特权,江南地区“投献”之风盛行。“诡寄”和“投献”行为都是为了减少压在身上的沉重赋税或徭役,但两者的不同在于,“诡寄”在明代,是假借将田产转让给特权官户的行为,而“投献”行为是农民把田产真正的转让给官户。“诡寄”或者“投献”,导致的结果均是享有特权的官吏等成为形式上的业主,原业主实际上长期耕种土地,出现了田主和实际耕作人两者的分离,久而久之,演变为永佃关系。

---

[92] 《乾隆闽清县志》卷十。

[93] 谢国桢:《明代社会经济史料选编》(下),福建人民出版社 1981 年版,第 26 页。

[94] 谢国桢:《明代社会经济史料选编》(下),福建人民出版社 1981 年版,第 41 页。

综上所述,永佃制形成的途径可归纳为三种:一是劳动因素。无论是政府为鼓励开垦荒地而给与佃农永远耕作的权利,还是佃户投入租地劳力或工本取得永佃权利,都是对耕作者长久艰辛劳动的回报。耕作者依靠长期的劳动投入,使土地成为更适宜耕种的肥田,最终“久佃成业”。二是资金因素。无论是通过支付价金而取得永佃资格,还是通过出卖土地而保留永佃权利,都是通过资金而获得永佃权利。三是权力因素。自耕农为躲避沉重的赋税徭役,将土地所有权赠与可以优免赋役特权者,而保留长久的土地耕作权利,其本质是一种以资产换取权力庇佑的行为。

从这些具体途径可以看到,劳动因素和资金因素关乎传统而朴素的公平观念,即付出劳动和资本应该予以回报;权力要素则需要放置于明清时期的政治背景中来理解。综上而言,永佃制为租佃制发展到一定阶段性的产物。明清时期,政治背景、经济背景和阶级力量的对比,以及公平观念诸多因素共同造就了永佃制的形成和普及。

## 二、从永佃制到一田二主

对于永佃制是否等同于土地制度史上的一田二主多有争论。史学界的传统观点认为:“所谓永佃制,就是土地所有权分离为田面权和田底权。”[95] 但是越来越多的学者认识到两者的不同。如梁超认为两者之间存在性质的差异:“所谓永佃权,乃系佃农同地主在‘保佃’与‘夺佃’的斗争中所取得对土地长期佃种的一种权利。而‘一田二主’则是指土地所有权分离为田骨权与田皮权之后,佃农所取得的田皮权。它是在佃农取得长期佃种权的基础上,逐渐发展和

〔95〕 彭超:《论徽州永佃权和“一田二主”》,载《安徽史学》1985 年第 4 期。

演变的产物,前者仅系佃权,后者乃系地权。”[96]梁治平先生认为,“永佃与一田二主系历史上相关然而形态各异的两种制度”。[97]以杨国桢为代表的学者认为,随着阶级力量对比的变化和经济关系的发展,佃农私相授受永佃权的行为成为不可变更的既成事实,永佃权的自由转让具备了一定的合法性,佃农就从拥有对土地的永久使用权,上升为拥有土地的部分所有权,在同一块土地上出现一田二主乃至一田数主形态。[98]赵冈则认为永佃制包括初始、过渡、最终形态三个发展阶段,“一田二主是永佃制发展的最终阶段”[99]。笔者认为,从承袭关系和内容上来看,永佃制和一田二主的发展具有阶段性,一田二主是永佃制发展的成熟形态。

从契约的格式来看,租佃契约的范本如下:

> 立佃贴人某,因无田耕种,情愿凭中佃到某主名下田若干,其田每年秋收,照田支纳租米,不致欠少。如遇年成水旱,请田主临田踏看,除租均分。如有荒芜田地,依数赔还。恐后无凭,立此佃约存照。[100]

永佃制的租佃契约与一般租佃契约又略有差异,或是注明“不限年月”,如下文:

> 业主厶宅,……原计若干亩,带苗若干桶,……今凭人作保,引进某人出粪质银几两正,……小心用力耕作,每石种约供税谷若干,冬熟备办好谷,……不许拖欠,……不拘年限,如不

[96] 彭超:《论徽州永佃权和“一田二主”》,载《安徽史学》1985年第4期。
[97] 梁治平:《清代习惯法:社会与国家》,中国政法大学出版社1996年版,第81页。
[98] 杨国桢:《明清土地契约文书研究》,中国人民大学出版社2009年版,第77页。
[99] 赵冈:《永佃制》,中国农业出版社2005年版,第2页。
[100] 张传玺:《中国历代契约会编考释》(中),北京大学出版社1995年版,第1038页。

愿耕,将原田送还业主,……两相交付,不致留难。今给历头,付与为照。[101]

或是注明“永久耕作”:

某宅有田一段,坐落某处,今有某前来承佃,每冬约经风干净谷若干,收冬之时,挑载至本主仓前量秤,不敢升合拖欠。倘遇丰荒,租谷不得增减。永远耕作。如佃人不愿耕作,将田退还业主,不许自行转佃他人,任从业主召佃,不得执占。今欲有凭,立此佃批付照。[102]

在普通的租佃制下,佃农最大的威胁为“增租”和“夺佃”。在永佃制中,首先,佃主获得了长期稳定的耕种权,一般情况下田主不可无故夺佃。即使地主转让或者典卖了土地,佃农仍可以留在原来的土地上耕作,即习惯中所称的“换东不换佃”——前提是并不缺少田主的租金。佃农负有按时按量交纳地租的义务,一般契约中会明确租金的数额和佃户的名字,会有“每石种约供税谷若干,冬熟备办好谷,……不许拖欠”等词句,一般当佃户欠租时,田主就有权利退佃。其次,地主有永不增租的义务。永佃制是一种定额制,一般都约定“逢丰不增,逢荒不减”“倘遇丰荒,租谷不得增减”等。最后,永佃制下佃农有自由退佃的权利,但没有自行转让的权利,如上文契约中约定“如佃人不愿耕作,将田退还业主,不许自行转佃他人”。杨国桢先生将“永佃权”界定为:“佃户在不欠租的条件下,有永远耕种和自由退佃的权利,但不得自行转佃私顶、另典。与此相对应,

[101] 中国社会科学院历史研究所文化室:《明代通俗日用类书集刊》,西南师范大学出版社、东方出版社2011年版,第247页。

[102] (明)范涞:《范爷发刊士民便用家礼简仪》,万历三十五年刊本。

地主方面履行永不增租，永不撤佃的保证。”[103] 如一份福建龙岩县的租赁契约是较为典型的永佃契约：

立认佃批字人□□，今在业主□□兄边认耕来田一锻，坐落西山社大洋乡小土名蔡家詹面前，大小计田三坵，年载风净早晚租谷一十大箩零六分，每箩西门升八十升平盖，历年至收成之日，佃人早七晚三送到业主家中，风净纳上清楚，不敢少短谷粒。如有少短，任从业主将田起耕，另召别佃如无欠租，许佃人永远耕种，逢丰不增，逢荒不减。此系业主亲交，并无得过佃人土本水钱情事。如佃人不耕，将田送还业主认耕，不敢私退下手。言约十年换批一词，今欲有凭，立认佃批为照。[104]

该契约约定佃户在每年粮食的收成时，将“一十大箩零六分”的租谷按时交地主。约定定额的租谷不因荒年丰年而增减，同时规定佃户欠租时，业主可以换佃，“如无欠租，许佃人永远耕种”。同时，对于土地佃户无权私自转让。

一田二主与永佃制有其共同之处，如地主不得无故增租撤佃，佃户有向田底主交租的义务，享有永久耕作的权利等，但发展至一田二主，两者之间也存在差别：第一，地主是否可在佃户欠租时收回佃权。在一田二主习惯中，佃户对于土地的权利是牢固的、独立的，即使欠租地主也只能催租而无权撤佃。如江苏省习惯：“佃户可使子孙永远佃种，或任意将田面部分（即永佃权）变卖抵押，即积欠田租，业主只能至追租之程度为止，不得请求退田。”[105] 而在永佃关系中，地主有权在佃户欠租时收回佃权。

---

[103] 杨国桢：《论中国永佃权的基本特征》，载《中国社会经济史研究》1988 年第 2 期。

[104] 杨国桢：《论中国永佃权的基本特征》，载《中国社会经济史研究》1988 年第 2 期。

[105] 前南京国民政府司法行政部编：《民事习惯调查报告录》（上册），中国政法大学出版社 2000 年版，第 180 页。

第二,佃权是否可以独立转让。在一田二主关系中,佃户取得了自由处分田面权的权利而无须经对方同意。在永佃制中,佃户有永远耕作之权,但无权擅自将耕作之权转让。梁治平认为:“永佃关系中的佃户能否将其‘佃业’自由、独立的转让于他人乃是‘永佃’与‘一田两主’之间最根本的不同。”[106] 仁井田陞说:“江南的一田两主关系,在一分为二的土地上的两个所有权中,含有可以自由处分各自标的物的权能。”[107]

第三,永佃制形式下的佃户无权转让佃权,因此佃户往往亲自耕种,收益来源于其耕作行为。一田二主中,田面主或者亲自耕作,或者在转佃后收租,其收益来源于收租的利益。“赣省民间承种田亩,有转佃之习惯,例如,甲承佃乙田十亩,每年应纳租谷二十石,而甲又将该田转佃于丙,丙对于甲年纳租谷二十五石,甲对于乙仍年纳租谷二十石。斯时,乙为佃东,甲则称为二佃东,与二房东之例相同。”[108] 在此时,一田二主中的田面主在转佃后称为二地主,通过收租而获益。

在永佃契约中,一般会约定“如佃人不愿耕作,将田退还业主,不许自行转佃他人”等字样。但佃农既然为取得永佃权利付出了成本或者佃价,当然就不会轻易将田退还给业主。因此,在押租制下,仍不可避免佃户收取顶耕银(佃价),将耕种权利私顶给他人的情况发生。如江苏山阳等县,“奸佃揽田到手,贪图得钱,私将承种业主田亩盗卖盗典,并私押他人顶种”。[109] 这种情况并不鲜见。私相授

---

[106] 梁治平:《清代习惯法:社会与国家》,中国政法大学出版社1999年版,第89页。

[107] [日]仁井田陞:《明清时代的一田两主习惯及其成立》,载刘俊文主编:《日本学者研究中国史论著选译》第8卷,中华书局1992年版,第411页。

[108] 前南京国民政府司法行政部编:《民事习惯调查报告录》(上册),中国政法大学出版社2000年版,第457页。

[109] (清)李程儒:《江苏山阳收租全案》,载中国社会科学院历史所编:《清史资料》第2辑,中华书局1981年版,第2页。

受佃权的行为,本身就是佃农在扩张自己的利益,减少田主的利益。田主对于佃农之间私相授受永佃权的行为,最初总是千方百计地加以制止。但随着阶级力量对比的变化和经济关系的发展,有些田主从不承认到默认私相授受永佃权的事实,渐成习惯。佃主在事态发展中为谋求利益,积极促成了这一习惯的形成。在押租制下,正是因为旧佃得到厚利而逃,新佃以曾付给旧佃顶价为理由,据田不退佃。一些田主认为,与其让新旧佃户相互顶耕接佃,享受田皮顶价,倒不如自己主动将田皮卖给佃户,从中获取顶价;与其被动应付,倒不如主动承认。于是,一些田主开始向佃户收取田皮价,即收顶耕银,将田皮顶卖给佃户,允其新、旧佃户自由承顶接种。[110] 田主"始贪小利而取顶手(顶耕银,佃价)过手而递顶更换不一矣"。[111]

顶耕银(佃价)与押租银的不同在于,交纳押租是为了担保佃户欠租的情况,若欠租则以押租抵偿,如不欠租则在佃户退耕时归还。而佃价并不归还佃户,缴纳顶耕银(佃价)给地主,其实质为佃户用钱向田主购得的田皮价格。通常押租价格远低于佃价。

明代中叶一田二主制逐渐增多。明朝正德时期(1506 年)《江阴县志》中记载:"其佃人之田,视同已业,或筑位场圃,或作之坟墓,其主皆自专之,业主不得问焉。老则以分之子,贫则以卖于人,为谓之'摧'。得其财谓之'上岸'。"[112]《龙溪县志》也记录了当地一田二主的事实:"大抵业农之民甚劳,其间无田者众,皆佃人之田。年丰则业佃相资,岁歉则业佃俱困。柳江以西,一田二主,其得业带米收租者,谓之大租田;以业主之田私相贸易,无亩而录小税者,谓之

---

〔110〕 李三谋:《清代南方永佃制和额租制的关系问题》,载《求是学刊》1991 年第 2 期。

〔111〕 乾隆《政和县志》卷三九。

〔112〕 正德《江阴县志》卷七《风俗》。

粪土田,粪土之价,视大租田十倍,以无粮差故也。”[113] 在这些记载中,地权已经逐渐分为“田皮”与“田骨”两部分。田皮归佃户所有,而田骨归田主所有。田皮权为多项权利的组合,佃户既可以永久使用、收益土地,又可以独立、自由转让耕作权。

到明末清初,在江西、福建、徽州和江南地区,一田二主已成为一种“乡例”,渐成习惯,在这些地区具有普遍的约束力。清代雍正至乾隆年间(1733～1743 年),凌焘在江西任按察使,当时江西省的情况为:“唯江(西)省田亩独有田皮、田骨之分,而南(安)、赣(州)、抚(州)、建(昌)等府为尤甚。……在业主为田骨,在垦户为田皮。业主得买其骨田为‘大买’,垦户得顶其田皮为‘小买’。业主止管收租,赁耕转顶权自佃户,业主不得过问。”[114] 在当时的徽州地区,“我邑田业有所谓‘典首’者,不知始自何年。往往一业两主,正买契券则须收割投印,典首契无收割投印,而价与正买不甚相远,称曰‘小买’”。[115] 各地称呼虽不相同,然而田面权和田骨权作为两套独立的权利系统,可以各自转让、继承,已成为一田二主的共同特征。

当然,从永佃制到一田二主的演化过程经历了一个较长的时期,伴随着主、佃双方的斗争。在习惯的演进过程中,多方利益并不确定,或者习惯本身即存在模糊或不确定的状态,由此产生的纠纷并不鲜见,甚至引发命案。如浙江瑞安县乾隆年间的命案:

> 问据项昌杰供:郑元达的田原是小的于乾隆二十五年上卖给他的,田仍小的耕种还租。到四十一年间,小的无力耕种,转顶与徐世荣承佃。收过他顶耕钱一千一百文,言明退佃时给还。小的向郑元达告知,郑元达就向徐世荣收租。四十九年冬

---

[113] 嘉靖《龙溪县志》卷一《地理》。

[114] 《西江视臬纪事》卷二《详议·平钱价禁祠本严霸种条议》。

[115] 民国《黟县志》卷二《风俗·黟俗小纪》。

间,郑元达要起田自种,徐世荣来向小的讨还顶耕钱。小的因穷苦还不出,只得恳郑元达代还,郑元达当时应允。过后并不代还,徐世荣叫他儿子徐阿明们仍把田耕种。五月初五日,郑元达又同他儿子、工人前往插秧,把徐世荣已插秧苗拔毁另种。徐阿明、徐阿四往阻争闹,致郑元达被徐阿明打伤,到二十八日死的。项昌杰并不措还顶耕钱文,致酿人命,应照不应重律杖八十……仍于项昌杰名下照追顶耕钱文给还徐世荣具领。其田听郑元达之子郑锡庆自行耕种。[116]

项昌杰将田卖给郑元达后,仍在该田上耕种还租。至案发时,项昌杰已经承佃16年。因无力耕种,项昌杰将佃权转让给徐世荣,并收取了他的顶耕钱。徐世荣在郑元达要起田自种时,因无法收回顶耕钱,与郑元达家发生了冲突,导致郑元达丧命。因项昌杰没有退还顶耕钱,才导致纠纷的发生,官府对项昌杰处以杖八十的处罚,判决仍然将田交给郑元达的儿子耕种。本案中,项昌杰卖出土地后仍长期佃种,并私自转顶于他人,但这样的转顶并没有被现在的田主所认可,因而发生纠纷。

同样,直隶的一桩永佃纠纷也引发了严重后果。清代乾隆三年(1738年)庞太始开始租种刘珠的一顷贫瘠荒滩,经过多年耕作,土地养成熟田,庞太始也取得永佃权。在庞太始死后,其子孙继承取得永佃权,其中庞正喜分得二十五亩田。因自己无力佃种而转让与其舅父世旺佃种,刘珠知道以后,认为庞正喜盗典土地而强行夺佃。刘珠与世旺发生斗欧,结果刘珠被世旺打死。最终官府判决将世旺

---

[116] 中国第一历史档案馆、中国社会科学院历史研究所编:《乾隆刑科题本租佃关系史料之一〈清代地租剥削形态〉》(下),中华书局1982年版,第700页。

处以死刑，对庞正喜所分得之二十五亩田“勒令退还”。[117]

## 三、管业视角下一田二主的权利属性探析

1939年夏，傅衣凌在福建省永安县黄历乡的一个农民家中发现一箱跨越明清四百余年的契约文书，共计一百余件，这些材料不但成为他后来从事研究的重要素材，也引发了以契约为材料进行经济、社会研究的序幕，催生出了兴盛至今的社会经济史研究。一田二主就是其中重要的研究议题，其中对一田二主性质的研究更是其中的焦点问题之一。

传统研究对田底、田面性质的理解基本是置于现代法学西方所有权的理论框架之下，并出现两种思路。早在20世纪40年代日本学者仁井田陞认为：“把同一地块分为上下二层，上地（称田皮、田面等）与底地（称田根、田骨等）分属不同人所有，这种习惯上的利关系就是‘一田二主’。田面权（地上的权利）与田底权（底地的权利）并列，也是个永久性的独立物权。”他指出，明清时期的地权概念不是现代意义上的“一般的全面的支配权”，而是一种可以分割的“片面的支配权”。“田面”与“田底”可被视为从同一块土地上分割出的两份不动产，田面主和田底主分别只拥有其中一份不动产的所有权。[118] 在仁井田陞之后，藤井宏试图用“分割所有权”解释中国传统土地所有形态。[119] 美国学者黄宗智用双层所有权的概念解读田面、田底权利，他认为：“田面所有者像任何土地所有

[117] 中国第一历史档案馆、中国社会科学院历史研究所编：《乾隆刑科题本租佃关系史料之一〈清代地租剥削形态〉》（下），中华书局1982年版，第486页。

[118] ［日］仁井田陞：《明清时代的一田两主习惯及其成立》，载刘俊文主编：《日本学者研究中国史论著选译》，中华书局1992年版，第409－460页。

[119] 曹树基：《传统中国乡村地权变动的一般理论》，载《学术月刊》2012年第12期。

者一样拥有对土地的同样权利；他耕种其地的权利不允挑战；如果他欠田底主地租，他可能被迫通过出售他的田面或其他财产来偿付，但不可能像佃农一样被从土地上撵走，他可以把地租给别人而毋须与田底主商量。”〔120〕这种以“片面所有权”、部分所有权的观点解读一田二主的观点，在中国学者中长期存在。彭超认为，永佃权与“一田二主”乃是“佃权”与“地权”之分，在佃农和地主的斗争过程中，佃农首先取得的是对土地的永佃权，最后取得了佃农在土地中所付出的“物化劳动”，即田皮所有权。有了这种所有权，旧农才可以对田皮进行自由买卖、典当、赠送或继承给子孙。杨国桢认为，佃农从拥有对土地的永久使用权，上升为拥有对土地的部分所有权；如此，原来田主的土地所有权便分割为田底权和田面权。〔121〕梁治平认为：“一田二主表现为所有权的分割，即田底与田面两个所有权的并立。”〔122〕这样的解释，总体仍是在所有权理论的框架之下解读传统地权关系，认为一田二主是所有权的分割或者部分所有权。这样的观点得到了很多学者的认同。

另外的思路是用“所有权—他物权”的框架解释一田二主，将田面权视为他物权，将田底主视为所有权。如邓大才将田皮权属性界定为经营权和部分所有权；〔123〕童光政认为田面权实质上是占有权，而不是所有权。〔124〕葛金芳将田皮权的出现解释为在土地长期使用

〔120〕［美］黄宗智：《法典、习俗与司法实践——清代与民国的比较》，上海书店出版社2001年版，第96页。

〔121〕杨国桢：《明清土地契约文书研究》，中国人民大学出版社2009年版，第77页。

〔122〕戴炎辉：《中国法制史》，三民书局1979年版，第301页。

〔123〕邓大才：《土地政治：地主、佃农与国家》，中国社会科学出版社2010年版，第28页。

〔124〕童光政：《“一田两主”的地权结构分析及其改造利用》，载《北方法学》2007年第2期。

过程中，土地使用权深化的结果。[125] 也有学者认为，田面田的“使用”权能拓展，超出了一般的承佃耕作的范围，可以有继承、转让、售卖、抵押等处分权，田面权具备了类似用益物权的性质。[126] 田面权是经营权、使用权、用益物权等的观点，仍是在所有权的权利结构之下对一田二主的解读，将田底权视为所有权，将田面权视为所有权和具体权能分离的暂时状态。

上述研究用当代所有权的观点考察古代土地制度，将传统的产权制度与新时代的产权制度作贯通性的理解，其优势在于以当代人熟悉和理解的概念深度解析古代的地权状况，有助于当代人的理解。其劣势在于传统中国不存在与西方近代民法体系对应的私权体系，无论法典和习惯中都没有出现过严谨的所有权表达与实践。因此，以源自罗马法的“私有制”“私人所有权”等概念为基础描述传统中国的地权体系并不完全恰当，甚至容易导致误读。例如，第一种观点认为一田二主是所有权的分割或者部分所有权，这就无法解释：所有权的分割或者部分所有权到底是所有权与其权能的暂时分离，还是对所有权的彻底分割？如果是彻底分割，与所有权的排他性和一物一权主义理论将产生根本性的背离。第二种将田面权视为他物权的观点，完整地契合了当代所有权理论的结构，却无法较好地阐释田面权大大超出他物权的权利结构及其功能。同时，田底权与田面权之间的相互独立，无法完全与“所有权—他物权”的从属式结构对应，有削足适履之嫌。

除上述解读路径之外，经济史的学者不再从“所有权—其他权利”的权利结构去解读一田二主，而是从可能产生收益的角度，将各

---

〔125〕 葛金芳：《中国近世农村经济制度史论》，商务印书馆2013年版，第242页。

〔126〕 张一平：《苏南“土改”中一田两主地权结构的变动》，载《中国农史》2011年第3期。

种权利都视为整体“权利束”中的一部分。在这种视角下，一田二主其实是由田面主、田底主等对土地共同拥有地权的主体构成的股份式经营；田面主、田底主、佃农按照各自资金、劳动力等要素的配备情况确定对土地的投入量，这种投入决定了他们在经营中的股份，最终再按照股份获得相应的地租收益。[127]

当我们以明清时期固有的概念“业”或者“管业”来重新考察一田二主，或者会有更为贴近当时时代的解读。以清人的观点来看待当时的一田二主，田皮和田骨都是一种管业：“同一田而骨、皮异名何？骨系田主，宜税契收粮、过户完粮；皮系耕户，宜纳租与骨。然骨有不完粮者，谓未卖断、找断过户。出价若干，止得租谷若干。皮亦有不耕者，仍持此田佃与他人，得骨租若干，并还骨主若干。田皮找断，必须税契，不必过户；田骨找断，必须过户完粮。有一田而卖与两户、一田一骨一皮者，有骨皮俱卖者。田皮买卖，并不与问田主。骨系管业，皮亦系管业；骨有祖遗，皮亦有祖遗。”[128] 在当时的人看来，田骨和田皮是两种完全不同的土地权益。

从表象来看，一田二主最为明显的是一块田地上，存在具有不同权益的多个“管业”者。多个管业者都拥有独立的、不受对方干涉的土地权利，形成了在一块土地上多个“业主”并存的现象，明显区别于近代具有排他性的所有权。从权利属性和特征来看，一田二主中的田面和田主各自形成了权利体系，是平行的权利或权利的集合，彼此较少受到对方权利约束。这也明显区别于所有权制度，所有权权能即使与所有权分离，仍受到所有权的限制。

---

〔127〕 参见孙超、刘爱玉：《地权、阶级与市场——明清“一田二主”土地制度研究述评》，载《学术论坛》2017 年第 5 期；江太新：《明清时期土地股份所有制萌生及其对地权的分割》，载《中国经济史研究》2002 年第 3 期；龙登高：《地权交易与生产要素组合：1650—1950》，载《经济研究》2009 年第 2 期。

〔128〕 《问俗录》卷一《建阳县 · 骨田皮田》。

从权利内容来看，田面权至少包含了占有、使用、部分收益和处分的权利。一田二主从永佃制发展而来，田皮主获得了比永佃制中佃户更为长期稳定的占有土地的权利。而且这种占有具有相当的独立性，田底主不能随便“增租夺佃”，即使在田面主不缴纳地租的情况下，田底主仍不得剥夺其对土地的占有和使用权利。

对收益权的划分是整个一田二主的核心。田底主负责向官府缴纳赋税。在田面主自己占有和使用土地时，收益在官府、田底主、田面主之间分配。田面主将定额地租交付给田底主，这就是田底主享有的大租，所余下的收益由田面主所有。在田面主将土地出佃给他人时，收取稳定的“小租”，自己成为二地主。在这种情况下，佃户承佃土地后，往往需要同时对田底主和田面主缴纳地租。佃户获得交租后的土地收益。此时，官府、田底主、田面主与佃户各自都获得了一定的土地收益。在下文清代的契约中，也可以看到一块土地上三个利益相关者的土地收益分配情况：

立承佃字人张天吉，情因缺少田土耕作，托保向在小瀛洲坊□叶永畅兄边承出大小苗田一段，坐落头村坊土名马凹垅田边，递年实还小苗早谷三担，递年实还吴宅大苗谷五担，其田即目上至□宅，下至□宅田，左至山锄为界，今来俱出四至明白，其前田苗谷，俟至秋成之日，备办光早好谷，面扇交量，送至溪边交付上船，不敢少欠升合，如有欠少，前田任凭苗主另吊他人耕作，不敢霸耕、异说等情，且吉自承后，前田务要小心进行耕作，不敢抛荒丘角以及卖弄水浆、界至等弊，此系先言后定，二家甘允，各无反悔，恐口无凭，敬立承佃字一纸，付与苗主收执为照。

光绪癸未九年十二月日　立承佃字人　张天吉

保佃人　张奶裕

代笔人　叶尚竹〔129〕

张天吉向叶永畅承佃的“大小苗田”一段，其上存在田底主与田面主两位业主。张天吉负有向田面主和田底主交租的义务，“俟至秋成之日，备办光早好谷，面扇交量，送至溪边交付上船，不敢少欠升合”。缴纳的数量为向田面主“递年实还小苗早谷叁担”和向田底主“递年实还大苗谷伍担”的义务。其中，田底主负有向官府交租纳粮的义务。

明清时期，田皮、田骨都可以独立处分，不受对方权利的干涉。皮主买卖、抵押、出典、转佃，均不需要征求骨主的同意。田底主也可以将田底胎借、活卖与绝卖。作为独立的财产，两者都可以作为遗产继承，“自承祖遗下旱田皮”“承父手遗有水田皮”“父手遗下旱田皮”这样的表述经常出现在契约中，表明了田皮、田骨的可继承性。在下文的清代契约中，田面主将其土地先是活卖，四年后绝卖：

立尽田根字八于璧玉，原父手承得有阉下江家佃田一号，坐落本乡，土名三垯，面年载冬租谷三百一十斤正，前四年间将此佃田根寄与余元忠姻叔耕作，今因无银应用，自情愿托中再向元继姻叔处再尽出田根银七钱正，其银即日交讫，水九五色，其佃田仍付余家自去承佃那组，永远耕作，后来于家不得言说尽赎之理。今欲有凭，立尽佃田根字为照。

乾隆十年二月　日立尽田根字　于璧玉(画押)

中人　余学佑(画押)〔130〕

从本契中可以看出，田面主于璧玉通过寄佃的方式将田面活

〔129〕 杨国桢：《清代闽北土地文书选编(三)》，载《中国社会经济史研究》1982年第3期。

〔130〕 杨晏平、张志清：《清乾隆年间契约文书辑录(二)》，载《文献》1994年第1期。

卖,四年后无力回赎,最终向余家尽出田根银若干,立尽佃田根字契将田面权绝卖于买家。无论是活卖还是最后的绝卖,都未通过田底主。而在下文的契约中可以看到,田底主先是将田底出典,后因经济困难,又将此田底绝卖给承典人:

立永杜尽卖契人林辟,承父有水田一段……年带租二十二石小,丘数不等,田亩凭册理纳。此田系是铸弟阄分份下之业,丁未年经已尽卖与宜鼎兄价银二百七十大员,时辟外出不知其事,托家长向丘,付辟取赎。及至辛酉年四月,将田转典与三嗅叔掌管。兹因缺银生理,自情愿将田底托中送卖与三嗅叔出头承买,三面言议,估值田底尽价银七十大员,并原银共三百四十大员,其良即日凭中随契交讫,其田即付与银主掌管,耕作收税,永为祖业,不敢阻当。……旧后子孙不得异言生端,亦不得言添言赎。恐口无凭,立永杜尽卖契乙纸,付执为照。

即收过契内银完足,再照。[131]

按照本契文的记载,林辟承父业拥有“年带租二十二石小”的田底权,曾先后两次出典田底,在绝卖之前已经“将田转典与三嗅叔掌管”,由于经济困境,又将该田底杜卖给承典人三嗅叔,最后“其田即付与银主掌管,耕作收税,永为祖业”,三嗅叔代替林辟成为新的田底主。

在有些情况下,由于田底和田面分化的普遍性,业主虽拥有全业,转让的也为全业,却立两个契约分别转让。一宗完整的土地买卖被分拆为两项独立和平行的交易。而在有些情况下,田底主也可以从他人手中购买同一块土地的田皮,从而获得全业,如下文清乾

---

〔131〕 杨国桢:《闽南契约文书综录》,载《中国社会经济史研究》1990年增刊,第190页。

隆三十九年(1774 年)的契约:

立归并田皮契詹廷谱,承嗣父有田皮一段,坐落同由后土名塘埂曲水圳,其田上至袁宅田,下至黄宅田,左至赵宅田,右至赵宅田,递年供还骨主江宅大苗谷一十三箩二斗正,今因缺银应用,托中说谕,将前田皮归并骨主江旌坊名下为业,当日面议时值价银一十一两正,成契之日,一顿交足,不欠分厘,并无准折货债之类,亦无重复典赔之理,其田皮系嗣父物业,与亲房伯叔兄弟人等各无相干,自归并骨主后,任从田主另召别耕,永远管业,不敢阻执,再无言找言赎等情,恐口无凭,立归并契为照。

乾隆三十九年三月　日立归并田皮契　詹廷谱

知契嗣母　黄氏[132]

为中　詹廷让(押)

说谕　吴瑞林(押)

在见　詹妹(押)

代笔人　詹敷四(押)

田面主詹廷谱将田皮绝卖于骨主江旌坊名下为业,田面权与田底权归并于同一主体,从而一田二主地权关系消灭。田面、田底交易的相互独立,是明清时期土地交易频繁、流转加快、地权分化严重的重要原因之一。

从田皮、田骨的交易价格来看,虽然在同一时期也有高有低,但

[132] 杨国桢:《清代闽北土地文书选编(二)》,载《中国社会经济史研究》1982 年第 2 期。

不少地区田面的价格高于田骨价格。[133] 这样的现象在其他地区也并不鲜见,并为时人所认识:“田主收租而纳粮者,谓之田骨,田主之外又有收租而无纳粮者,谓之田皮。是以民、官田亩,类皆一田两主。如系近水腴田,……皮田值价反贵于田骨,争相佃种,可享无赋之租。”[134] 田面价格不断增长的原因之一,在于随着资金的投入和土地的精耕细作,田地的产出日益提高。在交给田底主的大租基本不变的情况下,田面收益不断提高。上述因素促使田面价格在承平年岁日渐上涨,而田底价格则日趋下跌,如江南地区田面价约为地价的三分之二,田底价约为土价的三分之一。[135]

从权利分配的角度来看,田底主的权利只剩下收租权及处分田底的权利,而占有、使用、耕作等权利全部由田面主享有。刘克详通过对徽州地区现存的一些土地买卖文书的研究注意到,等到永佃农可以自由处置佃权,永佃农的佃权买卖和地主的土地买卖成为相互平行的两项独立买卖时,田底主的土地买卖也在契约形式和乡俗习惯上开始演变为租权买卖或单一的土地所有权买卖。这样,永佃制下的土地买卖,从交易内容到契约文字都开始发生变化。交易内容从所有权(收租权)和使用权(耕作权)合一的土地整体买卖变为单一的土地所有权(收租权)买卖。与此同时,契约文字也相应改变。

---

[133] 有学者统计了安徽省博物馆收藏的歙县地区47份退小卖田契的价格列,为对比其高低,也选取对应时期该地区田骨的平均价格(文契样本为391份,每十年作为一个平均周期)。根据数据,有一半以上(53%)的田皮价格是高于同期田骨的价格。1735年,也就是雍正十二年,田皮每亩只有1.39两,远低于当时的田骨价。到1796年,也就是嘉庆元年,田皮价格涨到与田骨价差不多,每亩都在17两以上。从1735年至1796年,田皮价格上涨10倍多,而田骨价格只涨了一倍。到道光八年(1828年),田皮价格达到最高值,每亩40.28两,是田骨价的两倍。参见李静:《中国永佃制制度演化研究(960—1949)》,辽宁大学2013年博士学位论文,第86-87页。

[134] 《福建省例》卷一五。

[135] 龙登高:《地权市场与资源配置》,福建人民出版社2012年版,第101页。

既然地主对土地的支配权只剩下收租权一项，卖主也就不能允诺"一任买主耕作收苗管业"或"招(换)佃收租"，而只能改成"一听买主收租管业"。[136] 当永佃制发展至一田二主，田底权的买卖最终演变成租权买卖，地权交易也越来越少地受到土地位置、交通、面积、肥瘦差异的影响，而租权或地租买卖逐渐细碎化和平常化、日常化。田底权的交易日益发挥金融调剂功能。正如费孝通在 20 世纪 30 年代进行社会调查后所说："田底所有权仅仅表明对地租的一纸权利，这种所有权可以像买卖债券和股票那样在市场上出售。"[137]

通过上述分析可以看到，一田二主下，田底权和田面权都很难用今天的"所有权"概念来概括，其更多地表现为权利或利益的集合。在第一章笔者曾作过分析，如果希望以"管业"或者"业"的概念概括中国古代更为广泛的物权关系的话，将其扩展为"对物的占有、使用、收益、处分等权利或利益的集合"更为恰当。在管业的视角之下，一田之上的主体具有多元性，田底主和田面主均是一田之上的业主。两者的权利相互独立和平行。田面权包括占有、使用、部分收益和处分的利益。田底权包括收益和处分的利益。在一田二主中，时人并不追究谁为土地的最终所有权，重视的是土地经营与收益的利益。

这样类似权利或者利益集合的表述，或许让习惯了严谨物权表述的今人难以理解。然而回到明清时期，谈及地权，存在两个无法回避的背景：一方面，"普天之下莫非王土"的土地国家所有观念深入；另一方面，整个社会和法律均没有对个人权利的正面承认和保

[136] 刘克祥：《永佃制下土地买卖的演变及其影响——以皖南徽州地区为例》，载《近代史研究》2012 年第 4 期。

[137] 费孝通：《江村经济——中国农民的生活》，江苏人民出版社 1986 年版，第 131 页。

护,整个土地制度是在一种无个人权利保护和严谨的物权构建和表达的法律环境下完成的。明清时期,在土地王权所有的观念之下,在土地制度上所建立的产权结构是二元的。国家以控制人口、户籍管理、征税为目的建立了一套以国家的政治权力为核心的土地管理体系。民间为了实现个人利益的需要,以契约和习惯法为中心,建立了一整套对土地分配和流转的体系,即管业秩序。在民间形成的管业秩序中,最重要的问题即为古人所言的“分”,也即利益的分配。在缺乏权利保护的社会中,整个民间社会没有所谓物权和所有权的完整权利,时人所言的管业,本质上是一种利益的划分。在土地上的管业,表现为权利和利益的组合,以权利束的形态发展演进。在国家权力不涉及的领域,以习惯中长期而缓慢形成的规范来分配利益,进行流转。从永佃制到一田二主,正是体现了这种权利规则形成的缓慢性,及其中所包含的长期利益争夺。

# 第四章　明清时期土地管业秩序的司法实践

司法审判既可以在宏观层面反映当时社会的变迁、法律的运行，亦可以从微观层面反映时人的心态、审判中证据的运用、法官的逻辑以及对待广义上的法律（立法、习惯、情理等）的理念等。本章选取了明末和清代嘉庆年间具有一定代表性的司法案例以对土地管业秩序进行阐释。

明代末年，颜俊彦于广州府任推官期间（1628～1631年）尽职尽责，对地方大量民事案件进行审判并撰写了判语和公牍。离任时，他将这些判语、公牍整理汇编而成《盟水斋存牍》。这本存牍是明代末年广州府实际有效的司法判牍，反映了明代末年地方官吏处理民事案件的诸多方面。本章第一节试图从《盟水斋存牍》中土地纠纷案例的判语出发，意图描绘出明末广州府土地管业纠纷司法解决的一些现象和特征，以此窥探明末地方土地管业司法审判的部分面貌。

在清代，随着土地商品化的发展和人口增长，人地关系日益紧张。土地价值的增长和资源的缺乏，使对土地资源和利益的争夺越发激烈。原有的社会伦理亦随着经济社会的变迁而改变。当国家立法和司法系统不足以应对这些问题时，就会引发普发性的社会问题。嘉庆年间由土地纠纷引发的数量众多的命案就是这种问题的集中体现之一。目前,这一问题尚未引起学者足够的重视。本章第二节试图从清代嘉庆朝刑科题本中土地纠纷引发的司法命案出发,探析频繁引发命案背后的制度之弊与社会变迁。

## 第一节 明末广州府土地管业纠纷的司法解决——以《盟水斋存牍》为主要材料

明代末年,广州府的田宅案件日益增多,《盟水斋存牍》中有关土地案件的判牍共计 213 件,在田宅交易引起的纠纷中,包括盗卖所致纠纷、重复典卖所致纠纷、找价回赎所致纠纷、租佃所致纠纷等;田宅侵占所致纠纷中,包括争界纠纷、争产所致纠纷、坟地纠纷等。另外,还包括争沙坦案件等案由分散的纠纷。从统计看,《盟水斋存牍》中记载的土地案件,以典制引起的纠纷最为频繁,其中以找价回赎、重复典卖所导致的纠纷最多,前者共计 25 件,后者共计 23 件;其次为盗卖纠纷和争界纠纷,前者为 23 件,后者为 22 件。对这些案件进行分类整理分析,可以反映出明末广州府田土纠纷司法解决中证据的运用,司法官吏的"公正"观念,情理、习惯、法律之间的关系等种种情况。

### 一、审理中重视各种证据的采用——以盗卖和侵占案为例

《盟水斋存牍》记载的土地盗卖和侵占纠纷案件中,司法官吏会采用查明契约真伪,勘察实情,询问知情人士,按照风俗习惯等推理多种手段和方式,其目的都是妥善解决土地纠纷,将土地交由真正的管业人"管业",实现当事人息讼和社会安定。

订立契约既是田土交易的重要程序，也是土地权利证明的重要凭证。当时法律对订立田土交易契约的程序有明确的规定。然而正是因为契约在田土交易中的重要地位，因此常会发生利用伪造田契等手段侵占他人土地的情况。在大量土地盗卖案件中，司法官吏往往会仔细审察契约的真伪，作为判定土地权属的重要证据，并对伪造契据者加以惩治。以《盟水斋存牍》中记载的一则“占屋郭文辅三杖”案为例：

> 审得龙庚长依其内父周享数椽栖身，一身之外皆非己有，安得有屋授人？缘郭文辅赁周享屋住，期满应出，而欺享老庚长愚，可供鱼肉，遂与棍党潘元、何少韬商同，伪立一契，欲竟吞所赁之屋，亦狠甚矣。查郭文辅、潘元、何少韬绝无生理，专以出人衙门、跳诈度日。此辈不急扑杀之，二三赤子未得安枕卧也。各从杖治，并加贵枷示，以殉[徇]国中之属祟吾民者。蒙岭南兵巡道批：郭文辅计吞赁居，与潘元、何少韬商立伪契，遂其所为，何所不至。杖拟犹属宽政，依拟各加责二十板。文辅仍枷示一月，满放。余如照，勒令文辅出居，听周享另赁，不得以“期满”二字，使得遂其延捱也。实收缴。[1]

郭文辅租住周享的房产，在房屋租赁到期时，想要侵占周享的房产，称周享之子龙庚长已将田宅转让给了他，遂与潘元、何少韬等一起伪造契约作为证据。官府查明真相，不仅“勒令文辅出居”，并将郭文辅处以枷示一月，其同党加责二十板的处罚。

在一些没有契约和实证可以查实的情况下，司法官吏也会根据众证或者情理来加以断案，在《盟水斋存牍》所载“吕龙阳与谢孔成争山案”中，吕龙阳以风水生意为业，并将一块荒山卖于罗敬宇。他

---

〔1〕（明）颜俊彦：《盟水斋存牍》，中国政法大学出版社2002年版，第586－587页。

称山地买自谢孔成之父谢睦乡，然而谢睦乡已死，无从查证。经询问守山者与邻居，吕龙阳占有这块地已久。细审邻证，称系荒山，在谢孔成并未照看之际，龙阳占为己有，并盗卖于他人。最后的判决是："吕龙阳得罗敬宇山价六两追还，山仍听谢孔成管业，龙阳应重拟，以其老也，姑杖之，余免株求。"[2]

在土地侵占纠纷中，坟地纠纷占有相当大的比重。坟地的选择不仅凝聚了古人死者为大的观念和对孝道的重视，更包含了古人重风水、看重坟地位置和周边山川地势等因素。因此，"风水宝地"之争也较为频繁发生。在这类案件中，除依照契约等证据外，司法官吏也会在实地勘察的基础上，按照风俗习惯或者情理进行推理审判。以《盟水斋存牍》所载"何奎等讼邹之学伐坟占地"案为例：

> 审得何奎(等)之讼邹之学伐坟占地也，曾委官踏勘。据称：所争告占之土，若论为邹地，上隔有何坟一墓，其下之学新墓傍右一冢，系何门故室梁氏之墓。详此数语，则其为邹之侵何无疑也。夫卜地葬亲，所以妥先灵也。乃损人利己，而以兴戎，穴在心田之谓何？应行该县，责之两家，各安界址，不许逾越尺寸，以开无已之争。之学之侵越，何奎之添捏，各杖示惩。招详使司。
>
> 清军道批：邹之学与何崇叙等坟各有界，上下截然。邹以营筑新阡，越侵启衅，无怪乎崇叙之争执也。第词过其实，应与之学并杖。勒令各照旧址管业，争乃杜矣。如照，库收缴。[3]

对于何奎等与邹之学的坟地纠纷案，司法官吏首先派专人进行了实地勘察，结果是所争告占之土地相邻上下均为何家之墓。根据

---

〔2〕(明)颜俊彦：《盟水斋存牍》，中国政法大学出版社 2002 年版，第 726 页。
〔3〕(明)颜俊彦：《盟水斋存牍》，中国政法大学出版社 2002 年版，第 726 页。

考察情况和惯常之理推断,是邹之学意图侵占何家坟地,并且何奎有言过其实和捏造行为。因此,责令两家各安界址,不许逾越尺寸,并且均处以杖刑。

在《盟水斋存牍》记载的土地盗卖和侵占纠纷案件中,司法官吏大都能够秉持“公平”的理念,并以多样化的证据和方式妥善、灵活地解决纠纷。

## 二、同类案件变通作出不同判决——以重复典卖纠纷为例

重复典卖行为在明代十分常见,属于高发类的土地纠纷案件,在《盟水斋存牍》的记载中也出现很多此类案件。究其原因,与当时的土地交易状况和法律规范有很大的关系。明代,土地交易流转频繁,土地归属者、经营者、占有人常出现分离的情况。多种权利形态和多个权利人常共存于同一土地之上,土地权属难以辨别。同时,当时土地价值较大且日益商品化,土地交易频繁,交易形式愈加多样化,加之土地权属证明体系一直不完善。这些均导致了一田多卖、重复典卖的现象多有发生。重复典卖行为常和三种交易形式相关,即典、卖和按。典、卖上文均有交代,按是将土地作为债务担保的行为。

《大明律·典卖田宅》对这种日益多见的土地纠纷现象加以规范:“若将已典卖与人田宅,朦胧重复典卖者,以所得价钱计赃,准窃盗论,免刺,追价还主。田宅从原典卖主为业。若重复典买之人,及牙保知情者,与犯人同罪。追价入官。不知者,不坐。”重复典卖现象造成产权混乱和纠纷增多进而影响土地秩序,故官方对此严厉打击,并加以定罪处罚。

《盟水斋存牍》中的重复典卖纠纷有重复卖、重复典、已典复卖、已卖复典和按卖不明等情形,但对于这些案件如何处理法律并没有

具体明确的规定。在现实中，司法官吏常根据不同情况作出不同判断。其中，万历三十七年（1609 年）的重复卖田案件前后经历了十一年才彻底查清，司法官吏将最终重复卖出的土地判给最先购买的人：

审得钟士瞻先于万历三十七年二月十五日卖田七亩三厘一毫与谢茂高，明白管业无异，后士瞻复将田六亩五分八厘六毫卖与余朝重，原议回赎，因历年士瞻包租，不与朝重管业，其田之为茂高田数内与非数内俱朦胧影响，不可得而问也。后四十二年朝重要行起业，士瞻不容，讦告于县。在钟执有按当之情，县审有听赎之语，而田断归朝重，以士瞻不能办赎资也。然终不悉其田为何田。总之，与谢茂高向管业之田无与也。天启二年朝重摘将数内铁涌坑田一亩五分三厘、园□二亩二分八厘，共三亩八分一厘，暗暗脱卸于邓云龙。云龙或亦知其田有故而欺茂高之愚而懦也。前来扦步，以致茂高不甘赴告，则直在茂高，曲在士瞻矣。云龙自买不明之产，须问之卖主余朝重，令朝重转问之钟士瞻，与茂高何与焉。士瞻重复典卖，法当重拟，念其已死，而子钟自苹非其经手，但不能干父之蛊，致两家聚讼，薄杖示惩。余朝重亦姑杖。云龙念系青衿，免拟，田听谢茂高管业。其云龙所买或田或价听朝重自行支值，以不明之产当日未必便有正价也。招详。

察院批：余朝重以不明之田暗脱卸于邓云龙，云龙亦暗受之，两者罪均，而重复典卖，钟士瞻实为衅端。田断谢茂高管业，而云龙之价听自理于朝重，买卖先后分明矣。依拟杖赎，库收缴。〔4〕

---

〔4〕（明）颜俊彦：《盟水斋存牍》，中国政法大学出版社 2002 年版，第 193－194 页。

万历三十七年(1609年),钟士瞻先是将土地转让于谢茂高,后又将同一块土地卖给余朝重,但因为钟士瞻包租,余朝重并未实际占有管业,因此重复买卖土地的行为余朝重并不知情。直至万历四十二年(1614年)余朝重"要行起业,士瞻不容"才得知土地被重复转让,并告到官府,官府在没有查明状况的情况下将土地判给余朝重。天启二年(1622年),余朝重部分土地转让给邓云龙,邓云龙在知道土地存在纠纷的情况下仍然购买。谢茂高不服而将此事告上官府。最终土地判给最先购买的谢茂高,并认为钟士瞻的重复典卖为罪因。

在现实中,不占有土地的地主存在,导致重复典卖行为难以发现。本案中,在五年以后,第二个业主才发现土地被重复转让。而这样的案件,往往牵涉多位权利人,且耗时很长。本案直至十一年后,才彻底厘清。在这期间,重复购买土地者又将土地转让,导致土地案件愈加复杂。司法官吏只有追本溯源,仔细查证证据,才可以厘清案件。

对于重复典卖案件的处理,司法官吏也并非完全按照明律的规定归先买之主管业,而是根据现实中的情况灵活处理。在上文的钟士瞻重复卖田案中,司法官最终将土地判决给先买之业主。然而在"讼尝租陈云阳杖"[5]一案中,面对前后两位典主,法官判定"中分其租",其目的在于尽力维护各方当事人利益。在"争产黄成龙等杖"[6]一案中,又出现了不同的审判结果。司法官吏仍判定先买之主管业土地。如果卖主仍有其他土地,后买之主既可以选择扦补其他土地,也可以选择偿还原价。

可见,重复典卖纠纷由于类型复杂,涉及的当事人人数较多,加

---

〔5〕 (明)颜俊彦:《盟水斋存牍》,中国政法大学出版社2002年版,第196－197页。

〔6〕 (明)颜俊彦:《盟水斋存牍》,中国政法大学出版社2002年版,第174页。

之法律仅作原则性的规定，所以司法官在实际审理的过程中，往往根据情况作灵活变通，并力图维护各方当事人的利益。

## 三、找价回赎纠纷判决对习惯的影响

《大明律》支持业主按照契约回赎的权利，但对找价问题没有明确规定。《大明律》载："其所典田宅、园林、碾磨等物，年限已满，业主备价取赎，若典主托故不肯放赎者，笞四十，限外递年所得花利追征给主，依价取赎。其年限虽满，业主无力取赎者，不拘此律。"〔7〕同时，明初《大明令·户》规定："凡典卖田土、过割税粮，各州县置簿附写，正官提调收掌，随即推收，年终通行造册解府，毋令产去税存，与民为害。"〔8〕即典卖土地房产，业主可按照契约规定赎回。期限届满无力回赎的，应按照法律规定及时缴税、过割。对于绝卖后要求找价或回赎的问题，并没有规定。在现实中，明代绝卖之后找价的现象并不鲜见，并产生诸多纠纷。在下文绝卖找价案件中，最终引发了命案，而一些司法官吏最终的判决也具有很强的倾向性：

> 监院方批上海县告人蒋继状前件审得：蒋涛乃蒋继之父蒋孝之族侄也。孝曾以田售之张士修，属涛与陈招为中保，先卖后绝，俱有券凭。忽原主尤承贤见孝所得颇浮原值，索孝加叹六金。而孝转索之士修。士修吝不与。孝遂挟为赎田之举。士修目且瞽，赖叔道宇、道容为家督。道宇遂力阻孝回赎，而且谇语盛气，至孝无所容。彼此扭打，而道宇、道容之锋甚锐。涛见孝父子力不格。遂从旁劝解。而道宇乘势误推，至涛跌而起、起而仆者且再。夫以年力迟暮之涛，安能在凶猛场中支此？

〔7〕　怀效锋点校：《大明律》，法律出版社1999年版，第56页。
〔8〕　怀效锋点校：《大明律》，法律出版社1999年版，第244页。

困备不踰旬死矣。夫佐门得伤，涛实自罹。而救斗误推，宇非有意。既死虽在限内，终难以误跌坐抵。此固以众证之口，核海防之案，不得滥为入也。此事起衅，原由赎田。交易远年，虽无赎例，第尤承贤加蒋孝之叹，原在蒋孝既转卖之后。张士修吝蒋孝之叹，又在蒋孝既代加之后。田归于张而叹加于尤，孝其能灰心乎。且死涛至讼，终由士修吝加为祟。田应断蒋孝回赎，原价并加叹银追给士修，以杜后争。道宇、道容不教士修以正，徒为行凶搬祸，各杖示儆。道宇首戎，应追银六两给蒋继埋葬其父。蒋孝赎久卖之田，至涛非死，亦应拟杖。张士修双目俱盲，线索在二叔之手，姑免究。[9]

在本案中，蒋孝曾将土地转让于张士修，绝卖凭证齐全。土地的原主尤承贤发现蒋孝所卖价格比自己的卖家高不少，于是又向蒋孝找价“加叹六金”。蒋孝转而向张士修索要，张士修没有答应。蒋孝遂要赎回土地。双方家族中的一些人都加入争执中。蒋孝之族侄蒋涛在劝架的过程被对方家族中的道宇乘势误推而死亡。司法官吏虽认为“交易远年，虽无赎例”，但认为张士修对找价的吝啬是这场纠纷引起的重要原因，而其家族的道宇、道容徒为行凶搬祸，导致了蒋孝的死亡。因此，最终判决土地由蒋孝赎回。

在这一案件中，司法官吏并没有按照“交易远年，虽无赎例”进行审判，而是根据案件的后果作出了判决。在这其中，尤为值得注意的是，司法官吏对于绝卖后再找赎的民间习惯给与了很大程度的理解，这体现在“第尤承贤加蒋孝之叹，原在蒋孝既转卖之后。张士修吝蒋孝之叹，又在蒋孝既代加之后。田归于张而叹加于尤，孝其

---

〔9〕（明）毛一鹭：《云间谳略》卷一，载杨一凡、徐立志主编：《历代判例判牍》第3册，中国社会科学出版社2005年版，第414页。

能灰心乎”。在这一案件中,司法官吏对土地案件的自由裁量在一定程度上被体现出来。

此后,明代弘治《问刑条例》对《大明律》关于回赎和找价作了补充规定:“告争家财田产,但系五年之上,并虽未及五年,验有亲族写立分书已定,出卖文契是实者,断令照旧管业,不许重分再赎,告词立案不行。”[10]其明确规定,田产纠纷五年以上,或虽未满五年,有家财分析文书或买卖文书的,照旧管业,不许再回赎。但在《盟水斋存牍》记载的不少案例中,出卖五年以上土地引起的回赎纠纷,在出典人要求回赎时,司法官吏一般允许回赎,在能力不允许的情况下,判令支持原主的找价请求。在“争地陈瑞超杖”案中,土地已出卖十七年,司法官吏仍然允许出典人回赎之权。在出典人无力回赎时,司法官一方面判令现业主给付其二两银两,另一方面又对其处以杖刑加以警示。

审得陈瑞超之地属林芝吾,归户已十七年,而忽讼之今日,瑞超能赎,则办原价赎之。不能办,断芝吾给洗业二两,以助其贫可也。薄杖惩之。[11]

在下文的“讼产何孔美杖”案中,按照法律规定不准再赎,司法官在审理过程中发现孔美意并不在回赎,而是以此为借口进行找价,索取“洗业银”。但是,“窥孔美之意,亦不过以赎为名,其欲再索些小洗业是实。如是则得产者已据其胜,应断洪范出银十两以资闲乏,是情理之所有也”。出于对于失去产业者的同情,支持了原业主找价请求,也因此助长了社会的找价回赎之风。

审得陈洪范之买何孔美铺四间,已经收明管业,现有税

---

〔10〕《大明律》卷五,怀效锋点校,法律出版社1999年版,第372页。

〔11〕(明)颜俊彦:《盟水斋存牍》,中国政法大学出版社2002年版,第540页。

契。此卖也，非按也。据用价一百二十五两，开税银三十两，一年租息仅取二两余，不为不贵矣。近何孔美乘届造勒赎。夫欲赎则应如契取赎，未为不可。洪范一贫士，讵有余资置产？其银未免转贷之人，未曾稍享其利，而欲攫而还之，情理亦不能堪。窥孔美之意，亦不过以赎为名，其欲再索些小洗业是实。如是则得产者已据其胜，应断洪范出银十两以资闲乏，是情理之所有也。孔美以已经交割之产勒索不休，杖惩之，余姑免科。招详。[12]

从《盟水斋存牍》记载的土地案件的司法审判来看，司法官吏能够秉持当时的“公平”理念，重视各种证据的采用，不拘泥于当时的法律规定，采用灵活的解决方式，妥善安排当事人的利益，并达到息讼和恢复社会秩序的目的。同时，司法官吏注意到典卖中，原价与时价的差距，及强势者尤其是绅宦巧取豪夺弱势者产权的现象，其所秉持的“公平”理念，具有很强的时代性和社会性，即对均平理想的追求和对失去土地贫困者的同情。从明末广州府的找价回赎习惯来看，司法审判和法律、社会习惯存在互动关系。习惯在相当程度上影响司法审判，并削弱法律的效力。司法审判也能对习惯的消长起到推动作用。从明末广州府的司法状况来看，司法官吏在审判中尊重了固有的土地习惯，同时也推动和助长了原有习惯的发展。

## 第二节 清嘉庆朝土地纠纷命案探析
## ——以刑科题本为中心

在清代，农业商品化日益明显，同时随着人口的增长，土地制度

---

〔12〕（明）颜俊彦：《盟水斋存牍》，中国政法大学出版社2002年版，第527页。

结构和流转体系也发生了极大的转变。高效率的土地制度取代较低效率的土地制度形式，契约及习惯中的土地规则成为支配土地市场的社会规则。政府在田土、户婚领域疏于立法，为民间土地规则的发展留下了空间，市场支配下形成的共享、效率等价值进而成为民间土地规则的重要核心。然而，日益繁复的土地商品化及土地产权制度，需要更为明确的法律规则进行规范。当时的立法及习惯规则无法实现有序的土地管理，这使土地管业秩序的弊端日益明显；另外，土地经济的变化也使原有的社会规则和伦理遭到侵蚀，社会矛盾不断产生。如学者所言，“当经济史学家视佃农与地主之间契约安排普及为向‘市场力量的胜利’的长时段趋势标志时，他们将之作为晚期中华帝国经济的重大历史发展，但我们不能无视孕育了这一‘胜利’的社会冲突”。[13] 嘉庆年间频繁发生的因土地纠纷引发的命案，是这一社会冲突的集中体现。这些集中爆发的命案与管业规则固有的弊端不无关系。管业规则之弊在相当程度上促进产生了这样的社会冲突，而管业规则又无法从根本上解决社会冲突，因为管业秩序的优势和弊端都深植于这样的社会变革中。

## 一、租佃关系命案所反映的司法系统局部失灵

以《清嘉庆朝刑科题本社会史料辑刊》汇编整理的司法案件来看，由土地纠纷引发的命案占一半以上。引发命案的土地纠纷主要分为以下几种：第一，租佃纠纷，由于收租、涨租、欠租、转佃、撤佃等引发的纠纷；第二，买卖与典卖土地的过程中引发的纠纷，在这其中因找价、回赎引发的纠纷最多；第三，偷采他人作物、田界纠纷、坟地纠纷、用水纠纷等。

---

〔13〕［美］步德茂：《过失杀人、市场与道德经济：18世纪中国财产权的暴力纠纷》，张世明等译，社会科学文献出版社2008年版，第230页。

佃耕土地成为相当一部分农民的生计。在租佃纠纷中,因欠租、撤佃引发的命案最多。这样的案件并非出现在某一地域内,而是在当时的全国范围内普遍存在。江西按察使凌燽说:"今查江省佃户,率多逋租之习。田主不甘,起田另佃,本属人情。但方东作,遽而易耕,穷佃别赁无田,惮于失业,岂甘起退。争耕不已,驯至交讼,在佃户则以临春夺佃为词,在田主则以强佃霸耕具控,纷纷告讦。甚至旧佃新佃彼此占争,互酿人命,比比而是。"[14]这样的情况不仅存在于凌燽所指的乾隆年间,在嘉庆时期也相当普遍。

在江西义宁,赖昌任的祖父赖上达向张梦华、张梦祥的祖父佃耕水田十二亩,每年应交租谷共二十石。赖昌任的祖父故后,分作三股继续佃种,伯父赖红义耕种一股,每年还租谷六石六斗六升零。赖昌任的父亲赖红杰同叔祖赖红信、赖红佐共耕二股,每年共还租谷十三石三斗零。嘉庆十七年(1812 年),赖红义把他名下承耕一股退还张梦华家。嘉庆十八年(1813 年),赖昌任的父亲同叔父们的两股应还租谷因贫拖欠,张梦华等屡次催讨,并要起佃,赖父不肯。嘉庆十九年(1814 年)八月初一日上午,赖昌任的父亲携带镰刀、禾枪在田割禾。因张梦华阻割,两相争闹,赖昌任的父亲被张梦华用禾枪戳伤左臂膊、偏左咽喉,随后伤重而亡。后来赖昌任的叔父赖红信等撞遇张梦详等又复争殴致伤。[15]

在这一案件中,最后的司法判决是张梦华依斗殴杀人者拟绞监候,秋后处决。对于赖红杰所欠谷物,身死免追。赖红信、赖红佐名下欠租,仍饬照数清还。

江西省崇仁县艾简为艾老小功堂侄,随母改嫁到邹富家。艾简

---

〔14〕《西江视臬纪事》卷三《条教·禁临春起佃及强佃霸耕》。

〔15〕杜家骥主编:《清嘉庆朝刑科题本社会史料辑刊》(第 3 册),天津古籍出版社 2008 年版,第 1322 页。

曾因行窃被人撞到交由艾老训斥。艾老堂兄艾其、艾四佃种族叔艾辂南田亩,后欠租不交。嘉庆十四年(1809年)正月内艾其、艾四先后病故。八月内,艾辂南起田另佃邹富、邹贵兄弟耕种。艾其、艾四妻子刘氏、杨氏不依,向族人艾老、艾义投诉和理论。因刘氏们夫故无靠,艾老、艾义带刘氏们到邹富家阻耕。后艾老又到艾辂南家劝其将田仍交由刘氏们佃种。艾辂南不肯,并斥艾老多事,争闹各散。艾辂南与邹贵兄弟说是艾老纠领阻佃,赴案控告传审,使艾老对艾辂南心怀愤恨。十月初四日傍晚,艾老从屋后山上走过,见邹氏母亲在喊骂说艾简偷了地里萝卜,牵骂艾姓祖宗生出这样的贼种。艾老叫住拿了萝卜的艾简训斥,艾简顶撞。艾老因他屡次偷人钱物致被辱骂,又不听人教诲,又触起艾辂南控告嫌隙之情,愤恨不过,将艾简打死并试图赖在艾辂南身上。

最终最高司法审判机关判定,艾老依故杀小功堂侄者绞律,拟绞监侯,秋后处斩。至于佃业:“艾辂南因艾其、艾四佃种伊田欠租不交,且已病故,起田另佃,并无不合。……田亩仍听佃给邹富等耕种。”[16]

在此案中,土地本由族人佃种,由于欠租,业主另佃族外他人,族人阻耕异姓从而引发争闹甚至命案。默认的族人优先原则被打破,让位于租佃契约原则。中央司法机关最终支持欠租另佃给族外人。

在四川省忠州胡幗玺将土地分佃给徐地美耕种,收到押佃银十千文。因无钱用度,胡幗玺想把徐地美佃耕的田业典与别人,让徐地美退佃。嘉庆十七年(1812年)九月十七日,胡幗玺携带尖刀,在山上挖草药后与徐地美会见,要求徐地美退佃。徐地美说要等他种

〔16〕　杜家骥主编:《清嘉庆朝刑科题本社会史料辑刊》(第1册),天津古籍出版社2008年版,第150页。

过小春后才能退佃。双方互骂，并厮打起来。争闹中，胡帼玺用刀将徐地美肚腹戳伤，不久后徐地美死亡。[17]

在本案中，胡帼玺最终被判定依斗殴杀人者拟绞监侯，秋后处决。对于押租银照追给领，田业退还胡帼玺耕管。

以上案件在嘉庆年间由租佃关系引发的命案中具有普遍性和代表性。欠租或者撤佃在今天看来似乎是简单的民事纠纷，但在彼时，由此引发的刑案却在全国普遍存在。同时，这些案件在司法上呈现出一些共性。

首先，命案的参与者一般不仅限于租佃关系的当事人，熟人、族人也会卷入争执中。在江西省崇仁县艾简为艾老所杀的案件中，杀人者和被杀者都不是租佃双方，而是被卷入案件中的族人。同样情况的案件在这一时期还有很多。在广东香山县民谭彩贵等因分租事斗殴致酿人命案[18]中，被杀的为一方的亲属。招香全、谭京彦两人本佃耕胡本昭沙田，嘉庆十五年(1810年)十二月，胡本昭要加租，两人不肯，胡本昭便在嘉庆十六年(1811年)二月将田地另给林广勤佃耕。招香全、谭京彦因曾投入过工本，要胡本昭补还工本银两，胡本昭不肯。招、谭二人便说收割时分割田禾补偿。九月二十三日午后，招香全、谭京彦听说胡本昭与林广勤赴田割禾，前去要求分走工本钱，双方起了冲突。谭京彦儿子谭彩贵、招香全侄子招世荣各带草刀正在附近割草，加入斗殴中，林广勤被谭彩贵、招世荣用草刀戳伤而死。在宗族社会中，面对土地纠纷，具有地缘或亲缘关系的人一般不会坐视不理，而是会积极维护亲友利益。这就使原有

---

〔17〕 杜家骥主编:《清嘉庆朝刑科题本社会史料辑刊》(第3册)，天津古籍出版社2008年版，第1314页。

〔18〕 杜家骥主编:《清嘉庆朝刑科题本社会史料辑刊》(第2册)，天津古籍出版社2008年版，第645-646页。

的土地利益纠纷变得更加复杂，甚至演变为宗族间的斗争。而在一些情况下，租佃双方的宗族之间本身就存在罅隙，土地纠纷促使这样的矛盾爆发出来。

其次，在引发命案的土地纠纷中，官府并非这一时期当事人解决纠纷的首要选择。从嘉庆朝刑科题本中的土地纠纷命案来看，在发生土地纠纷时，大部分人不会第一时间寻求官府县衙，而是本人或者联合族人寻找对方去理论、争闹，以至于引起肢体冲突。在刑科题本收录的大部分命案中，杀人者直接意图杀害对方的占据少数，多是斗殴引起伤害，并由于当时的医疗救治水平有限，最终酿成命案。面对官府的差役，普通百姓的反映多是惧怕和逃避，有时还会拒捕并与差役冲突，从而又酿成新的命案。“从纠纷的出现到一场武力冲突的爆发之间有较长的间隔期，这意味着如果纠纷双方都认为这是行之有效的话，他们是有充足的时间通过调解或者诉诸公堂来解决问题的。”[19]

同时，对这些命案，最高审判机关对于租佃部分的解决也是基本一致的。因《大清律例》对杀人和欠租等均有规定，对于此类案件最高审判机关的审判是审慎和公正的，并且不存在太大的分歧，裁判具有一致性。对于致人死亡者，基本依照大清律处以死刑。对于死者所欠谷物，身死免追。活着的佃户欠租，仍饬照数清还。对于起田另佃的主张，一般予以支持。但是中央司法审判的统一，也未能阻止民间土地纠纷案件的发生，由此引发的命案仍在全国普遍存在。由此看来，统一的司法审判并不能阻止租佃纠纷及其命案的产生。土地纠纷引发命案的深层原因耐人探寻。

---

〔19〕　[美]步德茂：《过失杀人、市场与道德经济：18 世纪中国财产权的暴力纠纷》，张世明等译，社会科学文献出版社 2008 年版，第 120 页。

## 二、租佃关系命案所反映的立法缺失

在导致土地纠纷命案的原因中,法律规则体系的问题最值得探讨。在任何社会,资源的稀缺性是无法避免的困境,因而社会冲突也难以彻底消弭。“将社会系统视为依恃于技术、规则或习俗以解决在利用稀缺资源中出现的冲突,而非想象由社会来指定资源的具体用途更为有益。”[20]从清代关于土地领域的法律规则来看,立法的缺失、习惯的模糊是显而易见的,这便难以有效地规范日益复杂的土地产权形式和交易形式。

以上文的欠租和撤佃为例,清代政府对于明清以来普遍存在的欠租及频繁发生的暴力抗租问题,开始以法律手段加以明确。雍正五年(1727 年)颁布的“田主苛虐佃户及佃户欺慢田主之例”对欠租行为作出了明确的法律规定,并将其作为《大清律例》的例文确定下来。其内容为:“凡不法绅衿私置棍板擅责佃户者,乡绅照违制律议处,衿监吏员革去衣顶职衔。凡不法绅衿私置板棍擅责佃户者,乡绅照违制律议处,衿监吏员革去衣顶职衔,杖八十。如将佃户妇女占为婢妾者,绞监候。地方官失察徇纵,及该管上司不行揭发者,俱交部分别议处。至有奸顽佃户拖欠租课、欺慢田主者,杖八十,所欠租课照数勒追给田主。”[21]除《大清律例》中的这一明确规定外,部分地方也出台了以告谕等形式颁布的地方法规。乾隆七年(1742 年)江阴县《严禁顽抗租告示》中说:“尚有抗欠新租致业主具控者,定当立拿,游示各乡,仍押吐退,另行招佃。”[22]乾隆后期,江西宁都

---

〔20〕 Armen A. Alchian & Harold Demsetz, *The Property Right Paradigm*, The Journal of Economic History, Vol. 33, p. 16 – 27 (1973).

〔21〕 《雍正大清会典》卷一七六。

〔22〕 《澄江治绩续编》卷二。

州宣布，佃户“应还之租自当每年按额清楚，如敢仍前刁抗，许田主禀究。现年之租，即将佃户责惩，勒限清还。欠至二年、三年者，枷号一个月，重责三十板，仍追租给主；欠至三年以上者，将佃户枷号四十日，重责四十板，俟追租完日，驱逐出境”[23]。嘉庆四年（1799年）江西对佃户欠租也作出类似规定。

同时，清代的地方法规也对佃农欠租退佃的问题作出规定。乾隆七年（1742年），甘肃省规定，当佃农欠租三年，地主可退佃：应请将当日垦荒之原佃子孙，止令业主收租，果有拖欠，告官押追，不许夺佃；倘立意抗欠粮租至三年者，方许呈明地方官，讯实驱逐，田归业主。[24] 江西地方政府颁布的《平钱价禁祠本严霸种条例》规定：佃户有抗租至三年不清，并逾于工本之数者，即许业户起佃另赁。[25]

中央与地方关于欠租违法的规定是原则性的，对于何种程度、何种形式的欠租构成违法并不明确。《大清律例》中的“奸顽佃户”指抗租严重的佃户，从实践中看，政府仅对暴力、集体抗租的情况适用这一条文，因为可能引发社会动荡。对于一般欠租的佃户，则很少适用这一条款。对于撤佃的法律规范，只是部分的地方政府规定了佃农欠租三年，地主可退佃，而在现实中欠租额度、次数多少可达到退佃的标准，法律并没有作出明确的规定。对于那些押租银的佃户，是否退还、何时退还押租银，也一并交由习惯和法官去自由裁量。

[23]　《赣南各县习惯·田皮·附录宁都仁义乡横塘塍茶亭内碑记（乾隆年）》，载前南京国民政府司法厅行政部：《民商事习惯调查录》，1930年版，第423－425页。

[24]　中国人民大学清史研究所、档案系中国政治制度教研室编：《康雍乾时期城乡人民反抗斗争资料》，中华书局1979年版，第84页。

[25]　中国人民大学清史研究所、档案系中国政治制度教研室编：《康雍乾时期城乡人民反抗斗争资料》，中华书局1979年版，第87页。

同时,清代以来,政府将减免租作为业主的一项法定或道德义务。清代初期,全国疮痍满目,非得宽和仁政、与民休息,农业生产难以恢复。康熙朝蠲免政策中的恤佃方针就是诸种措施中的一项。[26] 康熙时期朝廷曾多次下令蠲免佃租,将减免佃租的政策作为一项法定的义务,并设置了具体减免标准。[27] 至乾隆年间,朝廷则将减免佃租作为一项业主的道德加以倡导。乾隆登基之初(1736年)谕旨:"近闻江南已有向义乐输之业户,情愿蠲免佃户之租者,闾阎兴仁让之风,朕实嘉悦。其令所在有司,善为劝谕各业户,酌量减彼佃户之租,不必限定分数,使耕作贫民,有余粮以赡妻子。若有素丰业户,能善体此意,加惠佃户者,则酌量奖赏之,其不愿者听之,亦不得勉强从事,此非捐修公项之比。"[28] 从乾隆谕旨看,其劝告是道德性的,将减免地租的权利交由业主。其目的用乾隆皇帝的话说在于:"民为邦本,治天下之道莫先于爱民,爱民之道以减赋蠲租为首务。"[29] 因此,减租政策是和仁政、爱民的思想相通的。在这样的影响下,也形成了江南情愿捐免佃户之租的"闾阎兴仁让之风"。

对于佃户的欠租和撤佃法律没有明确的规定,同时还存在频繁的减免租佃政策,这些都使关于欠租和因欠租而撤佃的法律规范在当时成为一项模糊的、难以操作的规则。从习惯来看,很多地方都

---

[26] 经君健:《论清代蠲免政策中减租规定的变化——清代民田主佃关系政策的探讨之二》,载《中国经济史研究》1986年第1期。

[27] 康熙二十九年(1690年)户部议覆:"嗣后直隶各省遇有特旨蠲免之省,业户既当一应差徭,将蠲免钱粮之数分作十分,以七分蠲免业户,以三分蠲免佃种之民。此蠲免数目,业户若不蠲免,或被地方官查出,或被旁人首告,将业户从重议处。其佃种之民蠲租之处,仍报明该地方官。"(孙伦编:《定例成案合镌》卷五)。康熙四十四年(1705年)十一月户部也有类似的议覆"应照前例通行各省出示晓谕,务使业主、佃户得沾实惠"。(孙伦编:《定例成案合镌》卷五)

[28] 《清高宗实录》卷九。

[29] 《光绪会典事例》卷二六五。

存在歉收减租的习惯,租谷不按照租约执行也较普遍地存在。如乾隆提到的江南习惯,另如江西省“赣南民间,凡向人借田承耕者,所立借耕字,虽载有每年实纳租谷若干字样,然习惯上鲜有履行者(大约仅纳七折、八折不等)。又借字内虽载明租谷于新出时一次交清,然赣南一带,田亩每年可莳早晚禾各一次,于早禾收获时先纳租谷一半,至晚禾登场再还一半,田东亦不否认之”[30]。安徽省宣城县,东佃当立租约,视田之肥瘠定纳税之标准,上等每亩认租一百七十斤至二百斤,中等一百四十斤至一百五十斤,下等又不及百斤者。如遇荒年秋收欠薄,须由田东衡其收成,比照邻田,酌予减让,不能以租约为准。[31] 对于靠租佃为生的家庭来说,土地利益关系生存,在规则不清晰的情况下,无疑是交由当事人乃至当事人家族去斗争。

## 三、回赎纠纷中的基层司法之困:立法与习惯之冲突

随着土地交易的日渐频繁和土地纠纷的增多,政府试图在土地权利体系上作出更多的立法规范。对于回赎的基本立场,是从原有的保护被视为弱者的出典人,走向倾向于明晰产权,加强对于有产者利益的保护。对于习惯中对出典人有利的无期限回赎权,政府表现出了先松后紧的态度,对民事习惯先是予以承认,但随着社会情况的变化,政府立场随之改变,与习惯逐渐走向了紧张和对抗。

宋明以及清代初期,官方将回赎典产视为出典人的权利,也视为对弱者的照顾;在典的回赎期限上,都明确承认了出典人无限回

---

〔30〕 前南京国民政府司法行政部编:《民事习惯调查报告录》(下册),中国政法大学出版社2000年版,第564页。

〔31〕 前南京国民政府司法行政部编:《民事习惯调查报告录》(下册),中国政法大学出版社2000年版,第540页。

赎的权利。《宋刑统》规定了典产回赎的相关规则：

> 今后应典及倚当庄宅、物业与人，限外虽经年深，元契见在，契(頣)头虽已亡没，其有亲的子孙及有分骨肉，证验显然者，不限年岁，并许收赎。如是典当限外，经三十年后，并无文契，及虽执文契，难辨真虚者，不在论理收赎之限，见佃主一任典卖。[32]

本条承认了典制中出典人的永久回赎权，在典期之外，虽经年深，只要原契还在，不限年岁，并许出典人收赎。如果典契约超过三十年的，没有清晰确凿的“文契”，则业主不得收赎。这条律文以官方立法的形式承认了民间习惯中无限制的回赎权利，同时也承认了出典人的子孙对于回赎权的继承权利，可以看成是官方承认永久回赎权的开端。

在明清律例中亦承认出典人的回赎权利，并且对回赎时间未作限制。然而，在实践中，回赎期限越长，典主占有的典产时间越长，对土地的投入也越大。如果典产长期没有被回赎，还在典主家族中世代相传，也越来越被视为家族产业，典主或其家族对典产经济上的依赖与情感上的依赖会逐步强化。而出典人却并没有因为出典时间的久远，放弃认为典产是自有产业。当出典人要求回赎时，常会出现“则迁延月日，百端推托，或谓寻择契书未得，或谓家长出外未归，及至民户有词，则又计嘱案司，申展文引，逐限推托，更不出官，展转数月，已入务限矣，遂使典田之家终无赎回之日”[33]。纠纷由此而频发，因此引发的人命案件也不鲜见。

为了保障出典人回赎权的实现，历代法律以法律形式明文保障

[32] 《宋刑统·户婚·典卖指当论竞物业》。

[33] 《名公书判清明集》，中华书局1987年版，第317页。

出典人回赎的权利，规定对于典期已满不肯放赎的典主加以处置。如在宋代，“诸典卖田宅，年限已满，业主于务限前收赎，而典主故作迁延占据者，杖一百”。[34] 《大明律》载：“其所典田宅、园林、碾磨等物，年限已满，业主备价取赎，若典主托故不肯放赎者，笞四十，限外递年所得花利追征给主，依价取赎。其年限虽满，业主无力取赎者，不拘此律。”[35]《大清律例》在这方面的规定延续《大明律》，与其规定不差分毫。[36] 由此可见，官方站在出典人的立场保障回赎权。官方对田宅典契所载典期是不加限定的，而是交由典主与业主自行商议决定。

在现实中，立法承认并促进了民间的回赎习惯，而这一习惯正是纠纷频发的原因之一。因此，本视婚姻田土为细事的官方不得不出手，开始改变对于回赎期限的态度，希望从限制回赎期限入手，消减现实中频繁出现的争讼案件。清代乾隆十八年(1753 年)《大清律例》对那些没有明确是典还是绝卖的契约限定了三十年的时间限制：“嗣后民间置买产权，如系典契，务于契内注明‘回赎’字样。如系卖契，亦于契内注明‘绝卖永不回赎’字样。其自乾隆十八年定例以前，典卖契载不明之产，如在三十年以内，契无‘绝卖’字样者，听其照例分别找赎。若远在三十年以外，契内无‘绝卖’字样，但未注明回赎者，即以绝产论，概不许找赎。如有混行争告者，均照不应重律治罪。”[37] 这一法律规定表达得较为含糊，对其含义的理解在当时多有争议。按照《大清律集注》的观点，此律文主要是针对没有注

---

[34] 《名公书判清明集》，中华书局 1987 年版，第 318 页。

[35] 怀效锋点校：《大明律》，法律出版社 1999 年版，第 56 页。

[36] 《大清律例》：“其所典田宅、园林、碾磨等物，年限已满，业主备价取赎。若典主托故不肯放赎者，笞四十。限外递年所得花利，追征给主。依价取赎。其年限虽满，业主无力取赎者，不拘此律。”

[37] 《大清律例》卷九《户律 · 田宅》“典买田宅”条。

明绝卖还是典卖的“契载不明”之产所立，对于契约明确的典契，回赎期限仍然同前代一样，可以视为无限期。由于《大清律集注》在当时被广泛引用，这一观点对各级司法机关处理典纠纷案件均有较大的影响。[38]

乾隆二十四年(1759年)，《户部则例》进一步规定：“民人典当田房，契载年分，统以十年为率，限满听赎。如原业主力不能赎，听典主投税、过割、执业。倘于典契内多载年分者，追交税银，照例治罪。”[39]为解决和预防田产纠纷，嘉庆六年(1801年)，修订后的《户部则例》再次将出典的期限限定为十年：“活契典当年限不得超过十年，违者治罪。民人典当田宅，契载年份，统以十年为率，限满听赎。如原业主力不能赎，听典主投税过割执业。倘于典契内多载年份，一经发觉，追缴税银，照例治罪……十年以后，原业无力回赎，听典主执业、转典。”[40]这样，典制的法定期限被限制为十年，超过十年即视为卖契，要缴纳契税过割。

从立法上来看，清政府的举措是为了实现减少纠纷、稳定社会的目标。清政府站在有产者的立场，限制了出典人回赎的权利，明晰了产权。但这种简单、硬性的回赎期限规定，因典制无限期回赎权赖以存在的经济、文化基础仍在，习惯也已经根深蒂固，所以难以有效。

清朝中叶以后，法律与习惯的这种断裂和紧张关系十分明显。司法官吏是遵从法律还是习惯，似乎很难抉择。遵从国家法，是对民间根深蒂固习惯的违背，势必引起民众的不满；而选择遵从习惯，司法官吏又很难解释现行成文法律为何不能得以执行。在司法审

---

[38] 郭建：《典权制度源流考》，社会科学文献出版社2009年版，第194页。

[39] 《户部则例》卷十六。

[40] 《户部则例》卷十《田赋·置产投税部》。

判中司法官吏不得不面对这样的矛盾,并作出抉择。

以广东东莞县民张胜广因赎田之争殴毙孙博远案为例。嘉庆十一年(1806 年)梁秀章用银二百六十两,典受万庭贵田地二十四亩七分,议定三十年放赎。嘉庆十八年(1813 年)二月六日,万庭贵备价向梁秀章取赎,梁秀章因期约未满不允。第二日,万庭贵复向梁秀章取赎,梁秀章仍不允,双方因此争吵、动手,万庭贵邻人张广胜等五人正巧带柴刀赴山砍柴,经过此地,上前劝阻;而梁秀章的同村人、同族人在附近田间工作,见到争执,也携带竹挑等上来保护梁秀章。最终这场土地争端变成多人参与的械斗,导致一人身死,多人受伤〔41〕。在这起案例中,对于土地回赎部分,最高审判机关按照嘉庆六年(1801 年)律例,忠于法律的规定作出"典当已逾十年,即应饬行放赎,以杜衅端"的判决。

然而,基层司法官吏面临的习惯与法律的冲突更为直接,他们如果想要忠实于法律而非习惯,有可能得到更多的抗议。道光十五年(1835 年),李进声的叔祖将他的土地出典给苏恭,在历经四十六年后的光绪七年(1881 年),李进声试图从苏恭的孙子苏黎手中将地赎回,对方拒绝,从而发生诉讼。虽无更多的判决,诉状中的表述"该田系尔叔祖出典苏恭……其孙苏黎等安能抗赎?"〔42〕较为明显地表现了县令承认出典人无限回赎权的倾向。

从官方对典制回赎期限的立法和司法来看,对典制的规范已远远超过了政府的执政能力。典制作为一项管业制度,在赋予多个业主不同时间对同一块土地或房屋业权的同时,也由于缺乏明晰的权

〔41〕 杜家骥主编:《清嘉庆朝刑科题本社会史料辑刊》(第 2 册),天津古籍出版社 2008 年版,第 662 - 663 页。

〔42〕 [美]黄宗智:《法典、习俗与司法实践:清代与民国的比较》,上海书店出版社 2007 年版,第 79 页。

利界定，为纠纷产生埋下了隐患。双方都享有漫无期限的权利，在促进物之共享和利用的同时，也必然产生权利的争夺。民间习惯的模糊性，以及当时土地制度下利益的复杂和多元性，使政府在这一问题上显得虚弱而无能。显然，历代政府远远“没有对付复杂的因素和多元关系的能力”。[43] 前现代国家及其正式法的作用是消极的、防御的，即国家仅仅以维持秩序为目的，除此以外并没有，也不可能有更为积极的目标。[44] 国家立法与民间习惯的直接冲突，最终交由基层司法官吏去面对。这对于传统社会中未建立起统一有效的司法系统，及未受过系统培训的司法人员而言，无疑大大超出了他们的能力。司法官员只能在具体案件中，折中权衡，各自为判，这也使国家立法的民事规则和权威更为削弱。

## 四、清代管业制度之弊：产权的复杂化与规则之失

与立法的空白、习惯的模糊相对应，明清时期土地商品化的过程中，土地利用形式进一步多样化，主体逐渐多元化，土地交易和流转方式在市场化的运作下更加复杂。

在典制的交易中，常会出现土地不转移占有，仍由出典人耕种收益的情况。表面上看，土地似乎是在出典人手中并未发生转移，但实际情况却是先发生了典交易，又由典主将土地租赁给出典人，产生两次交易的结果。这种习惯在乾隆年间已较为普遍。在福建莆田县潘振盘将田典与林梦雷为业仍佃原田案中，出典人潘振盘供称：“小的有田二亩，乾隆二十八年（1763 年），契典林世诰胞伯林梦

---

〔43〕［美］黄仁宇：《万历十五年》，三联书店 1997 年版，第 139 页。

〔44〕强世功：《法制与治理——国家转型中的法律》，中国政法大学出版社 2003 年版，第 25 页。

雷为业。田仍小的租种,年纳租谷三石。"[45]在湖南武冈州杨均政将田典出仍佃回耕种案中,出典人杨均政供称:"乾隆三十九年(1774年),小的把门首田,凭中杨训奇典给刘荣奉,得价银五十一两,仍是小的耕种,议定每年完租谷二十四石。"[46]这样的习惯在嘉庆年间仍在延续。在史料中,像这种出典人将田出典,又与典主达成了租佃关系,由出典人继续耕种的案例并不少见。出典人也是承租人,每年须按照契约的约定向典主交纳约定的地租。对于典主来说,自己因支付典价而应收回的利息以地租的形式明显地表现出来。对于典主和出典人形成的租佃关系而言,地租是租佃关系存在的基础,是租佃人的基本义务。一旦不能按照契约交付地租,典主有权结束租佃关系,自行耕种或重新招佃。虽然典权人与出典人之间的租佃关系结束,但并不影响双方所形成的典契关系。

典制关系和租佃关系在同一块土地上出现,多重关系在当事人双方身份上重叠,在缺少规则的情况下,利益的纠葛和争斗难以避免。这些矛盾在嘉庆年间的命案中突出地体现出来。嘉庆九年(1804年),在甘肃省灵台县,白文库将一顷山地出典给四十四岁的白心仁,两者是无服族叔侄的关系。白心仁交付了八十七千文。其中的八亩仍由白文库认租耕种,白文库每年欠租不清。白文库又向白心仁借了五十五千八百文没还,并时常向白心仁找价,陆续找增地价九千文。嘉庆十六年(1811年)十一月,白文库又来找价,白心仁未允,白文库不依吵嚷,被族人劝散。二十八日,白文库、白心华在街上叫骂,声称白心仁再不找价,要拼命。然后闯入白心仁家中,

---

〔45〕 中国第一历史档案馆、中国社会科学院历史研究所编:《乾隆刑科题本租佃关系史料之一〈清代地租剥削形态〉》,中华书局1982年版,第188页。

〔46〕 中国第一历史档案馆、中国社会科学院历史研究所编:《乾隆刑科题本租佃关系史料之一〈清代地租剥削形态〉》,中华书局1982年版,第202页。

在争斗中,白心仁吓得用刀扎了白文库,伤到他的胸膛使其殒命。白心仁的兄弟白心桂在被殴打之时,白心仁为了救护兄弟扎伤白心华脊背,白心华继续辱骂,白心仁因多次被找价、寻闹愤恨,又狠扎了其右乳。白心荣、白文学等族人们先后来劝救,但是白文库、白心华因伤身死。〔47〕一场找价兼欠租、欠债的纠纷,最终酿成了命案。

随着明清时期一田二主的盛行,在典交易中田底与田面分别单独出典的现象也日益普遍,更增加了交易的复杂性。如下文的康熙五十年(1711 年)侯官县许而远典田契:

立典契许而远,承父阄分有民田乙号,坐产本都地方,土名当乞垅,受种二斗五升,载租五石,每斤折平秤七十二斤算。合受秋苗一斗八升五合,立在许益禹户内。今因乏用,托中引到福城□何处,三面言议,典出价银七两五钱平正,九五色。其银即日交足,其田听徙何家前去会佃管业收租,理纳钱粮。其田自己物业,与房内伯叔兄弟无干。并未曾重张典挂他人财物。倘有来历不明,系远之事,不干何家,俟有力之日,不拘远近,照契面银两赎回,何家不得即留。今欲有凭,立典契乙纸为照。

本年租谷系远自收,再照。其顶九四平。(花押)

康熙五十年十二月　日

立典契　许而远(花押)

中见　弟　而运(花押)〔48〕

这一契约中,立契人许而远出典土地,契约中未明确土地面积四至,明确的是土地受种"二斗五升,载租五石,每斤折平秤七十二

〔47〕 杜家骥主编:《清嘉庆朝刑科题本社会史料辑刊》(第 1 册),天津古籍出版社 2008 年版,第 219 页。

〔48〕 福建师范大学历史系:《明清福建经济契约文书选辑》,人民出版社 1997 年版,第 16 页。

斤算。合受秋苗一斗八升五合",典期内由典主何家"前去会佃管业收租"。从契约来看,田底权的出典是一种不转移土地使用收益权的情况。业主出典的"田底权"仅将收益权转让给典主。

田面典契在清代的典权交易中也较为常见,如下例同治七年(1868年)侯官县郑孟红典田契:

立典田面租契郑孟钉,承祖阄分下,并自己手置有民田乙号,坐产侯邑二十三都汤院地方,土名中墩,官丈乙亩零,年载面租乙百九十三斤正,载粮乙钱五谷分四厘六毛,应米二升二合,立在本都六甲张同乐户下,又二甲郑义和户下。此粮色两户对匀完纳,历掌无异。今因要钱乏用,自愿托中将此面租就典与粮主梧山黄贤年处为业……外标取赎之日,面粮两契全赎,不得抽赎再照。

同治七年十一月　日

亲立典租契　郑孟钉(花押)

在见　兄　孟英(花押)

中见　兄　孟良(花押)[49]

所谓"田面租"指的是田面主将土地出佃给他人耕种而形成的地租收益。明清时期,地权分化为田底主和田面主,如果田面主将土地出佃给他人,就会形成"大租主""小租主""佃户"共同构成的三层管业格局,被称为"一田三主"。在"一田三主"的结构中,田面主又将土地出典给典主,典主并不占有耕种土地,获得的仅仅是向现有的佃户收取地租的收益权。出典行为也不会破坏原有的地权关系和租佃关系,但由此出现了一块土地上四个管业主的情况。

---

[49] 福建师范大学历史系:《明清福建经济契约文书选辑》,人民出版社1997年版,第191页。

从典制关系来看，对田底、田面的典交易，仅收取地租，不转移占有典产，更类似于一种金融借贷关系。即典主将典价支付给出典人，出典人获得定期回报的金融借贷。不同于借贷的地方在于，当出典人无力回赎土地而找价绝卖时，典主将取而代之成为田面主或田底主。涉及田面、田地的典交易成为一种不转移土地占有，以大租、小租为利息，获得典价（贷款）的金融借贷行为。

在典制、一田二主的交易中，管业秩序的复杂性得到了充分的体现。同一土地上多元主体的存在，拆分出多种不同层次的地权。在此基础上，多种交易方式在同一土地上对不同地权的交叉、叠加进行，加剧了地权交易的复杂程度。上文土地出典后保留耕种的权利，或者“田底”“田面”分别买卖、出典的习惯，或出佃后再出典的情况，均使同一块土地上集中出现了多种交易形式，也使同一块土地上因时间或者权利分层，出现了对土地拥有不同管业权利的多位业主，进一步加剧了地权分化，地权关系也愈加复杂。而政府对于典制、一田二主的立法规则更是相当有限的，远远无法涵盖这样复杂的土地权利情况，对于管业习惯的规则又是因地因时而有很大的差异。往往在利益争夺之下，习惯规则的不明确将会引起很大的冲突。

### 五、土地命案与经济与社会伦理的变化

民事案件频繁引发的命案是民事秩序失衡的集中体现。乾隆、嘉庆时期土地纠纷命案的频发除管业秩序本身的问题外，有着更为深刻的社会经济原因。

18 世纪的中国，农村经济仍是中国的主导经济，但是社会经济发生了一系列的变化——农业专业化和商品化得到了长足发展，米价上涨、财政改革、耕地面积扩大，既有的土地不断集约化，大规模

移民,以及人口史无前例的增长。[50] 18世纪中国农村经济日益商业化,一方面促成了土地流转的加快和土地价格的上涨,对多元、共享的土地管业秩序的形成产生了重要影响;另一方面也对原有的社会伦理造成了很大的挑战。

社会原有的在回赎、找价和欠租等问题上的理念,很大程度上与"扶弱抑强"的均衡理念和政府对子民家长式的仁爱理念有关。在明末的一件回赎案件中,集中体现了官吏的这种心态:

> 唐模楫所告之田,乃黄卿先年卖之乔宦,转数年而归大成,即大成今再鬻之模楫,已将十年矣。卿妻薛氏一旦挚幼孙黄恩以剿杀鸣府,盖非本意,则姚德与黄希孟挑之也。此事于理于法俱左,而前端尚许回赎者,盖怜老妇弱子茕茕相吊,而完其旧巢也。第孤寡可怜,而律例不可越,刁风不可长。夫以辗转相售历年久远之田,令薛氏遽得尽赎,则自薛氏而上谁无原主,自薛氏而下谁非原主?倘彼此俱以主自侍,此田终何归宿也?且令弃业者无日不可回赎,无人不可回赎,而受业者殆矣。即以薛氏老寡,孙甫垂髫,宜少加恩恤。奈此告又不尽出薛氏之意也,无已,则参情法之中,以半归薛氏取赎,半听模楫管业……且与前之意,又不至矛盾也。[51]

黄卿十年前将土地卖给乔宦,辗转几户,最终卖给了唐模楫。黄卿的妻子带着幼子要求赎回土地。上海知县支持了土地的全部回赎,而松江府推官毛一鹭在判决文书中将事实、情理、法律讲得很清楚,认为此事违反律例,于理于法俱左,"孤寡可怜"与"律例之不

[50] [美]步德茂:《过失杀人、市场与道德经济:18世纪中国财产权的暴力纠纷》,张世明等译,社会科学文献出版社2008年版,第36页。

[51] 杨一凡、徐立志:《历代判例判牍》(第3册),中国社会科学出版社2005年版,第446页。

可越”间产生矛盾，最终还是怜老恤孤，允许将半数土地回赎。半数土地回赎，意味深长，一半代表的是法律的尊重，另一半则是对于老幼孤寡的同情。

这种对弱者和贫苦者的同情，在传统文化中有很深的渊源。《周礼·地官司徒》中提出：“以保息六养万民，一曰慈幼，二曰养老，三曰振穷，四曰恤贫，五曰宽疾，六曰安富。”《管子·入国》中也提出“九惠之教”的概念：“一曰老老；二曰慈幼；三曰恤孤；四曰养疾；五曰合独；六曰问病；七曰通穷；八曰振困；九曰接绝。”对于孤老幼弱、贫病者的同情和惠政被认为是统治者施政的重要内容。

在对中国人影响深远的《礼记·礼运》中，弱者皆有所养，能够在社会中生存，被视为大同理想的一部分：“大道之行也，天下为公。选贤与能，讲信修睦，故人不独亲其亲，不独子其子，使老有所终，壮有所用，幼有所长，矜、寡、孤、独、废、疾者，皆所养。”[52]孟子认为，对社会上最弱势的“鳏、寡、孤、独”进行照顾是仁政的内容：“老而无妻曰鳏，老而无夫曰寡，老而无子曰独，幼而无父曰孤。此四者，天下之穷民而无告者。文王发政施仁，必先斯四者。”[53]西汉董仲舒所倡导的儒家伦理和施政方针也包含了“养长老，存幼孤，矜寡独，赐孝弟，施恩泽”[54]的内容。

这样的思想亦传承至宋明理学中。宋代思想家张载在其著名的《西铭》一文中说：“尊高年，所以长其长；慈孤弱，所以幼其幼。圣其合德，贤其秀也。凡天下疲癃残疾茕独鳏寡，皆吾兄弟之颠连而无告者也。”[55]张载将这样的思想和天地自然之理联系在一起。

---

〔52〕《礼记·礼运》。

〔53〕《孟子·梁惠王下》。

〔54〕《春秋繁露·治水五行》。

〔55〕《正蒙·乾称》。

管业制度中的共享、互惠价值，以及对回赎和欠租的许可正是这样理念的体现。同时，自然经济下，较为稳定的土地价格、土地为家族所有的观念也支撑了这些制度的运行。即使是平等、自愿的交易，卖产者亦被人同情，买地者则被视为占便宜的一方。这种“得业者亏”的理念，在很多案例和判词中都有体现。明末的找价案件中，在已经买卖两清的前提下，以“民间找价之例，子幼母寡”为理由，并用“得业者亏”的谚语支持了再次找价；[56] 清初浙江台州的一则案件也是如此，基层官吏以“得业者亏”的谚语支持了买家的已无理由的找价主张。[57] 买卖双方之间的贫富差距，是影响州县官裁断的重要因素之一。“得业者应吃亏”之语，在几种清代判词中都可见。[58] 在家族内的土地交易更是如此，贫困的尊长找价被视为不能拒绝。明末官员在找价案件的判词中说“五服之内有贫而饕者，复在尊行，斯亦人生一累”。[59]

然而，这样的伦理认同随着商业化的发展、土地价值上涨而逐渐衰落，引起传统道德与经济利益最大化的原则产生冲突。对于 18 世纪以后的普通人来说，“商业发达可能意味着不是富裕和安全的逾期，而是在充满竞争和人口的社会中几近边缘的生存状态”[60]。雅尔图在《心政录》记载：“豫省民生，贫富不齐。富者类多鄙吝刻薄，贫者则别无营生，大约佃种他人田地者居多。此辈终岁勤动，所得粮除完交地主租息之外，余存无几，仅堪糊口，最为贫苦。且户惟恐

---

〔56〕《棘听草》卷二零。

〔57〕《天台治略》卷一零。

〔58〕［日］岸本美绪：《风俗与历史观：明清时代的中国与世界》，广西师范大学出版社 2022 年版，第 248－249 页。

〔59〕《莕辞》卷九。

〔60〕［美］孔飞力：《叫魂——1768 年中国妖术大恐慌》，哈佛大学出版社 1999 年版，第 36 页。

地主夺田另佃，往往鸡豚布帛，无不搜索准折，甚至有卖男卖女以偿租者。此等风气，大概皆然。"[61]商品经济的发展和土地的商业化加剧了贫困，也使原有的互惠和怜贫的原则日益被忽视，原有的弱者被体恤照顾的社会伦理遭到冲击。商业经济的繁荣促进了土地价格的上涨，刺激了当事人对产权和利益的争夺。那些依据传统习惯应保有的土地利益被剥夺，对失去这些利益的人群来说，不仅是无奈的、令人愤怒的，而且可能是致命的。命案的产生看似由简单的土地纠纷引起，其背后的逻辑和社会变迁值得深思。

随着明清社会的发展、商业经济的繁荣，自发形成了以高效和共享为核心的土地结构和流转机制。然而，复杂的产权结构和交易机制需要更为明晰的土地产权制度，这是原有的立法和习惯无法实现的。新的产权秩序需要满足人的基本生存和安全需要，并在经济的发展与社会伦理习惯之间作出平衡。人的生存和安全的需求是人类的基本需求，满足人起码的物质需求是实现社会秩序的最基本要求。清代频繁发生的命案暴露了管业规则之弊端，也是时代变迁之下经济与伦理、法律与习惯冲突的集中体现。

---

〔61〕《心政录》。

# 第五章　明清时期土地管业制度的法律价值及当代启示

明清时期的土地管业秩序，包含一田二主、典、活卖、绝卖等分配秩序和交易规则，并形成了完整的地权体系。以固有的词汇管业来进行考察，可以看到其具有与当代大陆法系的物权体系迥异的规则、特点和价值追求，构成传统民事法领域最有魅力的部分。这样的魅力体现在其表现形式之独特、形成原因之纷繁，更体现于其与整个社会的相融上。通过管业视角对明清时期土地秩序的考察，不仅使我们更了解传统法律，也可以通过中国传统的社会和文化为今天的法律发展提供借鉴。

## 第一节　明清时期土地管业制度的特点与法律价值

### 一、明清时期土地管业制度区别于所有权体系的特点

物权法律关系是最能体现一国特色的固有法律资源。通过明清时期建立在土地之上的管业秩序，我们可以看到明清时期的物权体系具有迥异于大陆法系的基本路径、内在逻辑和外在表现。这也成为中国传统法律中饶有特色的部分。

### （一）基本路径为一物多权

前文关于管业的契约和习惯中，体现出的明清时期的地权体系明显区别于西方所有权。肇始于罗马法的绝对所有权，指的是在法律范围内对于物的占有、使用和排他性的支配权。如意大利学者巴特鲁斯所言："罗马法的所有权乃是完全的、绝对的支配物的权利。"[1]罗马法上的"所有权遍及全部，不得属于二人"的理论就是在这样一种制度基础上形成的，进一步产生了近代物权法的一物一权原则。所有权人排他性地享有占有、使用、收益、处分四项权能，处分权是所有权的核心权能。排他性和完整性是所有权的典型特征。完整性指的是，所有权中所包含的诸项权能完全掌控在所有权人手中。尽管所有权中的某项权能可能从所有权中游离出来被他人享有，但权能游离本身实际正是所有权人独享所有权的反映，而且，游离的所有权权能终究要向所有权回归；尽管所有权人经过量的分割后须与他人共享所有权，但所有权人在自己的份额内所拥有权利的完整性不会因为他人的共有权而遭到破坏和分裂。[2]

与物权观念不同，"业"的观念侧重于土地孳息，其本质为"养育"而非"支配"，支撑"业"的是一种朴素的生存伦理，人与"业"之间是共生性的相互依赖，而非单向度的控制。[3]"业"的内涵与所有权所坚持的一物一权主义和人对物的绝对性、排他性支配有本质的不同，业的权利仅得到某一层面的权利即可，而这样的或使用或收益的权利，并不排斥其他人对物的利益和权利。因此，"物"与

---

〔1〕王利明：《民商法研究》（第2辑），法律出版社2001年版，第278页。

〔2〕马新彦：《罗马法所有权理论的当代发展》，载《法学研究》2006年第1期。

〔3〕吴向红：《典之风俗与典之法律》，福建师范大学2008年博士学位论文，第45页。

“业”是一对多的关系，在明清时期，一块田地上存在拥有不同权益的多个“管业”者，或者说多个“业主”的存在。

明清时期的管业秩序，形成了多层级结构的形态。从权利的分配来看，有全业，也有大业（田面权）小业（田底权）；有典主，也有出典后的土地业主。各个层级的业主，共同受滋养于同一块土地，其中并没有出现类似今天排他性的所有者。从转让的方式来看，有绝卖、活卖、典制、租佃。从转让的内容来看，有骨皮一并买卖者、骨皮分别交易者。从现存的契约文书来看，其基本涵盖了明清时期地权交易的主要形态，没有例外的是，均将土地权益的转让称为“业”，契约签名的目的，即是对“管业”者的地位、权益予以认定。

一个值得注意的现象是，明清时期对一物之上权利的共享，不仅表现在同一时期权利的各自享有，还表现为同一物不同时间的权利分配和享有。如典制中各主体对典产权利的分配，是通过时间来加以分割的。土地因出典而在同一块土地之上引入了典业主，典业主拥有了对典产占有、使用、收益、处分的大部分权利，但业主仍保留对土地的处分权，以及回赎土地的权利。原业主拥有的更多的是一种未来收回土地的期待权。当再次转典主之时，同一块土地上增加了第三位业主。原业主和原典主享有的也是一种未来收回土地的期待权。在安徽省贵池县的习惯〔4〕中，不同人的权利因不同的时间而分别产生，在一定时间内，权利人可能并不享有实际的权利，而仅仅是一种期待的收益权。

这样一物多权的物权关系，其后有着深刻的社会背景和文化背

〔4〕“贵池鱼业买卖，在同一湖河四至之内，有大水、小水之分。其契内载明船网采取鱼息字样者，只能在大水时取鱼，水落则否。若载明採花篮采取字样，则于小水时采取鱼鲜。惟往往不载大水、小水字样，不免缺漏。”前南京国民政府司法行政部编：《民事习惯调查报告录》（上册），中国政法大学出版社 2000 年版，第 228 页。

景。我们可以联想到相对于人口众多的资源之匮乏，联想到保障民众权利的权利体系之缺失，以及民生之艰难。

### （二）内在逻辑为重视实用理性的精神

李泽厚提出“实用理性”是中国传统思想在自身性格上所具有的特点。李泽厚提出，“中国的哲学和文化一般缺乏严格的推理形式和抽象的理论探索，毋宁更欣赏和满足于模糊笼统的全局性的整体思维和直观把握，去追求和获得某种非逻辑、非纯思辨、非形式分析所能得到的真理和领悟”。[5] 他认为中国的思想文化和哲学，既没有走向闲暇从容的抽象思辨之路（如希腊），也没有沉入厌弃人世的追求解脱之途（如印度），而是执着于人间世道的实用探求。李泽厚认为，这样的实用理性特点体现于中国人的思维模式和内容上。

管业视角下的中国物权关系也体现了这样的实用理性。其“实用”首先表现在，民间形成的物权规则因实践需要而产生，为解决现实的社会问题而产生，而非基于理论构建的需要而产生。因此其规则是符合社会现实的，同时是鲜活的、能产生实际效用的规范。在与国家法的二元结构中，清代民间习惯以现实需要为基础，建立起对物之实际“管业”为核心的物权关系，依靠典、永佃等制度加快了对物的利用及部分权利的流转。其次表现在，物权规则在长期的社会发展中，基于社会需求及实际情况而变化，灵活应对不断产生的新情况和新纠纷。如从定额租佃制到永佃制到一田二主民间规则的发展变化，清晰地反映了应社会需求社会规则不断发展变动的现象。物权规则在漫长的社会发展中，由于政府的不重视等原因，停留在民间自发规则的范畴，一直也从未上升为抽象的民事法律理论

〔5〕 李泽厚：《中国古代思想史论》，三联书店2008年版，第320－321页。

和规范完整的规则体系。

然而,中国古代物权关系的构建是富有逻辑和理性的,这种理性源自现实的需求和实际利益的考量,而非外在的形式表现和抽象的表达。“当然,这种理性不同于韦伯所谓的‘法律依据的明确可察、合理可喻、前后一致’,而是人们在千百次利用契约进行各种交易的过程中形成的经验的总结,它也许没有理性逻辑的严谨性、一致性,但符合民众日常交往的‘实践逻辑’。”〔6〕

明清物权关系的理性首先体现在土地的国家所有的背景之下,以实现物的利用收益为中心,而非强调抽象的所有权观念。在关系的调整上力图实现物在社会范围内的充分使用和共享,这也显著区别于罗马法。“业”所具有的一物多权性质体现出其注重以实用的逻辑来调整利用和流转的关系。以一田二主习惯为例,民间有“金皮银骨”的称呼,意思是田面的价值远远高于田底的价值,因为田面权获得的收益要远高于田底权获得的收益。在大部分地区,田底主是由土地的田主发展而来,田面主是由佃户发展而来,但田面的价值会远超于田底,这是所有权理论所不能解释的。但明清时期物权关系所重视的内容为,何种资源的配置更能提高效率,更有利于资源配置及民众的生存。

明清物权关系的理性其次体现在着重于各方主体利益的最大化。传统物权体系是各方利益分配的制度,也是各方利益博弈的结果。在典及一田二主的习惯中可以看到,典主及田面主较少受原业主权利的限制,而是强大到足以与其相抗衡,这种无约束的扩张性正是原业主权利弱小的体现,也是希望从有限资源中获取最大利益和长期利益斗争的结果。

---

〔6〕 韩伟:《中国传统契约惯例中的实践理性》,载《人民法院报》2013 年 8 月 30 日,第 5 版。

实用理性的内在逻辑决定了清代自发形成的物权法律关系是一种完全不同于西方法律的构建。西方法律虽然在初期也以自发的调整为主,但随着民事法律关系的发展,逐渐以法律理论为指导,具有抽象性和逻辑性。这种法律构建的优势在于,法律理论的产生以社会关系为基础,同时为制度的设置和法律关系的发展提供指导。其劣势在于:社会关系是丰富而且迅速发展的,当抽象的理论无法包容这种社会关系时,僵化的法律理论亦会产生副作用,陷入困境。一物一权主义曾是西方法律的经典理论,目前所遭受的挑战即为此劣势之明证。明清时期的物权法律关系是在宽松的理论环境和政府对民事关系疏于控制下完成的,人对物的支配利用及各项权利是根据实际的需要进行组合、设置的,具有灵活性、实用性,并不受任何法律理论的约束,但在运作中力求实现各方面的利益平衡及社会资源的最充分利用,在资源配置上的细腻、精巧是人为的法律构建所无法完成的。“法律观念必须适应它们所要规制的民族的生活,而不是民族要毫无节制地去适应法律观念。”[7]古代法律的经验仍值得今天借鉴。

### (三)外在表现为权利界限的模糊性与利益的争夺

“中国传统的国家,其职能与能力均甚有限,除了少数例外的情形,国家既无意也无力去规划和控制整个社会的生活。”[8]“在国家法所不及和不足的地方,生长出另一种秩序,另一种法律,可以称之为‘民间法’。”[9]相较于西方物权体系的逻辑严谨、体系完整、权利

---

〔7〕[美]罗斯科·庞德:《以中国法为基础的比较法和历史》,载王健编:《西法东渐:外国人与中国法的近代变革》,中国政法大学出版社2001年版,第84页。

〔8〕梁治平:《“民间”、“民间社会”和CIVIL SOCIETY——CIVIL SOCIETY概念再检讨》,载《云南大学学报(社会科学版)》2003年第1期。

〔9〕梁治平:《清代习惯法:社会与国家》,中国政法大学出版社1996年版,第31-32页。

义务的边界明确,明清时期形成的管业制度权利界限模糊,其形成伴随着长期的利益争夺。

寺田浩明认为,相互无争的日常生活秩序也意味着一方面持有某种正当性(而且当然得到了社会的一定承认),另一方面又不得不时时暗示诉诸暴力的可能来确保各自生业的互相竞合或对抗的状态。就像一种相互之间不做声地挤来挤去、推来推去的状态,一种暗暗较劲的状态。[10] 此种秩序的形成主要是因为没有明确的制度来界定每个人权利和利益的边界,"权利"的空间是不固定的。

在明清时期的管业秩序中,首先存在概念的模糊。如典与当、典与卖、典与活卖在契约和习惯中的称呼常常是混淆的。如田皮、田骨的称呼在各地也有不同,而在有些地区田皮和田骨刚好是相反的。在概念的混淆中,不可避免地存在权利义务界限的模糊。因为概念的混淆有时不仅是名称的混用,还会涉及不同种类的权利义务内容被同等对待,或者同种类的权利义务内容被不同等对待的问题。这就造成民事习惯的纷繁杂乱,与国家制定法的确定性、统一性形成对比。地权秩序,正是作为大体框架或较为安定的中心而出现的。不过,一到个别的具体的场合,秩序本身却可能显得非常流动和不分明。[11] 习惯法的不确定和不分明,在得到一定地域人群的普遍认同时,相安无事,而出现认识的差异时,就会出现纠纷和争夺。

权利义务界限的模糊来自民事习惯本身的疏落与粗放。一项

---

〔10〕[日]寺田浩明:《权利与冤抑——清代听讼和民众的民事法秩序》,载[日]滋贺秀三等:《明清时期的民事审判和民间契约》,王亚新等编译,法律出版社 1998 年版,第 232 页。

〔11〕[日]寺田浩明:《权利与冤抑——清代听讼和民众的民事法秩序》,载[日]滋贺秀三等:《明清时期的民事审判和民间契约》,王亚新等编译,法律出版社 1998 年版,第 232 页。

民事习惯的形成往往经历了长期的发展,其权利义务的内容在现实中经历了长期的多方当事人利益的争夺和较量。习惯中权利义务的边界往往是模糊的,只要当事人接受,最终可以息事宁人,当时的规则本身如何并不被时人注意。这其中所蕴含的边界和公正价值,被岸本美绪称为清代中国人所共同具有的“一定的十分精练的公正感觉”,但这种公正感因为缺乏客观标准,只能因一定条件而一致,有时在一定区域内不同人之间出于自身利益的考虑与个性差异会有判断的差异。如找价的次数、时价的衡量、回赎的年限、田皮的转让等在没有明确约定的情况下都会成为反复商议的对象。

## 二、明清时期土地管业制度的法律价值

不同国家与社会的法律制度背后往往有其独特的法律精神和价值追求。这样的法律价值根植于一定的社会背景和民族文化之中。明清时期,管业视角下物权体系体现了如下的法律价值:

### (一)共享价值

在因商品经济发达而发展起来的罗马法物权传统中,为了保护私权和方便交易,在民法中逐渐发展出所有权和一物一权原则。因物权的排他性,共享价值并不被重视,多主体对物的共同利用甚至受到排斥。发展至今日,私有与独享价值被视为理所当然的理念,并贯穿于民法规则中。私有与独享价值有其合理性和进步意义。首先,对私有与独享的强调毫无疑问来自物的稀缺性的现实认识。人类生活在一个资源相对匮乏的社会当中,“稀缺性”引发了人类对物的争夺,而法律必须要起到定分止争的作用。其次,对私有或独享的强调出于对物的利用效率的考量。私有制构成一种有效的激

励，促进了物的利用。[12] 然而随着社会的日益发展，物权排他性原则的缺陷也日益体现：第一，对物的私有与独享加剧了贫富分化等社会问题；第二，有些物天然连接在一起，如建筑物、土地、水、山脉等，在排他性的所有上遭遇理论困境。同时这些物多具有多重价值，私有理论无法实现多重价值，造成资源的浪费，最为典型的就是土地。物的私有或独享本身并不是天然正当的，而是有其演变过程，并仅为一种法律文化的体现。

与当时的西方法律文化不同，中国传统儒家文化强调“重义轻利”“灭私立公”，重视国家利益、社会整体利益，轻视个人利益。在这种义利观的影响下，传统文化中的群体意识较为发达。古代物权关系产生于私权受到限制的社会，其本身也很少体现个人权利观念，而较多体现的是群体互助扶持，共同生存的需要。

明清时期，人们转让土地，多因为生存需要或一时之急需，而非因为土地的增值。宋人袁采说：“盖人之卖产，或以阙食，或以负债，或以疾病、死亡、婚嫁、争讼。”[13] 司马光也说：“民间典卖庄土，多是出于婚姻丧葬之急。”[14] 以典习惯为例，儒家主张仁，仁爱推己及人，当同族邻里面临生活绝境而不得已出典田宅时，稍富裕者出资，虽占有使用其土地房屋，但并不“绝”其后路，日后仍可回赎。典制中的多次转典，实际上成为缺少融资渠道的社会里筹集资金的一种手段，一块土地因此至少使两人在紧急的情况下获得急需的资金。在古代中国，房产不仅是家族最重要的财产，也凝聚着祖辈的血汗和情感，但脆弱的小农经济及民生之艰难，也使得民众普遍认识到“贫富无定势，田地无定主”“前人田地后人收”，因此这种并不“绝”

[12]　贾翱：《物权法中的共享观念与制度探讨》，载《重庆社会科学》2017年第6期。

[13]　《袁氏世范》卷三。

[14]　《宋会要·食货》卷一三。

人所有并带有救济功能的流转方式能得到社会的普遍认同。在典业辗转相授的情况下,不仅土地的利用效益得到发挥,也使急需资金的人乃至濒临绝境的家族得以救济。

典、永佃、一田二主等管业形式使农民以较低的成本获得资金需要而不失去土地所有,各层级的业主以低于地权买卖的交易成本获得并分享土地利益,有利于土地的高效流动及土地资源的优化配置。共享价值和机制源于传统社会中资源的有限性和人口之间的矛盾。传统物权关系中允许一物多权的存在,保障了土地、水等资源的充分利用和多重价值的实现,提升了有限条件下更多人对物的利用。共享价值可以看成是这些制度的核心价值。而土地关系的这一特性既尊重了市场逻辑及效益原则,也体现了独有的民族文化,同时又是资源匮乏的古代社会民众生存智慧的体现。

### (二)公平价值

谈及传统文化中的公平价值,一般学者都会谈到《黄帝四经》之中"蓄而正之""均而平之"的社会理想。想到孔子所说:"不患寡而患不均,不患贫而患不安。盖均无贫,和无寡,安无倾。"(《论语·季氏》)"百姓足,君孰与不足?百姓不足,君孰与足?"(《论语·颜渊》)所以,中国化的公平指的是平均主义。然而,孔子所说的"均"不是指社会财富的平均分配,而是指"各得其分"[15]。孔子认为,要保持国家的和谐稳定,就要有合理的分配制度。在传统社会中,社会资源是按照阶层和等级进行分配的,是以不平等和不公平为主要原则的。然而在国家权力未完全控制和干涉的民间社会中,仍存在遵循市场法则的领域。在调整管业秩序的土地规则中,依然能够看

---

〔15〕(宋)朱熹:《四书章句集注》,中华书局1983年版,第173页。

到普通民众在生活中对于公平价值的追求。

传统习惯法中的公平理念源于乡民朴素的公平观念。这样朴素的公平观念首先体现为付出成本应获得相应的对价。前文曾论述,在永佃制和一田二主的形成过程中,获得永佃权或田皮权的两个最重要的直接因素就是付出劳动成本或者交付佃价。没有佃农长期劳动付出工本开垦土地,田地的收益将远没有这样丰厚,田主的收入也受到影响,永远耕作的权利和田皮权被视为开垦土地付出代价的回报。佃户交纳押租钱、佃价而获得的永远耕作权,更是直接体现了对等交换的规则。公平观念朴素地体现于权利义务的分配中。

物权关系的公平理念还体现为一种制约和平衡。政府将典制中长期且频繁的找贴,视为纠纷产生的重要原因。然而,民间的找贴,无论是找贴的次数和总价额间,还是双方当事人之间都蕴含着利益的平衡和公平观念:找贴虽一定情况下体现了对出典人的救济,但多次找贴使典主以长期"分期付款"的方式取得物之所有。多次找贴后的价格,基本等同于典物的时价。这样大体平衡的利益机制,虽然以非成文法的形式出现,但这套成熟的运作方式似乎渗透于社会群体的内心中。而对这种公正观念造成制约的,是中国乡村社会的社会关系。在一个流动性不强的熟人社会中,漫无限制地找贴,必然会破坏已形成的人际互惠关系,使找贴人付出沉重的社会代价。岸本美绪即认为找贴回赎中蕴含着中国人特有的公正观念,"从找价回赎方面思考中国人的思维方式,既不是贯彻执行形式合理的规则,也不是随心所欲的弱肉强食,清代中国人似乎共同具有一定的十分精练的公正感觉",而这样的思维方式"或许可以让人类的公正观念更加丰富多彩"。[16]

---

〔16〕 [日]岸本美绪:《明清时代的找价回赎问题》,载杨一凡总主编,[日]寺田浩明等主编:《中国法制史考证》丙编第四卷,中国社会科学出版社 2003 年版,第 457 页。

### （三）效率原则

美国经济学家科斯认为，法律制度归根结底是受效益原理支配的，法律安排实质上是以效益为轴心的。[17] 然而自上而下的法律制度安排，是对现实生活模型化的抽象和对产权结构简化的结果，具有滞后性。从立法层面对权利结构进行人为的简化，无法应对社会交往实践中复杂多样的需求，降低了资源配置效率，在严格的形式主义管控之下危及交易双方的意思自治，并平添了高昂的政府管理成本。[18] 以近代以来物权法的重要原则物权法定主义为例，其只承认有限的物权种类，在一定程度上会构成对多样化的财产利用的限制，降低交易频率和效率。中国传统社会的政府以实现社会控制为法律制度的最基本目标，但民间习惯却遵循效益原则自发地对资源进行配置。

效率原则的追求源于市场个体利益最大化的追求。明清时期，土地市场已经相当成熟，在一定的范围内地权按照土地市场的需求进行配置，复杂地权结构以效率为导向而逐渐生成。这种高效率的资源配置体现在以下几个方面。第一，在传统社会长期形成的多层级的土地管业结构以及丰富的土地交易方式，拓展了土地交易市场，加快了土地流转。通过时间维度的调剂与各种要素的调配，劳动力和土地资源得到了最大限度的调动。在田主和佃户的长期博弈中，多方都获得较高的收益。第二，在管业层级上，现有的一物之上可以存在多个业主，同时可以按照时间来配置权利。有些业主可以获得现有的收益，而有些业主在其他时段享有对物的权利，或者具有对物的期待利益。不同的业主都可以在自己的权限范围内独

---

〔17〕 卓泽渊：《法律的价值论》，法律出版社 1999 年版，第 203 页。

〔18〕 张淞纶：《财产法哲学》，法律出版社 2016 年版，第 145 页。

立进行交易和流转,从而最大限度地利用资源和高效地配置资源。第三,多层次的管业层级结构与多元化的交易类型,实现了不断地分化地权,调动了土地资源的多重价值,既发挥了其传统社会保障功能、耕作收益功能,又在金融工具短缺的农业社会实现了其资金融通功能。

应该注意到,在明清时期,并非如学者所说,农户全是由市场定位,地权也是土地市场分配的。[19] 市场起配置作用,效率原则作为导向的范围是有限的。从传统社会的国家与社会的二元结构来看,国家所建立的产权体系,"第一个目的是企图确立一套基本规则以保证统治者自己收入的最大化(或者,如果我们愿意放宽单一统治者的假设,那么就是使统治者所代表的集团或阶级的垄断租金最大化)。从再分配社会古埃及王朝到希腊与罗马的奴隶制到中世纪的采邑制,在使统治者和他的集团的租金最大化的所有权结构与降低交易费用和促进经济增长的有效率体制之间,存在着持久的冲突。这种基本矛盾是使社会不能实现持续经济增长的根源"[20]。然而,统治收益的最大化和制度效率之间存在深刻的冲突。在统治收益最大化的目标之下,附着于权力之上的贪婪和腐败产生,皇庄、官田、土地兼并等出现,无效率的产权制度形成。在国家权力和产权制度未完全干涉的有限时间和领域内,即国家的产权制度退化为土地上的固定负担时,民间习惯才能以更加灵活高效的方式完成资源配置。

---

〔19〕 赵冈:《永佃制研究》,中国农业出版社 2005 年版,第 12 页。

〔20〕 [美]道格拉斯・C. 诺思:《经济史中的结构与变迁》,陈郁等译,上海三联书店、上海人民出版社 1994 年版,第 25 页。

## 三、塑造管业秩序多重因素

明清时期的土地管业秩序构成传统民事法领域最独特、最有魅力的部分。这样的魅力体现在其表现形式之独特、形成原因之纷繁,更体现于其与整个社会的相融上。明清时期的土地管业秩序,不仅与当时社会经济的发展状况紧密相连,还深受当时的社会因素、国家权力、民族文化的影响。在明清时期,来自社会、国家、民族心理等多个层面的因素共同塑造了管业秩序。

### (一)社会因素

管业秩序在一定程度上是民间社会自发形成的。社会经济因素和阶层力量的博弈是管业制度形成的重要原因。明清时期随着商品经济的发展和人口的增加,土地短缺日益严重,土地的商品性质日益凸显。从秦汉到隋唐这一历史时期,中国人口增长缓慢且比较平稳,在人力与地力的配置关系上,人力是相对稀缺的生产要素,土地尚未成为制约经济发展的生产要素。明清时期,人口大幅度增长。明神宗时期(1592 年),人口突破了 2 亿。到清朝的前中期,从 1776 年至 1848 年的 72 年间,人口从 2.68 亿增加到 4.26 亿。伴随着人口的急剧增长,人均耕地面积则不断减少。在北宋以前,人均耕地面积大都保持 10 亩,从北宋开始,人均耕地面积呈下降趋势,到清朝道光二十八年(1848 年),人均耕地面积只有 2.82 亩。[21] 在人口压力之下,加之明清时期的国有土地数量增加和土地兼并的严

[21] 谢冬水:《人口增长与中国历史上土地经营制度演化——对明清时期土地经营制度演化的博弈解释》,载《财经研究》2010 年第 12 期;梁方仲:《中国历代户口、田地、田赋统计》,上海人民出版社 1985 年版,第 400 页,表 76。转引自江太新:《明清时期土地股份所有制萌生及其对地权的分割》,载《中国经济史研究》2002 年第 3 期。

重,土地短缺已成为普遍现象。随着土地成为制约性生产要素,劳动力价格日渐下降,而地租和土地价值上升。

唐代中期之前,土地的流转受到限制,土地市场发展缓慢,土地流转程度不高。唐代中叶以后,尤其是明清时期,商品货币关系得到迅速发展,土地市场开始活跃。原来参与土地市场的主要是贵族地主和官僚地主,主体相对单一。明中期以后,受商品经济发展的影响,参与土地交易的主体日益多元化。官僚、地主、商人等越来越多的社会阶层将资本投入土地市场,大量购买土地的现象并不少见。在中国的传统社会中,由于商人地位低下和商业投资渠道有限,商人将赚得的钱投入价值稳定的土地市场并不少见。"上至绅富,下至委巷工贾胥吏之俦,赢十百金,莫不志在良田。"〔22〕明清之后,将土地转为资金投资于商业,再购买土地作为一种增值方式的情况越来越多,"土地—资本—土地"循环流动的情形日益普遍。这些经济因素,对于促进土地流转的频繁和地权分化,对于典、一田二主、抵、押等土地利用方式和交易规则的形成,具有重要作用。

除经济因素之外,阶层之间的斗争和博弈对于明清时期管业秩序的形成也起了很大的推动作用。以永佃制和一田二主为例,主要存在"马派"和"市场派"两种理论,前者将永佃制和一田二主的形成和性质等视为阶级斗争的结果,后者则将其视为市场机制下制度演化的自然产物,是市场运作下各主体关于土地进行收益分配达成不同合约类型的结果。然而,地权的分化并非商品交易或基层斗争一方面的结果,而是多种社会和国家因素共同作用的结果。自宋代以来,尤其是明清时期,多地特别是江南和东南地区的佃户和佃仆发动的抗租减租,争取永佃权和田皮权,反对人身压迫的抗争活动

---

〔22〕《租核·推原》。

乃至起义等事件，是阶层相互博弈的高潮和典型表现。除了这样激烈的群体性事件，在日常的生活中，这样的博弈更为频繁地发生，这些成为推动管业规则形成的重要力量。

## （二）国家力量

在明清时期，国家对于土地制度的干涉主要体现在两个方面，一是对于土地的初始分配，二是通过税赋对于土地收益的分享。通过土地的初始分配，形成了一个国家土地分配的基本格局。传统社会从“赋役并征”双轨制向“摊丁入亩”单轨制的演进，对于土地的商品化和佃业的制度结构起到了重要的作用。

在赋税与社会秩序之外的空间内，官府对于土地并无关心的兴趣。“在官吏意识中无论如何也发现不了近代化的意识结构。如果与征课无关，就不愿意与习惯秩序多打交道，这是历来政府或官吏的一般态度。”[23]因此，对于地权习惯和规则，更多地交由民间社会去完成。

当自发形成的习惯并不影响社会秩序，甚至促进了地权的分化，有助于实现其均衡稳定的社会理想时，官府往往采取默认支持甚至是以法律承认的态度。但是如果当制度的发展使诉讼增加甚至影响地方安靖，或影响税收，国家则以立法的形式加以干涉。如针对清代田主与佃户愈演愈烈的斗争，雍正五年（1727 年）颁行了《田主苛虐佃户及佃户欺慢田主之例》，并将其作为《大清律》中《刑律·威力制缚人》的律文“定例”而确定了下来。乾隆五年（1740 年）颁布的《禁止增租夺佃例》和嘉庆五年（1800 年）颁布的“禁止增租夺佃”的定例，对于调整租佃关系，保护佃农长期租

---

〔23〕［日］仁井田陞：《明清时代的一田两主习惯及其成立》，载刘俊文主编：《日本学者研究中国史论著选译》，姚荣涛、徐世虹译，中华书局 1993 年版，第 421 页。

佃的权利都起了调整作用。自明末清初以来，针对南方地区普遍爆发的佃仆反抗斗争，雍正、乾隆和嘉庆三朝连续三次颁布“开豁世仆为良”的谕旨，对世代抑为世仆的佃仆，进行了开豁。以人身依附为特征的佃仆制租佃关系，在清代被禁止。再如，对于永佃制产生的纠纷增多，在永佃制最为发达的福建省，清代曾先后三次“禁革”田面权。其他省份也采取过类似措施。对于频繁引发纠纷的找贴与回赎，清代政府也曾有几次立法调整。国家立法与民间习惯既相互渗透，又矛盾冲突。国家法律对人们的行为和民间习惯的塑造或多或少起到了影响作用。

### （三）民族心理

在土地管业制度中，存在矛盾又统一的两个方面：一方面，重视物之实际利用和收益，但未形成抽象的物之所有概念与体系；另一方面则体现在业主对于土地最终归属的追求，这样的事实从明清时期频繁出现找贴、田底主日渐衰落却不肯放弃土地的现象中，都可以看到。在明清社会，管业制度的两个方面，是无权利保障的传统社会造就的，体现了传统文化中具有鲜明特色的对物的观念及社会伦理观念。

#### 1. 人与地之间的生养关系

在天人合一的理念之下，传统社会的人们认为，人与土地等资源之间不仅是人与财物的关系，更重要地体现为一种生养的关系。天地万物不永恒地属于谁，却可以永恒地滋养人。首先，认为天地具有“生”之德。“天地之大德曰生”[24]，“生”是土地最重要的品格，“至哉坤元，万物资生，以顺承天”。[25] 大地有资生万物之德，万

---

〔24〕《易传·系辞传下》。

〔25〕《易传·坤·彖传》。

物因依托天地而生。其次是“载”的价值。“坤厚载物,德合无疆。”大地深沉广袤,承载着万物。万物都离不开土地。最后是“养”的功用。“坤也者,地也,万物皆致养焉,故曰,致役乎坤。”〔26〕天帝把养育万物的劳役都交给了大地,人们从土地上劳动并获取生存之所需。“故天之所覆,地之所载,莫不尽其美,致其用,上以饰贤良,下以养百姓而安乐之。”〔27〕土地使上下各取所需,得以安乐。因此,在农业社会下的中国人对待土地与自然有一种朴素观念,自然可以滋养人类,万物为我所用。而人们对土地、水等资源的利用,不要求是独占和排他性的支配。水面或田地,完全可以建立多种不同功用的“业”,为不同人所利用,成为不同人的生活来源。这也是管业制度中多层次的权利主体可以并存的认识基础。

2. 祖业观念

如第一章所述,古代的大部分财产,是以家、户为单位。家产是家庭公共的产业,而非个人之私。家产制是用财产以维持家的存在与延续为目的的制度。这里所谓的家庭,不是限于一代人的现有大家庭,而是整个涉及过去、现在、未来,不断传承的家庭。基于祖先崇拜,祖先虽然死去了,但他们仍然可以赐福于子孙,他们的精神和情感仍然一代代于物质和精神中传承。未来的子孙,是家族未来的守业者和创造者。因此,活着的这一辈人,仅仅是家族生命链条上的一环,是家族现在的“守业者”和“传承者”,他没有资格不把家族财产传承给子孙。在古代中国,房屋、土地对于一个人及其家族具有特别重要的意义。“家有方寸地,留于子孙耕。”房屋为安身之所,土地为立命之本。土地房产,往往是一个家族几代人经营的结果。土地虽然流转到一代人手中,但被视为先辈、后代及整个家族共有

〔26〕《易传·坤·彖传》。

〔27〕《荀子·王制》。

的财产。因此，通过从上一代获得土地，子代获得了个人立命之根本和家庭生存延续的根基，通过经营土地这一最重要的财产，不断积累新的财富，从而祭祀祖先、赡养父母，并养育子女，来完成家族绵延的宗教性使命。

因此，有学者认为家产除了是一种实体性物品，更是被赋予较多代际伦理的内涵：

尽管家庭财产及其产权在代际传递和代内分割中的权利主体不断更替变化，但每一个男性都不是完全独立的财产支配主体，他仅是家产在代际传递链条中的一个守业者，任何一个男性要想单独处置土地、宅基地等不动产，都要考虑是否对得起祖先与子孙。因此，基于土地的农民家产具有（过去）“祖先”→（当下）“我”→（未来）“子孙”三重人格意义。对于受“祖业观”影响的我国农民而言，具体的家业产权实践中可能就由“祖先（间接的管理权能）→我（直接的管理权能）→子孙（潜在的管理权能）”这三者共同组成权力复合主体。家业产权永远是由一个在家族或宗族发展生命链条上无限绵延的男系继嗣群体共有。〔28〕

就这一意义来说，在家族中，任何一个男性都应该尽量地扩大、争取财富以维护和壮大家族。任何一个男性都没有完全支配、处置土地产权的完整权利，因为每个男性仅是家族财产的使用者和守护者。在一田二主、典中所体现的与土地连绵不断的联系，都与这样的祖业观和家庭伦理道德相连。诚如费孝通先生所言，“人们从父亲那里继承土地，起源于亲属关系，又在对祖先的祭祀中加深的那种情感，也表现在对某块土地的个人依赖上。关于绵续后代的重要性的宗教信仰，在土地占有的延续上得到了具体的体现。把从父亲

〔28〕 陶自祥：《祖业观视阈下农民家业产权研究》，载《广西师范大学学报（哲学社会科学版）》2015 年第 3 期。

那里继承来的土地卖掉，就是触犯道德观念”〔29〕。因此，在万不得已的情况下，一个家庭绝不愿意轻易放弃土地、房产。典制的兴起、活卖与回赎都与这样的观念相关。传统土地中永远为业的理想与祖业观有着深刻的联系。

3. 人们对于物所具有的私有和归属观念

中国古代存在对物的归属观念。这种归属观念存在于古代许多脱离了原始社会的地区。这种归属意识最根本的表现为“它是我的”、“它属于我”或“我是它的主人”等。荀子有云：“礼起于何也？人生而有欲，欲而不得，则不能无求，求则无度量分界，则不能不争，争则乱，乱则穷，先王恶其乱也，故制礼义以分之。”〔30〕这种以定分止争为目的的归属观念存在于中国古代人们的思想之中，它所指向的标的为财产。这种观念来自人所具有的一种私的本能，以及生存与安全感的基本需要，是人类本性的共同体现。因此，传统社会中，可以看到人们对于土地“永远为业”的理想，和典、一田二主中对土地不斩断联系的执着追求。

## 第二节　明清时期土地管业制度的当代借鉴

近代以来的西学渐进，以及对大陆法系制度的继受，似乎使我们割断了与传统法的联系。然而，通过管业视角下土地制度的研究，我们可以看到，虽然社会生活发生了日新月异的变化，但无论是土地在社会上承担的职能，还是人性本身，都无根本的变化。深刻理解明清时期土地制度及其价值，对于反思和改革今天的物权理念

---

〔29〕费孝通：《江村农民生活及其变迁》，敦煌文艺出版社1997年版，第118页。
〔30〕《礼论》。

与制度,有着十分重要的意义。

## 一、法律价值:共享价值在当代物权法中的引入

相较于近代以来对物的私有与独享的重视,明清时期自发形成的土地管业秩序以物之利用、收益为核心,更多地体现共享价值。典、永佃、一田二主等管业形式通过时间和权利分配实现多个业主对同一土地的共享,活卖、典卖、胎借、租佃等多种高效的土地流转形式实现收益分享。传统土地管业秩序中允许一物多权的存在和收益共享,保障了土地资源的充分利用和多重价值的实现。共享价值可以视为明清时期土地管业秩序的核心价值。这一观念的形成,既尊重了市场逻辑及效益原则,也体现了独有的民族文化,同时是资源匮乏的古代社会民众生存智慧的体现。在当代,共享经济逐渐成为席卷全球的新经济形态,共享理念方兴未艾。共享经济和共享理念给当代以独享和私有为基础的物权法带来挑战。继承传统法律中的共享价值,在物权法中引入共享理念,对于当代物权法的发展具有重要的意义。

### (一)共享价值是明清时期地权秩序的核心价值

共享价值是明清时期地权秩序的核心价值。明清时期地权秩序的共享机制主要体现在以下几个方面:

第一,明清时期高效的土地流转方式最终形成了多业主并存的地权形态。多元化的土地流转方式中仅有少部分实现了完整土地的绝卖,更多的是同一土地上多位业主的利益重新分配或共享。通过多种流转方式,最终形成全业(永业)、典业、田面、田底等多层级的地权形态。在明清时期的地权结构中,可以看到从国家到各级业主,实际上没有谁是唯一的、绝对的所有者,各层级的业主共存于土

地之上，仅利用土地的某一层面功用，但土地的流转与利用极为高效。土地的多重价值得以充分发挥。

在多种交易方式中，绝卖则意味着完全丧失业主地位，典与活卖意味着保留了回赎的可能性及多业主的共享。租佃制的发展则是一个明显的地权分化与共享机制形成的过程。这些多元化的交易类型（见表5.1），提高了土地的流转速度，有效地利用了土地耕种收获后的时间空白，通过时间维度的调剂与各种权利、要素的调配，调动了土地资源的多重价值，实现了土地资源的共享。

**表5.1　明清时期土地交易中的共享机制**

<table>
<tr><th colspan="2">交易类型</th><th>流通性</th><th>共享性</th><th>共享方式</th></tr>
<tr><td colspan="2">绝卖</td><td>强，处分较自由</td><td>低</td><td>无</td></tr>
<tr><td colspan="2">典</td><td>强，可转典、租佃</td><td>高</td><td>通过时间划分业主权利，并可转典、租佃</td></tr>
<tr><td colspan="2">活卖</td><td>强，处分较自由</td><td>高</td><td>通过时间分割业主权利</td></tr>
<tr><td rowspan="3">租佃</td><td>定额制</td><td>弱，不能转佃</td><td>低</td><td>短期租赁</td></tr>
<tr><td>永佃制</td><td>弱，不能转佃</td><td>较高</td><td>永久租赁</td></tr>
<tr><td>一田二主</td><td>强，处分较自由</td><td>高</td><td>通过功用划分业主权利，实现地权分化</td></tr>
</table>

第二，多业主并存于同一土地上的核心在于利益共享。当时土地契约与习惯中频繁使用的“业”“管业”等固有词汇，明显区别于绝对所有权，一物之上允许存在具有不同权益的多个“管业”者。“业”并不要求人对物的排他性支配，一物之上可以并存多个业主，这些业主共享同一土地上的收益。如永业主大体相当于现代的所有权人，将纳税之后的收益归自己所有，将收益在国家和个人之间分配；典主、田面主、田底主等和其他业主共存于土地上，将纳税之后的收益或土地的不同利益进行分配。同一土地成为不同人的共

同生活来源。

传统物权法中的共享价值有着深厚的社会背景。儒家的仁者爱人、互助和谐的理念为共享价值提供了思想源泉。资源紧缺与人口增长之间的矛盾,是共享价值存在的社会基础。传统物权制度以物之利用收益为核心,允许一物之上多主的存在,实现了资源的共享,物尽其用。共享价值不仅是传统物权法的宝贵经验;同时,在当代,物的共享仍蕴含着巨大的价值。在共同消费和共享经济的世界潮流之下,共享价值的引入将成为当代物权法的趋势。

### (二)传统共享价值的必要性

共享本身并不是一个法律的概念,其涵盖内容丰富,在不同的情境下可表现为物之共有、同享、参与、分享、分担等。物权法下的共享,既应包括物之多层次的共同所有,也应包括物的共同利用、收益等。在当代法律中,共享理念将弥补现有物权法的不足,并发挥如下重要的价值:

第一,共享理念的绿色生态价值。现有的物权法律框架,主要关注物质的经济价值而忽略其生态价值,只关注权利人意志和利益而忽略同样受到实际影响的"他人"的意志和利益,主要保障交易安全而忽略生态安全。如果为大家耳熟能详的"公地悲剧"是对人类环境危机的经典隐喻的话,那么传统物权法在其中的角色和作用——仅调整并仍"捍卫"各人对所牧之羊的"权利"尤其值得深思。[31] 将共享价值引入物权法领域,有助于充分发挥物之效用。

第二,共享理念有助于社会整体道德的提升。"财产权保护的绝对化"是近代民法模式的显著特征,物权"被视为绝对权,具有可

---

〔31〕 巩固:《民法典物权编"绿色化"构想》,载《法律科学(西北政法大学学报)》2018年第6期。

以对抗一切人的绝对性,法律上给予绝对的保护"。[32] 这种绝对性在为权利人带来自由和尊严的同时,也带来了极端个人主义,助长了任性、放纵,产生诸多社会问题。所有权绝对原则不断受到冲击,并受到限制。所有权制度伴随着的社会潮流是,物质主义的高涨,鼓励获取和消费。人们甚至将"物质占有"视为人生重心,以消费行为来获得生活上的满足。然而,获取和占有并没有带来真正的满足。资本主义将人类生活的方方面面带入经济领域,人们所需物项以商品的形式在市场中交换。这种将所有的物品或资源明码标价的做法加剧了人与人之间的不平等,同时也腐蚀了人类生活中的美好价值。[33] 现在的共享经济和共享消费的方兴未艾越来越说明,不独占物之所有,也能满足人的物质需要。同时,共享代表着互惠,意味着人和人更多的合作、互助,有助于社会道德价值的提升,提高社会凝聚力。对于消除社会贫富不均的社会现象,具有积极意义。

第三,共享理念的效率价值。共享可能伴随的"公地悲剧"这一局限性可以通过有效的管理来避免,使共享为社会带来更多的效率。据统计,世界人口自 1800 年首次达到 10 亿以来,两百年间已经增长了 7 倍,其中 60 亿人口都是在 20 世纪以来的一百多年里出生的。人口的增加使自然资源的稀缺愈加严重。[34] 共享使土地、水资源等珍贵的资源无须根据人的需要进行独占和人为分割,有利于稀缺自然资源多重价值的发挥和充分利用。共享模式带来了互

---

〔32〕 梁慧星:《从近代民法到现代民法——二十世纪民法回顾》,载《中外法学》1997 年第 2 期。

〔33〕 [美]迈克尔·桑德尔:《金钱不能买什么》,邓正来译,中信出版社 2012 年版,第 25 页。

〔34〕 邬沧萍、侯东民主编:《人口、资源、环境关系史》,中国人民大学出版社 2010 年版,第 25 页。

惠,每个人都可以在允许的范围内享受他人的资源。同时,在物的使用过程中渗透了集体智慧,将每个个体都连接起来,更有利于提高物的使用效率。[35]

传承共享价值是法律适应社会的现实需求。共享经济是近年来席卷全球的新的经济形态。共享经济借助高速发展的互联网,对用户与服务提供者进行匹配,实现对实体、服务、资源的交易、互惠与共享。2015 年,共享经济在全球市场交易规模约为 8100 亿美元,中国约为 1000 亿元人民币。[36] 爱彼迎、优步和中国的滴滴等企业日益影响人们的日常生活,使更多的人成为分享经济的参与者。据预测,到 2025 年,全球共享经济产值可以达到 2300 亿英镑,由此可见,共享经济产业规模和发展潜力巨大。[37] 随着共享经济的发展,人们对物的理念也发生了很大的变化。在由产品生产型社会向服务型社会的转变进程中,以共同消费(collaborative consumption)和共享经济(sharing economy)为代表的后物质主义价值观在新一代年轻人中蔓延,"断、舍、离"和"what's mine is yours"(我的就是你的)的思潮演绎着物权时代的衰落。对应之前的物质主义价值观,后物质时代的生活态度表现为对幸福指数的关注,质量胜于数量,体验胜于占有,精神享受胜于物质享受,时间胜于金钱……呈现出人们的需求从物品到体验再到社会关系的递进,这是物权衰落的进程。[38] "我的就是你的""享用胜过拥有"这样的共享理念,无疑会对以"我的即属于我"为心理基础的所有权观念造成冲击。

---

〔35〕 贾翱:《物权法中的共享观念与制度探讨》,载《重庆社会科学》2017 年第 6 期。

〔36〕 王国胜:《从物权意识走向共享意识的设计》,载《装饰》2017 年第 12 期。

〔37〕 汤天波、吴晓隽:《共享经济:"互联网 +"下的颠覆性经济模式》,载《科学发展》2015 年第 12 期。

〔38〕 王国胜:《从物权意识走向共享意识的设计》,载《装饰》2017 年第 12 期。

### (三)传承共享价值的理论和现实基础

明清时期地权秩序的共享价值根源于土地的相对稀缺与国家对个人权利保障的缺失,同时,不同阶层的博弈、斗争及传统社会对土地的特有观念推动了它的自发形成。从立法目的来看,当代物权制度中蕴含着物尽其用、节约资源的法哲学,这一点与明清时期的地权制度一脉相承。无论是明清时期还是当代,社会都面临着人的无限需求与自然资源、生态环境容量有限性的冲突。物权制度的立法目的在于定分止争、物尽其用,实现有限之资源与人类需求的平衡。荀子在论述礼法产生的原因时说:"人生而有欲,欲而不得,则不能无求;求而无度量分界,则不能不争。争则乱,乱则穷。先王恶其乱也,故制礼义以分之,以养人之欲,给人之求。使欲必不穷乎物,物必不屈于欲,两者相持而长,是礼之所起也。"[39] 在当代,基于人们的欲望和需求,可利用的自然资源仍十分紧张。为缓解此局面,物权法经由定分止争、物尽其用的规范设计,实现对"人""物"要素之对立困境的规范调整。[40] 物权法对物的归属的界定,对物利用的规范,深刻影响着资源的利用方式和利用效率。然而,由于当代物权的排他性设置,资源利用的不充分普遍存在,"物尽所用"的目标并未得以实现。党的十九大报告提出:"我国社会主要矛盾已经转化为人民日益增长的美好生活需要和不平衡不充分的发展之间的矛盾。"导致发展不充分的重要原因之一在于资源利用不足。由于缺乏高效的物权制度安排,资源的闲置和浪费严重,资源未能被有效利用,进而不能满足人民的需求。对共享价值的传承,有助于物权法物尽其

---

〔39〕《荀子》,方勇、李波译注,中华书局出版社 2011 年版,第 329 页。

〔40〕单平基:《"绿色原则"对〈民法典〉"物权编"的辐射效应》,载《苏州大学学报(哲学社会科学版)》2018 年第 6 期。

用、提高物之利用效率的目标实现。当代物权理念发生“从归属到利用”的重大转变。从历史上看,存在重视物之归属和物之利用两种物权制度的方案。近代以来,大陆法系国家普遍采用绝对所有权的原则,我国也深受这种趋势的影响。随着社会经济的发展,当代物权理念发生了较大的转向。物权观念已从以归属物权为中心转向以利用物权为中心,人们普遍地关注物权的有效利用和“主动物权”的价值。进入新时期的社会财富观念,出现了“从归属转向利用”的价值化趋势。[41] 以利用为核心的物权理念,与中国传统社会具有一定的一致性,为共享价值的传承奠定了良好的理论基础。

我国共享经济的发展为传承共享价值提供了现实条件。近年来,我国共享经济迅速发展。据统计,2016 年我国共享经济市场交易额约为 34,520 亿元,比 2015 年增长 103%,融资规模约 1710 亿元,同比增长 130%。[42] 未来还将继续保持高速增长。共享经济创造性地促进了资源利用和重组,提高了资源的利用效率,也给当代的物权法带来了变革与挑战。

### (四)传承共享价值的法律建构路径

面对经济发展的新模式给物权法发展带来的挑战和困难,物权法理应以新的立法观念和制度安排去回应。当代物权法应适应社会发展的趋势,从立法原则和具体制度两个层面传承传统的共享价值和制度。

从价值理念上看,首先,应将共享价值作为物权法的立法原则

---

〔41〕 康纪田、刘卫常:《现代物权分置的路径与适用》,载《西部法学评论》2020 年第 4 期。

〔42〕 国家信息中心分享经济研究中心:《中国分享经济发展报告 2017》,载国家信息中心官网 2022 年 11 月 22 日,www. sic. gov. cn/archiver/SIC/UpFile/Files/Default/20170306164936642988. pdf。

引入。共享价值具有生态价值,同时有利于自然资源多重价值的发挥和充分利用,使物的使用效率得以提高。然而,物权法的所有权原则与共享价值具有天然的冲突性。在现有的所有权制度下,法律对物之共享的规定均以所有权的排他性、独占性为前提,仅能在有限的范围内共享,而在很多领域受到很大的限制。因此,引入共享价值,其中最为关键的问题为如何平衡共享价值与所有权制度。面对这种冲突,笔者认为,所有权制度仍是未来相当长时间内最为重要和关键的物权制度。对共享价值的引入首先应尊重已有的制度框架,能够在现有框架内实现共享价值的,应尽量与现有价值和制度融合,以减少制度修改成本。如共享经济中,能够以合同法、用益物权解决的问题,则以现有的法律加以解决。

其次,对物权法的一物一权主义进行理论修正。长期以来,在土地、水等公共资源的利用以及共享经济中遇到的新型问题,对一物一权主义已构成理论挑战。对一物一权主义的理论更新在所难免,应以实践需求为导向,对其进行理论修正,尽可能地使之与共享价值及其制度安排相和谐,以实现物尽所用的目标。

从制度层面来看,共享价值和目前的物权制度已有一定的融合。为了实现物尽其用,当代物权法在肯定所有权排他性的同时,在一些情况下也对物之共享作出肯定。首先,《民法典》总则编第9条确定的"绿色原则",即"民事主体从事民事活动,应当有利于节约资源、保护生态环境",与共享价值物尽其用、节约资源的目标具有一致性。其次,民法的共有制度、建筑物区分所有权制度、相邻关系等相关制度都是对物之共享价值的肯定。最后,《民法典》对于5年以上土地经营权突出了其物权属性,在集体、农户之外赋予经营者主体更为稳定的权利,为农地多元主体和利益共享提供了法律保障。

与债权分享占有、使用权等共享方式不同,从物权法的角度看,共享的实质是共享物权，分享所有权人置于公众领域的权利。因物尤其是自然资源具有多元且变化的功能属性，当所有权之排他性造成资源浪费时，则需要引入共享制度，通过多元的利用主体和利用方式实现其效能。为实现物之高效利用，可借鉴明清时期地权秩序中的制度构建，增加法定的物权种类，实现同一物在不同时间、不同空间下的多重利用；增加权利主体，实现主体多元化，从而促进物的共同利用。以利用问题最为突出的公共资源领域为例，所有权制度排斥了共享，在一定程度上限制了资源的共同利用。近代以来大陆法系民法以"私人"或者"个体"为预设的制度设计，几乎不涉及公共问题，将这样一套原理、规则机械地适用于具有公共、集合性质的抽象"国家/全民"或"集体"之上，难以对症下药，只能选择性实施，几乎必然产生所有权的"虚置"或"缺位"。[43] 同时，对于用益权人来说，用益物权要求的"一物一权"、禁止"双层用益"等，在实施效果上限制了物之共享。从实际来看，许多资源的利用者，即现有法规定的用益权人，并不需要对土地、森林等资源进行排他性的支配，依某种次序或份额共享即可达到利用资源某一功用的目的。但这种共享在现有法律框架下与所有权制度相冲突。在现行法的框架下，可采取团体人格化的方式，克服集体所有权虚置带来的弊端。同时，通过确定新的物权类型，增加权利主体，创新性赋予不同权利主体某一功用的物权，克服排他性带来的资源闲置。在这一方面，农地"三权分置"已作了有益的制度创新。"三权分置"通过土地经营权的制度设计，形成集体所有权、农户承包经营权、土地经营权在农地上的并存，其目的在于将农地承载的生存保障功能与市场流转收益功能进行分割，以求实现农地多重的价值目标。

---

〔43〕 巩固：《民法典物权编"绿色化"构想》，载《法律科学（西北政法大学学报）》2018年第6期。

总之,明清时期地权秩序所蕴含的共享价值,是在市场力量和多种社会因素的促进下自发形成的,具有合理性和强大的生命力,其有益部分仍可为当代物权制度的发展提供法治资源。当代物权法应适应时代发展的潮流和社会现实,更多地吸收传统法的思想智慧和制度经验,从而实现物尽所用的目标,实现物之所有与资源利用的平衡。

## 二、法律原则:一物多权原则对当代一物一权主义的修正

历史上存在两种解决财产归属问题的原则和路径:一是建立在“所有权—他物权”理论基础上的一物一权;二是根据实际需要在一物之上存在多个产权或“管业”的一物多权。在土地问题上,两者各有其优势和弊端。近代以来,中国的民事立法严格采用大陆法系的所有权概念及一物一权主义。在现实生活中,土地或其他资源的利用者,多无需独占性地占有土地,而是拥有不同权利的人可以多层级共有,以提高物之利用效率。从中国农地产权制度的发展与改革史,尤其是从“两权分离”到“三权分置”的土地产权史中,可以窥见一物一权主义在当代中国的适用实况。面对与现实的不契合之处,一物一权主义可以融合一物多权的优势作出修正。

### (一)一物一权与一物多权:历史上两种财产问题的解决方式

从历史上看,存在两种解决财产归属问题的理论路径。一种是发端于罗马法,建立在绝对所有权概念之上的“所有权—他物权”的物权观念与结构。在这一模式下,所有权为一种对物的完全、排他、绝对的支配权。近代以来大陆法系的法国、德国和瑞士,以及中国,在民法上均采用这种模式。另一种是财产归属与各种财产利益的结合,即为了实现物尽所用和人们利用物的不同需要,在同一物上

存在支配各种利益的多种权利,以及支配利益的多种客体。后一种类型在人类历史上长期存在,且较为广泛:除了中国传统社会中存在的永佃制、典制,还有日耳曼法及在中世纪存在的双重所有权。在第一种理论中,所有权的客体是单一的,具有严密的理论框架,遵循一物一权主义。在第二种理论中,没有绝对的所有权概念和理论体系,只是根据现实需要而建立起客体与利益的各种组合。

以中国传统社会契约和官方文本常出现的"业"("管业")的表达为例,"业"并非一个内涵确定的概念,而是一物之上多个利益的组合,因而一物可能是多个权利的载体,区别于所有权理论的"一物一权主义"。如土地上存在多重的利益,可以出租获益、可以利用获益,这些利益的利用可以归为一个人所有,也可以归为不同的人所有,从而组合成为不同层次的权利——田面、田底即是如此。在有些情况下,不同人因时间不同而对一物有不同权利。如清末民国时期,对同一水塘的使用权可以根据白天和黑夜分属不同人,或根据"大水""小水"的情况由不同人行使。[44] 这样的"一物多权",并不拘泥于理论构建,也不追究于物之最终归属。这些权利之间是平行的、互不统率的关系,可以根据实践需要进行组合,一切以人对物最原本的"管业"为核心。具体制度的构建均体现出灵活性与包容性。且其法律体系同样严密精巧,同时也以自有的方式促进了资源的共享和流通。

近代以来,绝对所有权模式在历史上独领风骚。绝对所有权理

〔44〕 安徽省贵池县习惯:"贵池鱼业买卖,在同一湖河四至之内,有大水、小水之分。其契内载明船网采取鱼息字样者,只能在大水时取鱼,水落则否。若载明採花篮采取字样,则于小水时采取鱼鲜。"湖南常德习惯:"对于同一水塘,钩于夜间取鱼,至晓则收;网与鸬鹚于日间取鱼,至夜则止。"前南京国民政府司法行政部编:《民事习惯调查报告录》(上册),中国政法大学出版社 2000 年版,第 228、349 页。

论以及在此基础上建立的一物一权主义成为大陆法系物权法的核心与基石。在相当长的时间内，因其严密的理论构建、清晰的权利义务界限而成为解决物之归属、利用的理论路径。但是应该看到，当代的所有权制度仅为一种解决财产支配问题的方式。如同日耳曼法模式曾在历史上风靡一时，所有权及一物一权主义并不是完美的理论和永远不变的真理。随着时代和社会的发展，一物一权主义在建筑物区分所有权、信托制度、所有权保留制度、法人制度下的所有权关系等多重问题上遭遇挑战："保留所有权制度下出卖人的所有权，除了法律给他一个所有权的名分之外，已经不具有所有权的真正的、实在的内涵及其价值。受托人与法人尽管在独立的财产上可以独立行使支配权，具有所有权的一切表征，但是，他们不过充当了真正财产所有权人的经纪人或经营人的角色而已，法律赋予他们法律认可的所有权，也不过是立法技术上的一种技巧、制度体系上的一个合理安排而已。"〔45〕一物一权主义的理论困境在"三权分置"问题上尤为突出地表现出来，而明清时期的一物多权原则可以在一定程度上弥补一物一权主义的困境。

### （二）当代农地产权制度的沿革与"三权分置"的理论困境

20世纪80年代以来，集体所有、家庭联产承包经营的土地制度在我国政策和立法层面确立。党的十五届三中全会作出的《中共中央关于农业和农村工作若干重大问题的决定》明确提出"赋予农民长期而有保障的土地使用权"。其中，"土地使用权"或"使用权"在立法上被表达为"土地承包经营权"，由此形成了"（集体）土地所有

〔45〕　马新彦：《罗马法所有权理论的当代发展》，载《法学研究》2006年第1期。

权＋(承包农户)土地承包经营权”的农村土地权利结构。[46] 集体土地所有权与承包农户土地承包经营权两权分离的土地制度在2003年开始施行的原《农村土地承包法》和2007年开始施行的原《物权法》中得以强化和稳固。由此,借助于大陆法系的原理,(集体)土地所有权被视为自物权,(承包农户)土地承包经营权被视为土地所有权之上的用益物权,“两权分离”的经济思想在现有法律体系中得到了完整的理论诠释。

改革开放初期所确定的家庭联产承包责任制,确立了集体土地所有权和农户土地承包经营权“两权分离”的制度框架,在维护了农村土地的集体所有制度的同时,赋予农户长期而有保障的土地使用权,在当时的时代背景下调动了广大农民生产的积极性,基本解决了农民的温饱问题。但随着社会主义市场经济的发展,这一制度的弊端逐渐显现。“边际效用不断递减、效率降低,逐渐落后于农村生产力的发展水平,并给农村生产力的进一步发展带来了障碍。”[47] 面对这一现实,党的十八届三中全会审议通过的《中共中央关于全面深化改革若干重大问题的决定》强调:“赋予农民对承包地占有、使用、收益、流转及承包经营权抵押、担保权能,允许农民以承包经营权入股发展农业产业化经营。”2014年11月中共中央办公厅、国务院办公厅印发的《关于引导农村土地经营权有序流转发展农业适度规模经营的意见》正式提出“坚持农村土地集体所有,实现所有权、承包权、经营权三权分置,引导土地经营权有序流转”,由此,农地“三权分置”政策被正式明确,此后又被一系列政策文件进一步确

---

〔46〕 高圣平:《论农村土地权利结构的重构——以〈农村土地承包法〉的修改为中心》,载《法学》2018年第2期。

〔47〕 刘先江:《农村土地经营权流转的政治学分析》,载《政治学研究》2014年第4期。

认和阐发。

"三权分置"这一最先出现在政策中的制度构建，在学界看来，给土地法制及现有的物权基本体系提出了挑战。对此有学者指出："农地三权分离是经济学主导土地改革政策的形象表述，存在明显的法学逻辑悖论。土地承包权和土地经营权属于典型的经济学概念，更多的是阐述土地的产权结构，不能当然转化为法律权利……土地法学应当有自己的贡献，应当通过立法引领改革方向。"〔48〕

对于"三权分置"学说在立法上应当如何规范，在现有理论体系中应当如何诠释，学者间存在较大争议。其中最具理论争议的问题为，土地经营权究竟是新型的用益物权还是债权？将其界定为一种全新的用益物权，使之具有对世性，有利于稳定土地经营关系，保障土地经营权人的经营预期。〔49〕既满足"承包农户只转出一部分权利或一定期限内的权利"的需要，又实现"规模经营户享有稳定而有保障的土地物权权利，并可以转让、抵押土地"的现实需求。〔50〕但这一安排亦存在不少理论争议，争议主要集中于：在用益物权上再设置用益物权，可能会导致我国物权法逻辑体系的混乱〔51〕。"根据一物一权原则，同一物上不能并存两个以上内容相近的用益物权，在用益物权之上再设相近用益物权的安排，是人为地将法律关系复杂化，在存在物权和债权区分的情况下，这种安排是立法技术

〔48〕 申惠文：《法学视角中的农村土地三权分离改革》，载《中国土地科学》2015年第3期。

〔49〕 高圣平：《承包地三权分置的法律表达》，载《中国法学》2018年第4期。

〔50〕 宋志红：《三权分置下农地流转权利体系重构研究》，载《中国法学》2018年第4期。

〔51〕 温世扬、吴昊：《集体土地"三权分置"的法律意蕴与制度供给》，载《华东政法大学学报》2017年第3期。

的倒退。”[52]将其界定为债权，优点是“所有权—用益物权—债权”的权利体系结构符合权利的生成逻辑，具有节约制度变革成本的优势。权利人可根据自身需要设定债权存续期限和内容。但其弊端在于，仅具有承租人地位的土地经营权人受限于债权相对性规则，权利受到限制，如不得转让、抵押租赁物等。

土地经营权的权利性质事关权利内容、权利流转方式、融资担保功能的实现，直接影响土地经营权人的利益和“三权分置”目标的实现，是今后立法中难以回避的问题。“三权分置”理论与立法的困境，根植于一物一权主义与所有权制度的冲突。

### （三）“三权分置”理论冲突的根源——土地的多重价值与所有权制度的冲突

我国物权法架构具有严密的体系性和逻辑性，物权制度以所有概念为基石，将物权分为所有权、他物权，在此基础上根据设立目的和对物的利用方面的不同，将他物权划分为用益物权和担保物权，并遵循一物一权主义。“三权分置”所构建的农村土地集体所有权、农户承包权、农地经营权三权叠加并存于一块土地之上，与现行民法的理论制度体系并不相容。

在简单商品经济发达的罗马法上首先出现了类似于现代的抽象的所有权观念，并被大陆法系物权法所发展，产生了一物一权主义。一物一权主义实际上是对罗马法“所有权遍及全部，不得属于二人”的规则的继受，是近代物权法上的重要原则。这一原则确定了财产的静态归属，这种归属观念存在于古代许多脱离了原始社会的地区。这种归属意识最根本的表现为“它是我的”、“它属于我”

---

[52] 陈小君：《我国农村土地法律制度变革的思路与框架——十八届三中全会〈决定〉相关内容解读》，载《法学研究》2014年第4期。

或"我是它的主人"等,并排斥他人对"我的"东西的占有。这种观念来自人所具有的一种私的本能,以及生存与安全感的基本需要。在德国的物权法体系中,一物一权主义所包含的物权绝对原则,意味着物权具有可以直接支配物而排除他人干涉的效力。物权排斥着其他一切相同内容的权利,并且这种排斥是绝对的。[53] 典型的表现就是一个物之上不能有两个所有权。这一规则为后来的大陆法系各国所采用。

然而,正是所有权的排他性与土地制度之间产生了冲突。土地是具有多重价值的资源,它所具有的空间属性,以及不可替代性、不可再生性和可以持续产生源源不断的经济价值,使最初产生于动产的所有权制度在某些情况下阻碍了土地价值的发挥。

在某种意义上,土地的联合是国家的疆域,土地的拥有意味着主权和政治权力。在西欧的封建时代与中国的分封制时代,都以最高领袖为土地的所有者,王权对土地的所有均附有政治和社会意义,维护的是政治服从关系。例如,在先秦时代的中国,最高统治者是土地的最终归属人,他通过分封各级贵族以土地及其他财物实现其政治权力。土地的占有与社会等级密切相关,土地的差异代表了身份和等级的差异。当土地私有制度得以确立并被不断普及时,土地的社会功能及政治功能并没有因此消失。如汉代、三国至明、清等多个朝代,国家通过屯田强调身份的差别,维护成员的身份利益,从而可以达成维护边防、加强生产等政治目的。[54] 在这种意义上,土地秩序意味着"权力的秩序"。而王朝崩溃的时代也往往是土地权力重新分配的时代。

---

〔53〕［德］弗里德里希·克瓦克:《德国物权法的结构及其原则》,孙宪忠译,载梁慧星主编:《民商法论丛》第12卷,法律出版社1999年版,第500页。

〔54〕夏扬:《永佃权何以通约不同法系?》,载《法学》2018年第2期。

土地除了代表"权力的秩序",还在一定程度上保障"社会生存的秩序"。从社会稳定的需要出发,古代统治者以王朝之力集中分配土地,通过国家"授田"制度实现对民众的社会保障职能。土地是民众最基本的保障,国家通过均田制调节贫富分化,保障最广大群体的基本生存。

在政治与社会保障职能之外,当土地分配至民众手中,土地更多地呈现出经济产品的性质,经济利益会引导土地的使用乃至流转,甚至出现多重利用者同时对土地进行使用,以使土地的利用率得以充分发挥。在这一层面上,其效率价值得以凸显。

将绝对所有权制度完全运用于土地之中,首先,会影响其政治职能的发挥,影响"权力的秩序""社会生存的秩序"的实现;其次,土地具有其他物所不具备的空间性和公共属性,土地使用功能的实现要求兼顾他人利益,同时土地兼具维系社会秩序及政治上的主权等公共职能,这些都和所有权的排他性相冲突;最后,绝对所有权虽然最大限度地保护了土地的所有,却在一些方面限制了土地多重使用功能。土地具有的空间性和多重价值,并不排斥多个利用者。"土地之所以发挥其价值并不在于土地本身,而仰赖于人类之行为——资本投入与劳动投入。因此,法律所保护的对象不应是土地所有者本人,而应是对土地进行投入并使其产生利益的土地利用者。"[55]故而,在土地问题上出现了所有与最大限度利用之间的冲突。为了解决土地的公共属性与所有权排他性的冲突,有学者建议在土地所有权制度中加入地役权、地上权、相邻权等内容,利用公私法的划分,将土地的政治以及公共职能划归公法领域,制定土地征收法、土地规划法以实现土地的这些职能。[56] 此外,在东西方历史

〔55〕 杜颖:《日本的近现代土地所有权理论》,载《中外法学》1997年第3期。
〔56〕 夏扬:《永佃权何以通约不同法系?》,载《法学》2018年第2期。

中，不约而同地出现了永佃制，在承认土地王朝所有的现实之下，以法律或自发形成的习惯法保护多重土地的使用者。

由此可见，"三权分置"问题不是一个孤立的问题，它体现的是所有权制度和一物一权理论应用于土地问题的困境。在这一制度设计中，土地所有者、多层级的使用者与严谨的大陆法系一物一权主义产生了理论冲突。其冲突的本质，在于土地的不同价值与所有权制度的不相容性。

### （四）以一物多权原则促进一物一权主义的理论更新

法律作为一门实践性的学科，其理论是服务于社会现实的。法律理论只有根据社会发展的需要进行不断的修正，才能充分发挥其进步性。如学者所说："法律必须随时间经过而演进，始能符合因时间之经过而变更之社会，应无疑义。其结果，构成法律规定之概念，自与法律同样常有历史性的时间结构，必须随历史之变迁而演进。""没有一个法律概念，在教条上是完全不变的。"[57] 当其无论如何不能为社会的发展需要时，放弃亦属合理，因为理论仅为社会需要的工具。

对于"三权分置"改革在法律逻辑层面出现的解释困境，笔者认为首先应服从于社会改革之需要，而非理论体系之需要。从理论和现实中看，所有权和一物一权主义可结合一物多权主义的优势加以修正、完善。一物一权主义的优点在于产权清晰，人与人之间的权利义务明确，能够起到定分止争的作用。如学者所说，从财产静态归属的确认角度予以观察，一物一权主义具有三项优点：一是便于物权客体即支配范围的确定，否则难以用公权保护之；二是便于物

〔57〕　黄茂荣：《法学方法与现代民法》，中国政法大学出版社 2001 年版，第 83 页。

的利用及物权关系的简单化之；三是便于物权公示，以保护交易安全。[58] 缺点为上文所述土地的多重价值与所有权制度具有不相容性，不利于土地的高效利用。在历史上，中国明清时期的一物多权具有高效性、共享性、包容性、灵活性，然而产权不够清晰，利益关系复杂，导致权利和利益的模糊地带及纠纷的频发。

一物多权原则可以为一物一权主义的修正提供思路，同时两者在一定程度上具有融合的可能性。有学者认为，可将"一物之上只能存在一个所有权，不能同时存在两个以上内容、性质相互冲突的他物权"[59] 修改为"在一物之上不能存在两个以上内容、性质相互排斥的物权"。这一概念具有两重含义：(1)一物之上可以存在多个物权，包括一物之上可以存在两个所有权，或所有权和他物权，或所有权和若干他物权；(2)性质或内容相互排斥的物权，即不相容的物权在一物之上只能有一个，包括所有权和他物权。[60] 笔者认同这一观点。无论是并存所有权，还是并存用益物权，只要在现实中可以并存，就承认其合法性，如"三权分置"中的土地承包经营权和土地经营权；如果物权之间因性质等方面具有天然的排斥性，不能在一物上并存则只能设置一个物权，如以转移占有为特征的两个典权。土地改革的需要及"三权分置"在改革试验点的实践说明了用益物权之上设置用益物权的现实可行性。有学者提出，在用益物权之上设置用益物权，在物权法的科学原理方面可行。[61] 在这一方面，除了明清管业制度，德国的次地上权制度及其理念，也可以为我

---

〔58〕 参见尹田：《论一物一权原则及其与"双重所有权"理论的冲突》，载《中国法学》2002 年第 3 期。

〔59〕 马新彦：《罗马法所有权理论的当代发展》，载《法学研究》2006 年第 1 期。

〔60〕 马新彦：《罗马法所有权理论的当代发展》，载《法学研究》2006 年第 1 期。

〔61〕 孙宪忠：《推进农地三权分置经营模式的立法研究》，载《中国社会科学》2016 年第 7 期。

国“三权分置”提供理论支撑。[62] 通过“三权分置”所完成的理论创新,既是土地制度的独特性和适应社会发展的需要,也是当代物权制度包容性的体现。

### 三、“三权分置”对永佃制的传承和借鉴

无论是从价值理念还是制度设置来看,“三权分置”都较多地传承了永佃制。传承的前提是古今土地的特点、功用并无不同,及土地制度在历史背景等方面具有共性。不过,“三权分置”的法律安排除上文所说的物权还是债权的性质争议外,对于“土地承包权”和“土地经营权”这类政策语言如何在法律上表达,也存在新旧法的衔接和经营权的内容如何确定等问题。在立法实践中,2018 年修正的《农村土地承包法》回避了上述理论争议,模糊了土地经营权的性质。2020 年 5 月 28 日第十三届全国人大第三次会议审议通过的《民法典》,在物权编第十一章对土地承包经营权作了专章规定。但对土地经营权仅作原则性规定。以现有条文来看,立法者对土地经营权权利性质的立场并非十分明确。[63] 从历史的角度对永佃制与“三权分置”问题进行比较研究,能够为“三权分置”的制度理解和完善提供思路和方案。

---

〔62〕 宋志红:《三权分置下农地流转权利体系重构研究》,载《中国法学》2018 年第 4 期。

〔63〕 《民法典》第 341 条规定:“流转期限为五年以上的土地经营权,自流转合同生效时设立。当事人可以向登记机构申请土地经营权登记;未经登记,不得对抗善意第三人。”该条采用了物权登记对抗主义原则。对于 5 年以下的土地经营权性质是物权还是债权仍然是不明确的。

### （一）制度共性是历史传承的基础

1. 商品经济的加速发展，产生土地权利的分层

永佃制与“三权分置”作为两种不同的土地制度，虽然产生于中国的不同历史时期，但有相似的背景。土地作为一个社会最重要的生产资料和财产，其功能的不断分化可以产生巨大的经济利益。随着商品经济的发展，现有的土地制度无法激发其最大价值时，崭新的土地制度就会产生、不断发展乃至定型。永佃制与“三权分置”均是商品经济不断发展的结果，也是社会实践中产生的解决土地问题的方案。

如前所述，中国永佃制源起何时何地争议很多，不过学界普遍认为，在宋元时期，租佃制度逐渐普及和稳定，有些佃户取得了“常为佃户，不失居业”（《魏泰·东轩全录》）的永佃地位。在明代，永佃制开始发展和普及。随着租佃关系的发展，出现了其成熟形态的一田二主。在一田二主关系中，一块土地同时存在田骨权和田面权，作为田面主的佃户与作为田底主的地主，各自取得了自由处分土地上部分权能的权利，形成了田面、田骨两套土地权利的流转系统。一田二主的产生是一个较为长期的过程。其具体原因虽不一而足，[64]从制度形成的根本原因来看，与宋代以后至明清时期出现

---

〔64〕有学者将其归纳为七类：第一，耕者由于投资改善农田或开发农田，因而取得田面权，地主保有田底权；第二，开垦共有荒地，政府将田面权给耕者，而售田底权给地主；第三，分割家产，将地权分成田底与田面权，给予不同的子孙；第四，地主不在本地，而将田面权给予可靠的耕者，自留田底权；第五，耕者承佃土地时，付出押金或定金，换取田面权；第六，自耕农卖地，将田底权出售，自留田面权，继续耕作；第七，世代耕种同一土地的佃农，其耕作权终于受到承认，成为田面权拥有者。张彬村：《十六七世纪中国的一个地权问题：福建省漳州府的一田三主制》，载梁庚尧、刘淑芬主编：《城市与乡村》，中国大百科全书出版社 2005 年版，第 243 页。

的人口不断增多、人多地少的矛盾相关,同时也与中国传统社会后期商品经济的发展有着密切的关系。

从宋代到明清时期,在农业经济占主导的社会中,商品经济得以迅速发展。一方面,商业的繁荣、城市的发展为土地交易市场的发展奠定了基础,在日益发达的土地交易市场中土地交易频繁、流转加快,土地的多种价值得以实现,永佃制逐渐形成;另一方面,随着传统社会后期商品经济的发展,旧有的土地制度无法适应频繁交易的需要,作为农业社会最重要财产的土地,其商品化和资本化成为一个必然趋势。费孝通先生注意到田骨和田皮有着不同的买卖市场,田骨往往由外村人所购买,而田皮则是由本村人所拥有。[65]赵冈对此现象进行过分析,他认为田骨逐渐演化成为一种金融工具,看重的是土地的资本增值的功能,而田皮看重的是其实际耕作的使用功能。[66] 金融工具可以由村外人或城居地主所掌握,而生产工具则必须是当地、本村之人拥有,以方便生产。[67]

同样,“三权分置”的出现是商品经济发展推动的结果。在笔者看来,改革开放初期所确定的家庭联产承包责任制,渐渐不适应农村生产力的发展,这主要体现在:在现行法的框架之下,为了维持土地承包经营权的社会保障功能,承包权的流转受到诸多限制,但同时,一家一户的农村传统耕地模式已经落后于时代,生产效率低下,难以适应规模经营的生产力发展要求,无法解决土地资源的优化配置问题。规模经营和现代农业的发展已成为大势所趋。另外,随着工业化、城镇化深入推进,农村劳动力大量进入城镇就业,相当一部分农户将承包土地流转给他人经营,承包主体与经营主体分离已成

---

〔65〕 费孝通:《江村经济》,商务印书馆 2001 年版,第 131 页。

〔66〕 赵冈:《永佃制研究》,中国农业出版社 2005 年版,第 43 页。

〔67〕 赵冈:《永佃制研究》,中国农业出版社 2005 年版,第 43 页。

为一种较为普遍的现实。至2016年年底,农村已有30.8%的承包农户在流转承包地,35.1%的承包地流向其他经营主体,面积达到4.7亿亩。[68] 而由于缺乏制度保障,原有的承包权流转带来的问题重重。现行《农村土地承包法》规定的"转让"存在诸多限制,承包户与经营者的权利保障有限。承包农户面临退出承包关系的法律后果和失去生活保障的风险,同时,经营者的权利在法律中无明确规定。因此,"三权分置"的提出是社会实践和经济发展的要求。

2. 主体多元化与功能的分割

古代土地制度承载了多元主体。以皇帝为代表的国家,为土地的终极所有者。"皇帝作为全国最高等级的皇族血缘群体与国家拟血缘群体的父家长,具有双重父家长身份,在观念形态上拥有全国土地所有权。"[69] 伴随着土地制度的变革,地主等主体所控制的私人土地所有权则集中表现为初级的、经济的主权,并以支付税负为对价获取国家的认可,形成国家土地所有权与私人土地所有权并立的二元体系。[70] 在私人土地权利的层面,因土地价值与功能的分化,又产生了多重的权利主体。

在永佃制的发展过程中,佃户与地主所拥有的权利逐渐分裂,形成两个权利体系,即地主的权利体系和佃户的权利体系。永佃有着"千年不易"的习俗传统,佃户可以有永远耕种和自由退佃的权利,但有交租的义务;地主可以转让田底,并具有收租的权利,同时负担国家层面缴纳税赋的义务和履行永不增租、永不撤佃的义务。

---

〔68〕 刘振伟:《对完善农村土地承包法律制度的认识(上)》,载《农村工作通讯》2017年第22期。

〔69〕 汪兵:《是所有权还是使用权——论中国父家长的权限》,载《天津师范大学学报(社会科学版)》2000年第5期。

〔70〕 柳正权、黄雄义:《农村土地产权制度的传承与借鉴——古今视野下的"一田二主"与"三权分置"》,载《湖北社会科学》2018年第5期。

永佃制发展到一田二主，佃户的地位更为独立，这主要表现在两个方面。第一，地主在佃户欠租时不得收回佃权。在其他永佃关系中，地主有权在佃户欠租时收回佃权。在一田二主习惯中，佃户对于土地的权利是牢固的、独立的，即使欠租地主也只能催租而无权撤佃。如清末江苏省习惯："佃户可使子孙永远佃种，或任意将田面部分（永佃权）变卖抵押，即积欠田租，业主只能至追租之程度为止，不得请求退田。"〔71〕第二，在一田二主关系中，佃户取得了自由处分田面权的权利，可以转租、出卖、出典、继承而无需经对方同意。

土地的不同价值与功能为不同人所享有，形成两种权利体系与权利体系的市场。田底主享有大租，取得了从田面主处获取定额地租的经营性地位，但不参与土地的经营。田底权逐渐演化成为一种金融工具，看重的是土地的资本增值的功能，从而使不在农村的城市居民与工商业者有机会投资土地，进一步扩展了地权交易的社会阶层。田面权人直接占有与使用土地，看重的是其实际耕作和收益的功能。从制度功能的角度分析，不同的使用需求使土地制度出现了功能的分化，土地从简单的农业生产资料开始衍生出金融投资工具的作用，土地产权被分解为经营性地权和资产性地权。

一田二主的出现，意味着在永佃制下，同一块土地上承载了多元主体，并形成了平行、独立且可以对抗的权利体系，这些权利虽受到宗族、国家等各方的限制，却是基本独立的权利体系，发挥了土地的不同功能，并基本实现了土地所有权人与土地使用权人的利益平衡。

在"三权分置"下，土地承包经营权派生出土地经营权，是在集体、承包农户之外引入其他经营主体，使土地权利的主体多元化，以

---

〔71〕 前南京国民政府司法行政部编：《民事习惯调查报告录》（上册），中国政法大学出版社2000年版，第180页。

保证承包农户在享有稳定的土地承包经营权的同时,促进农业经营方式的多元化。承包农户的土地承包经营权不因派生出土地经营权而发生改变,被赋予严格的身份属性,这在一定程度上坚守了农户"不失地"的改革底线,体现着承包地的社会保障功能;同时,土地经营权成为脱逸身份属性的市场化权利,其自由流转解决了承包地的抛荒、适度规模经营以及抵押融资等问题。[72] "三权分置"的多元主体实现了土地承包经营权的保障功能和财产功能的平衡。

3. 效率与公共秩序均衡的法律观

永佃制的出现是经济规律所支配的,满足了土地效率的实现和政府公共秩序多重价值的平衡。永佃制对效率的提高体现在:

第一,永佃制意味着一种永久的契约。经济学认为,时间视野越长,资源配置越有效率。当人们的视野放到未来时,才能作出兼顾未来的资源配置。[73] 永佃制的定额制租金下,投资所带来的收益增量可以完全由他自己取得,因此,佃农有动力向土地投资。同时,佃农具有稳定长久的土地使用权。"地主无从收回其田地,故其生活尤较安定,几与自耕农无甚差异。"[74] 消除了被撤佃的顾虑,为了提高长期收益,佃农多会从长远出发增加对土地的养护,这就避免了传统租佃制度下佃农对土地的掠夺式生产,提高土地的利用效率。第二,永佃制具有资源再配置的灵活性。原来有效的资源配置,由于环境、资源、技术和供求关系等方面的不断变化,有可能失去效率,这样将需要进行资源的再配置。优化配置的方式就是交易与流转。永佃制中形成的两个层次的地权都可以自由流转,使地权

[72] 宋志红:《中国农村土地制度改革研究:思路、难点、制度建设》,中国人民大学出版社 2015 年版,第 8 页。

[73] 盛洪:《永佃制的经济性质》,载《制度经济学研究》2014 年第 4 期。

[74] 乔启明:《中国农村社会经济学》,商务印书馆 1945 年版,第 261 页。

交易成本降低。到明清时期,土地市场已经相当成熟,农户全是由市场定位,地权也是土地市场分配的。[75] 土地与劳动力、资金等生产要素同时实行了资源优化配置。

当永佃制的存在与发展并不影响社会秩序,甚至促进了地权的分化,有助于实现其均衡稳定的社会理想时,官府往往采取默认支持甚至是以法律承认的态度。传统社会的国家,最为关注税赋与国家安定,政府仅在实现国家秩序和统治者利益的范围内承认有效率的产权,也即当实现效率与秩序的平衡时,国家对民间习惯采取默认的态度。但是如果当永佃制的发展使诉讼增加或影响税收,国家则以立法的形式加以干涉。如对于永佃制产生的纠纷增多,在永佃制最为发达的福建省,清代曾先后三次"禁革"田面权。其他省份也采取过类似措施。不过这些"禁革"法令的实施效果并不明显,最主要的原因不仅在于习惯根深蒂固,难以清除,更在于永佃制所带来的土地交易的分化远胜于土地纠纷所带来的危害性。永佃制带来的土地纠纷虽然增多,却仍在政府的控制范围内。

"三权分置"中,土地承包经营权派生出土地经营权,正是为了促进土地的流转,解决土地资源的优化配置问题,提高土地生产效率。土地承包经营权具有身份属性,它掌握在农民手中,使在中国社会占相当比例的农民不失去最基本的生活保障,以实现公平与社会秩序;土地经营权以转让、抵押、入股等多种方式流转,使承包地的利用得以重置,效率得以提高,集约化、组织化和社会化相结合的新型农业经营体系得以构建。"三权分置"体现着公平和效率两大价值的平衡。

---

〔75〕 赵冈:《永佃制研究》,中国农业出版社2005年版,第12页。

## （二）历史视野下“三权分置”的制度构建

前文对于一物一权主义的修正，解决了将土地经营权设定为物权的困境，将土地经营权设定为物权具有理论可行性。从历史的视野和纵向比较的角度，可为“三权分置”的具体制度构建提供以下启示：

1. 从历史传承的角度来看，宜将土地经营权设定为物权

对于经营权的物权或债权之争，可以从历史的角度获得启示。“三权分置”的土地结构设置与功能与永佃制有相似之处。从结构上观察，“三权分置”与永佃制均是通过土地权利主体的多元化实现对土地的多重利用。农户承包经营权类似一田二主制中的田底，权利人依“集体成员”身份而享有“初始分配”得到的土地权益，不能随意流转，通过身份维持、分离对价请求、征收补偿获取以及有偿退出等权利实现相应的生存保障机能。[76] 土地经营权则接近一田二主制中的田面权，田面权人因流转而获得土地的财产权，田面权人可以在权利范围内使用、收益和处分田面权。在效率上，永佃制较普通租佃制的提高，主要在于赋予租佃人类似于今天物权效力的权利，以物权的排他性效力保护使用权人之利益，并更有效地促进土地的利用和流转。

在当代的“三权分置”中，将土地经营权界定为债权，会在期限、利用、转让等各方面受到较多限制。在权利期限上，受制于合同法租赁时间的限制；在权利使用上，转让、出租或抵押等很多方面依赖于承包农户的授权，因而不利于满足经营者的投资预期，不利于鼓励经营者长期稳定经营。只有赋予土地经营者物权性的土地权利，

---

〔76〕 柳正权、黄雄义：《农村土地产权制度的传承与借鉴——古今视野下的“一田二主”与“三权分置”》，载《湖北社会科学》2018 年第 5 期。

才更能实现土地改革的目的,促进土地效率的提高和农村经济的发展。

从功能上看,永佃制在地主不丧失土地所有的前提下,促进了土地的流转和权利的进一步分化,兼顾了稳定与效率的价值。“三权分置”改革的意义在于:在坚持农村土地集体所有、坚持家庭承包基本经营制度和保护农户土地承包权益的基础上,通过农地产权的进一步细分和重新配置,促进承包地向规模经营主体的流转,从而实现农业适度规模经营。〔77〕现代农业的发展,有赖于适度规模经营,而对于适度规模的土地经营者来说,土地经营权的法律效力越强,则越有助于产生更大效益。物权性的土地经营权,才可以赋予“规模经营户享有稳定而有保障的土地物权权利,并可以转让、抵押土地”的现实需求,从而兼顾“承包权人持续获取土地收益并保留对土地适度的控制、经营权人又得以持续稳定支配土地并抵押融资”的利益诉求,实现原承包农户与规模经营户之间的利益平衡。〔78〕

2. 吸取历史教训,沿用实践中的固有词汇

法律词汇的选择,体现的不仅是用语的问题,更关乎法律逻辑甚至体系的构建。西方现代民法学的概念及理论框架影响了近代中国的民法学及实践。民法是最贴近社会生活的法律,也是与民众息息相关的法律。尊重、吸收扎根于民众生活的法律制度以及本土法律概念,不仅有助于制定贴近民众生活的法律,亦是维护法律权威,节省法律成本的便宜路径。否则,便会出现近代民众熟悉社会

〔77〕　韩长赋:《土地“三权分置”是中国农村改革的又一次重大创新》,载《光明日报》2016年1月26日,第1版。

〔78〕　宋志红:《三权分置下农地流转权利体系重构研究》,载《中国法学》2018年第4期。

生活中的“田面权”“田底权”“典”等词语，而立法中却仅有法学家能理解的“永佃权”“不动产质权”等概念的情况。

在国家政策中，“三权分置”体现为“土地所有权、土地承包权、土地经营权”并存的土地权利结构，与既存的法律概念“土地承包经营权”的关系存在争议。使用何种词汇可以理顺它们之间的关系，使之顺利从政策用语过渡为法律概念，并使它们之间的逻辑关系清晰严谨，曾产生了激烈的争论。在《农村土地承包法》修正的过程中，一审稿中曾出现“土地所有权 + 土地承包经营权 + 土地承包权 + 土地经营权”的复杂土地权利构建。虽然农村土地承包法修正案最后基本上以“土地所有权 + 土地承包经营权 + 土地经营权”为主要权利表达，但其第 9 条存在的“土地承包权”的表述，使争议依然存在。

从理论上分析，采用“土地承包权”还是“土地承包经营权”的概念，背后隐含的是“将土地承包经营权分解为土地承包权与土地经营权”的问题，还是“在土地承包经营权中派生出土地经营权”的问题。从既有法律来看，“土地承包经营权”的内涵和外延都是清晰的，符合私权生成逻辑和现有农地的法权秩序。从历史的经验和制度成本来看，现行法律如果将土地制度构建为“土地所有权 + 土地承包权 + 土地经营权”，需要修改已有的大量法律，修法成本过高。同时，由于土地承包经营权已在法律及社会中成为约定俗成的概念，极易造成农民的误解。采取“土地所有权—土地承包经营权—土地经营权”的权利结构，使用了原有法律体系的概念，只需对土地经营权的性质和内容作出规范，其制度成本显然较低。在《民法典》的物权编中，基本确定了“土地所有权—土地承包经营权—土地经营权”的模式，平息了法律名称之争。在此后相关的法律制定和修改中，可进一步沿用。

通过历史的纵向研究可以看到,“三权分置”与永佃制都只是解决土地问题的方案。当代的法律制度在权利义务明晰、逻辑结构严谨等诸多方面都具有明显的优势,但作为历史上广泛、长期存在的永佃制,其存在必有其合理性。因土地的性质、地位、功用一以贯之,对“三权分置”问题的历史解读,必将为这一问题的解决提供更完善的方案。

## 四、民事习惯在私法领域的作用

明代的主要法典为《大明律》,清代的法典是《大清律例》,以现代法律观来看,这两部法律构成了明清时期的主要法律制度。在这种观念之下,自然可以得出明清时期没有土地法律甚至没有民事法律规范的结论,因为在两部法典中,关于民事关系和土地的条款屈指可数。然而,在不同的文化和社会中,法律的表现形式不尽相同。广义的法律是特定社会用来调整人们的权利义务关系,并可反复适用,且由获得社会认可的物质力量保障其实施的普遍行为规范。[79] 秉承“因俗而治”的社会管理理念,“中国传统的国家,其职能与能力均甚有限,除了少数例外的情形,国家既无意也无力去规划和控制整个社会的生活”,[80] 在国家法所不及和不足的民事领域,主要由民间习惯加以调整。“习惯是人们在一个特定的环境中,长时间地、持续地、反复地进行,而为人们普遍认同的

---

[79] 胡旭晟:《20 世纪前期中国之民商事习惯调查及其意义(代序)》,载前南京国民政府司法行政部编:《民事习惯调查报告录》(上册),中国政法大学出版社 2000 年版,第 13－14 页。

[80] 梁治平:《“民间”、“民间社会”和 CIVIL SOCIETY——CIVIL SOCIETY 概念再检讨》,载《云南大学学报(社会科学版)》2003 年第 1 期。

一种行为模式。"[81]在传统中国,国家立法与民事习惯的调整对象和方式有所不同。"成文法主要调整涉及统治关系的行为所采取的手段主要是刑事处罚,因而人们普遍认为中国古代的成文法是以刑法为主体;而习惯法则以大量的家庭事务、民事活动以及商事活动为调整对象。"[82]

在土地法制领域,国家法律与民事习惯的调整虽有重合,但着眼点和调整方法却完全不同。国家法律关注的是会否影响缴纳赋税,因而规定以官方印发的红契作为权利凭证;关注的是会否影响社会秩序,因此以刑法手段调整重复典卖行为、盗卖田宅行为等。仁井田陞在研究一田二主的国家立法时也注意到:"确保赋税的征收,便成为政府的目标。在这个问题上,政府直接的考虑只停留在如何有利赋役的征收,并没有想到要强化所有权的效力、确立所谓的近代所有权等。"[83]民间习惯对产权及其交易的各个环节都形成了利益分配的规则。无疑,在土地法制方面,民事习惯在土地产权体系和交易体系中占有主要地位。如学者所说:"农户之间的资源交换,特别是中国17世纪以后这种交换的巨大规模,首先归因于以下两个因素:(1)习惯法,它大大减少了交易费用;(2)国家的行为它既允许习惯法的运行又在尊重习惯法的基础上裁决交易纠纷。"[84]

明清时期,国家法律的运行依赖于立法系统、司法机关、官僚机

---

[81] 刘笃才等:《民间规约与中国古代法律秩序》,社会科学文献出版社2014年版,第200页。

[82] 李力:《清代法律制度中的民事习惯法》,载《法商研究》2004年第2期。

[83] [日]仁井田陞:《明清时代的一田两主习惯及其成立》,载刘俊文主编:《日本学者研究中国史论著选译》(第8卷),中华书局1992年版,第409页。

[84] Myers R. H., *Customary Law Markets and Resource Transactions in Late Imperial China*, in Roger L. Rausonet. al. ed. Explorations in the New Economic History, New York, Academic Press, 1982, p. 273 - 298.

构及监狱等国家强制力;民事习惯的运行,如本书第二章第二节所述,依赖于契约、社会关系网络与礼治文化等。两者并非平行运行而毫无连接,连接的环节为基层的司法审判活动。在对田土纠纷案件进行司法审判的过程中,民事习惯是司法官吏进行审判的重要依据。通过对习惯的筛选及在司法审判中作为依据使用,民事习惯得到官方的承认,并在民间的强制性得以强化。“州县审判使正式的法律制度接纳习惯法”,[85]然而两者却非全然和谐地共存于一个法律体系之中,也存在冲突和不一致的情况,如前文所述的找价回赎及一田二主等方面。从明清时期的土地的基层司法审判来看,司法审判和法律、社会习惯存在互动关系。司法官吏在审判中对固有土地习惯的确认和尊重,强化和推动了原有习惯的发展。习惯在相当程度上影响司法审判和国家立法,在与国家立法规定不一致的情况下,会在一定程度上削弱立法的效力。在社会发展中缓慢形成的民事习惯,具有深厚的社会文化支撑和民众的认同感,国家法律对其改变也无法一蹴而就,而是一个过程。

明清社会,民间习惯在土地秩序中的地位、功用,以及民间社会对于土地管业秩序提供的支撑,在一定程度上回答了日本学者提出的“究竟是什么样的机制支撑或者维系着这种私法秩序,并使其在一定程度上顺利运作”[86]的疑问,且这种民间习惯对今天仍有借鉴意义。

当代中国构建了较为完整和系统的民事法律体系,在作为私法的民事关系领域中起作用的主要为成文立法。但是应该看到,无论法律规定得如何细致和完善,相对于丰富、鲜活且发展着的生活有

---

[85] 李力:《清代法律制度中的民事习惯法》,载《法商研究》2004 年第 2 期。

[86] [日]岸本美绪:《明清契约文书》,载[日]滋贺秀三等:《明清时期的民事审判和民间契约》,王亚新等编译,法律出版社 1998 年版,第 308 页。

着空白和滞后性。法律发挥作用的领域是有限的，需要有相当的空间交由民间社会去调整。国家法与民间习惯、法律和道德等多种行为规范相互配合、共同维系的多元社会才是健康的。《民法典》第8条规定了公序良俗原则、第10条规定了习惯的法源地位，以法典的形式宣告了公序良俗和民事习惯的地位。我国地域辽阔，民族众多，在一些地区仍然存在地方性习惯或民族习惯。切实发挥公序良俗和民事习惯的作用，仍具有弥补法律不足、尊重私法领域自治和尊重民族习惯的重要作用，对于纠纷的多元化解决，以及民间社会的培育都具有积极意义。

同时，司法审判中具体案件的处理对于社会道德、风俗和民间习惯具有引导作用，倡导、培育和维护公序良俗是法院和法官的职责之一。司法活动可以通过鲜明的道德导向，鼓励全社会崇德向善，对于严重失德行为，通过法律手段进行惩治。目前在司法实践中，如何理解、准确把握个案中的民事习惯标准和"公序良俗"的时代内涵，仍需进一步探索和明确。

明清时期，共同的社会伦理和社会关系网络对于民事习惯在实践中的运行和土地管业秩序的维系发挥了重要作用。在当代，从社会层面来看，核心的、主流的价值观和道德共同体的培育和形成，对于民间社会的自治以及法治社会的建立均具有积极意义。在民间社会中，应进一步支持各类社会主体的自我约束和管理，发挥凝聚良好道德的民间习惯、乡规民约、行业规范等社会规范的作用，发展调解、和解、协调等多元化纠纷解决方式，促使德治和法治、国家和社会在社会治理中共同发挥作用。这既是传统社会带给我们的经验和启示，也是当今社会发展和解决现实问题的切实需求。

# 结 语

党的二十大报告指出："弘扬社会主义法治精神，传承中华优秀传统法律文化，引导全体人民做社会主义法治的忠实崇尚者、自觉遵守者、坚定捍卫者。"中共中央办公厅、国务院办公厅2023年印发的《关于加强新时代法学教育和法学理论研究的意见》指出："坚持把马克思主义法治理论同中国具体实际相结合、同中华优秀传统法律文化相结合，总结中国特色社会主义法治实践规律，汲取世界法治文明有益成果，推动法学教育和法学理论研究高质量发展。"这些论述为我们传承和推动中华优秀传统法律文化创造性转化、创新性发展，服务于全面依法治国和建设中国自主法学知识体系指明了方向。

然而如何传承中华优秀法律文明？如何推动中华优秀传统法律文化创造性转化、创新性发展？这可能还是一个需要深入探讨和长期行动的话题。当前我们对于传统法律文化的传承，还仅仅停留在表面的一些词汇，打通古今的"任督二脉"绝非易事。传承和转化的前提是"认识"。这种认识包括正确认识传统法律文化在当代的地位，辩证看待传统法律文化的得与失、优与劣，把握研究传统法律文化的方法论与价值导向，更为繁重和烦琐的工作是，对具体的法律价值、法律精神、法律思想、法律制度进行深入的探索和阐释。这样的探索和阐释，需要历史和法律史工作者对属于广义上的当时法律——立法、习惯、乡规民约、判词、契约、民俗、家规家训、族规族训等进行把握,不断发现历史的“真”。而传承和创造性的转化,则需要“联系”,将古今的社会情况、古今法律相对比、联系、关照,使历史中的法律精神和特质在当今现实和实践中得以生存和发展。本书正是试图去接近明清时期土地制度的“真”并与现实有所联系的一种尝试。

近代以来,中国在同时期西方法学概念和理论体系的影响下,构建了当时的民事法律体系。然而,这样的法律体系与产生于传统中国社会经济基础之上的法律现象相去甚远,限制了我们对明清时期土地法律的认识。“一些学者认为中国古代不存在完整的物权制度和债权制度,因而不存在自己的民法体系,这种看法反映出学者们以西方法律制度的理论和概念来审视中国古代法律状况的思维定式。其实这只能表明中国古代并不存在西方国家那种类型的物权制度和债权制度,却不能表明中国古代并不存在自己的民事法律制度。”[1]西方法律体系只是特定文化下解决社会问题的一种方案。从财产法的角度来看,个体对于财产的观念和欲望大体相同,然而出于政治、文化及统治需要的不同,各国形成了各具特色的土地制度。明清时期,政府对与统治秩序无直接关系的民间社会生活,态度是消极的,并无兴趣也无力进行干预。这在国家土地立法的有限性上得以充分体现。大部分情况下,对土地秩序实际进行调节的是市场规则、自发形成的习惯、人际关系网络及支持其内在的社会伦理。“业”及“管业”之词,体现的正是在社会中人与人日常交往中形成的民事法律词汇,它具有区别于西方法律的法律构建、内在逻辑和价值取向,它的形成具有深厚的社会及民族文化土壤。

管业秩序的有效运转依赖于自发规则有效地调配资源,对利益

---

〔1〕 李力:《清代法律制度中的民事习惯法》,载《法商研究》2004年第2期。

和“权利”进行“大体”分配,以人际关系网络支撑其运转,以当时的社会伦理使这种利益分配具有合理性甚至价值意义。习惯规则的自发性和模糊性同时带来土地结构和流转机制的包容性和灵活性,使土地制度可以因应市场规则和人们的需求自动作出调整,成就了这一时期土地管业秩序的高效、共享等一系列优势。

从另一层面来说,这些平衡和内在的自洽性仅是阶段性的,并非不可打破。规则的自发性和模糊性带来的包容,支撑它存在的是被广泛认同的社会关系网络和社会伦理。清代商品经济的发展和人口的增长,造成了土地资源的紧张,加重了普通人的生存压力,冲击了原有的怜贫扶弱和共享伦理。原有模糊的利益空间,缺少了旧有的“公平”观念和社会伦理的支撑,成为对产权和利益进行争夺的空间,在日益严重的生存压力之下,甚至频繁引起命案。乾隆、嘉庆年间由土地纠纷引发的命案,正说明了社会规则应随社会经济生活调整的重要性。

商品经济的发展需要国家立法和更为明确的产权规则,这并非当时的统治者所习惯和擅长。政府此时并非完全无所作为,只能说所作的实在有限。雍正五年(1727 年)所确定的欠租违法的条款,以及乾隆年间对于找价回赎的规定,正是政府正视冲突,试图以立法加以规范的表现。然而政府并没有意识到,频繁引发社会暴力的土地纠纷,并非以简单的原则性规定即可改变,也没有意识到这样原则性的规定并没有关注到弱者的生存利益。“在金融工具匮乏与谋生方式单一的中国传统农业社会,土地几乎寄托着农户全部的谋生手段。”〔2〕明清以来,围绕土地形成了抵押、租赁、典、活卖、绝卖等多种交易方式,以及以一物多权、共享互惠为核心的土地结构,在

〔2〕 龙登高:《清代地权交易形式的多样化发展》,载《清史研究》2008 年第 3 期。

提供高效的土地运转体系的同时,也满足了起码的生存和资金需求。业主在需要时,将土地从抵押到典,到典之后的找价回赎,以及土地可以分为一田二主,并在此基础上分别抵押、典,还有出典之后仍租种土地,这一系列交易制度最大限度地保护了"使农民占有土地"的基本愿望。在明清时期,很少有土地直接绝卖,从因生存所迫或资金需要抵押土地,到典,直至最终的失去土地,往往经过几年、几十年甚至更久,习惯中的规则正是通过各种手段延缓失去土地的过程,并在各个时期给予失去土地者参与分享土地利益及重新得到土地的机会。

由前文所见,明清时期土地管业制度中的共享、高效、公正、怜贫扶弱价值值得当代传承,具体法律制度的诸多层面亦值得借鉴。同时,带来的教训也不可忽视:任何一项真正有效的产权制度的前提是,让普通人可以维持基本的生存。欠租与找价回赎的社会习惯之所以难以短时间内改变,是因为这一规则给予人最起码的生存之资。而在今天看来简单的民事案件之所以可以引发命案,也在于原有的公正观念被打破,社会规则的改变剥夺了一些最底层的人最起码的资产,从而也意味着生存机会和尊严的双重丧失。

立法的视角从来不是全面审视传统法律制度的完整视角,它只是以大陆法系的法律体系审视传统法的视角,仅仅展示了整个土地法律秩序中的一角。以明清时期的社会实际观之,民间自发形成的习惯规则本身即是当时法律的一部分。而司法审判中的法律展示了这一时期法律如何运行,司法官员和民众对规则的态度,以及社会变迁如何深刻地影响了规则的形成和改变。本书以管业视角对历史真实的求索及传承的思考无疑都十分有限,但这一议题和固有法视角本身却是一个十分有趣和值得持续探讨的问题。

# 参考文献


**一、史料类**

1.《易传》。

2.《荀子》。

3.《左传》。

4.《礼记》。

5.《孟子》。

6.《吕氏春秋》。

7.《春秋繁露》。

8.《魏书》。

9.《旧唐书》。

10.《通典》。

11.《宋史》。

12.《宋会要》。

13.《宋刑统》。

14.《寄上孙安抚书》。

15.《正蒙·乾称》。

16.《袁氏世范》。

17.(宋)陆九渊:《陆九渊集》,中华书局1980年版。

18.(宋)朱熹:《四书章句集注》,中华书局1983年版。

19.(宋)李焘:《续资治通鉴长编》,中华书局1992年版。

20.(宋元)马端临:《文献通考》,商务印书馆1936年版。

21.(元)叶留等撰:《为政善报事类》,岳麓书社 2005 年版。
22.《明史》。
23.《藏书》。
24.《天下郡国利病书》。
25.《明会典》。
26.《续文献通考》。
27.《破邪论》。
28.《明夷待访录》。
29.《读通鉴记》。
30.《大学衍义补》。
31.《历林名臣奏议》。
32.(明)范涞:《范爷发刊士民便用家礼简仪》,万历三十五年刊本。
33.(明)颜俊彦:《盟水斋存牍》,中国政法大学出版社 2002 年版。
34.(明)程昌:《窦山公家议校注》,黄山书社 1993 年版。
35.《大明律》。
36.《清世祖实录》。
37.《圣祖实录》。
38.《高宗实录》。
39.《大清会典事例》。
40.《清朝通志》。
41.《大清会典》。
42.《皇朝政典类纂》。
43.《大清律例》。
44.《光绪会典事例》。
45.《户部则例》。
46.《福建省例》。
47.《治浙成规》。
48.《西江政要》。

49. 乾隆《政和县志》。
50. 嘉庆《郴县志》。
51. 正德《江阴县志》。
52. 嘉靖《龙溪县志》。
53. 民国《黟县志》。
54.《宁都直隶州志》。
55.《西江视臬纪事》。
56.《宁都三魏集》。
57.《租核》。
58.《孙文定公奏疏》。
59.《石城县志》。
60.《棘听草》。
61.《天台治略》。
62.《畲辞》。
63.《定例成案合镌》。
64.《江苏山阳收租全案》。
65.《问俗录》。
66.《澄江治绩续编》。
67.《心政录》。
68.《乾隆闽清县志》。
69.(清)沈之奇:《大清律辑注》,怀效锋、李俊点校,法律出版社 2000 年版。
70. 实业部中国经济年鉴编纂委员会:《中国经济年鉴(1934)》,商务印书馆 1934 年版。
71. 中国人民大学清史研究所、中国人民大学档案系中国政治制度史教研室编:《康雍乾时期城乡人民反抗斗争资料》,中华书局 1979 年版。
72. 故宫博物院明清档案部:《清代档案史料丛编》(第 4 辑),中华书局 1979 年版。
73. 谢国桢:《明代社会经济史料选编》,福建人民出版社 1981 年版。

74. 中国第一历史档案馆、中国社会科学院历史研究所编:《乾隆刑科题本租佃关系史料之一〈清代地租剥削形态〉》,中华书局1982年版。
75.《名公书判清明集》,中国社会科学院历史研究所宋元金辽研究室点校,中华书局1987年版。
76. 中国社会科学院历史研究所徽州文契整理组:《明清徽州社会经济资料丛编》,中国社会科学出版社1990年版。
77. 厦门大学历史研究所主办:《中国社会经济史研究》1990年增刊《闽南契约文书综录》。
78. 王钰欣、周绍泉主编:《徽州千年契约文书》,花山文艺出版社1991年版。
79. 张传玺主编:《中国历代契约汇编考释》,北京大学出版社1995年版。
80. 刘俊文主编:《官箴书集成》(第7册),黄山书社1997年版。
81. 福建师范大学历史系:《明清福建经济契约文书选辑》,人民出版社1997年版。
82. 上海市档案馆编:《清代上海房地契档案汇编》,上海古籍出版社1999年版。
83. 漆侠:《中国经济通史·宋代经济卷》(上),经济日报出版社1999年版。
84. 谭棣华、冼剑民:《广东土地契约文书(含海南)》,暨南大学出版社2000年版。
85. 田涛等编:《田藏契约文书萃编》,中华书局2001年版。
86. 陈全伦等:《徐公谳词——清代名吏徐士林判案手记》,齐鲁书社2002年版。
87. 田涛、许传玺等主编:《黄岩诉讼档案及调查报告》,法律出版社2004年版。
88. 前南京国民政府司法行政部编:《民事习惯调查报告录》,中国政法大学出版社2000年版。
89. 杨一凡、徐立志主编:《历代判例判牍》,中国社会科学出版社2005年版。
90. 杨一凡编:《中国律学文献》,黑龙江人民出版社2006年版。
91. 陈支平编:《福建民间文书》,广西师范大学出版社2007年版。

92. 蒲坚主编:《中国历代土地资源法制研究》,北京大学出版社 2011 年版。
93. 曹树基、潘星辉等:《石仓契约》,浙江大学出版社 2011 年版。
94. 中国社会科学院历史研究所文化室编:《明代通俗日用类书集刊》(第 16 册),西南师范大学出版社、东方出版社 2011 年版。
95. 刘长海编:《祁韵士集》,三晋出版社 2014 年版。
96. 张传玺主编:《中国历代契约粹编》,北京大学出版社 2014 年版。
97. 杨一凡、刘笃才编:《中国古代民间规约》,社会科学文献出版社 2017 年版。

**二、著作及论文集类**

1. [日]鹤见尚弘:《中国明清社会经济研究》,姜镇庆等译,学苑出版社 1989 年版。
2. [日]滋贺秀三等:《明清时期的民事审判与民间契约》,王亚新、梁治平编译,法律出版社 1998 年版。
3. 杨一凡、[日]寺田浩明主编:《中国法制史考证(丙编)》(第 4 卷),程海荣等编译,中国社会科学出版社 2003 年版。
4. [日]长野郎:《中国土地制度的研究》,强我译,中国政法大学出版 2004 年版。
5. [日]岸本美绪:《风俗与历史观:明清时代的中国与世界》,梁敏玲、毛亦可译,广西师范大学出版社 2022 年版。
6.《马克思恩格斯全集》(第 46 卷),人民出版社 1963 年版。
7. [德]黑格尔:《法哲学原理》,商务印书馆 1979 年版。
8. [德]马克斯 · 韦伯:《新教伦理与资本主义精神》,于晓、陈维纲等译,生活 · 读书 · 新知三联书店 1987 年版。
9. [德]罗伯特 · 霍恩等:《德国民商法导论》,楚建译,中国大百科全书出版社 1996 年版。
10. [德]K. 茨威格特、H. 克茨:《比较法总论》,潘汉典、米健等译,法律出版社 2003 年版。
11. [德]马克思:《资本论》(第 1 卷),中共中央马克思恩格斯列宁斯大林著作编译局译，人民出版社 2004 年版。

12. [德]卡尔·拉伦茨：《法学方法论》，陈爱娥译，商务印书馆 2004 年版。

13. [德]鲍尔·师蒂尔纳：《德国物权法》，张双根译，法律出版社 2004 年版。

14. [德]马克斯·韦伯：《经济通史》，姚曾廙译，上海三联书店 2006 年版。

15. [英]R. J. 文森特：《人权与国际关系》，凌迪、黄列等译，知识出版社 1998 年版。

16. [美]道格拉斯·诺思：《经济史中的结构与变迁》，上海三联书店、上海人民出版社 1994 年版。

17. [美]黄仁宇：《万历十五年》，生活·读书·新知三联书店 1997 年版。

18. [美]孔飞力：《叫魂——1768 年中国妖术大恐慌》，陈兼、刘昶译，上海三联书店 2014 年版。

19. [美]黄宗智：《华北的小农经济与社会变迁》，中华书局 2000 年版。

20. [美]黄宗智：《清代的法律、社会与文化：民法的表达与实践》，上海书店出版社 2001 年版。

21. [美]哈罗德·J. 伯尔曼：《法律与宗教》，梁治平译，中国政法大学出版社 2003 年版。

22. [美]D. 布迪、C. 莫里斯：《中华帝国的法律》，朱勇译，江苏人民出版社 2010 年版。

23. [美]赵冈：《永佃制研究》，中国农业出版社 2005 年版。

24. [美]黄宗智：《法典、习俗与司法实践：清代与民国的比较》，上海书店出版社 2007 年版。

25. [美]步德茂：《过失杀人、市场与道德经济：18 世纪中国财产权的暴力纠纷》，张世明等译，社会科学文献出版社 2008 年版。

26. 乔启明：《中国农村社会经济学》，商务印书馆 1945 年版。

27. 戴炎辉：《中国法制史概要》，台北，汉林出版社 1980 年版。

28. 潘维和：《中国民事法史》，台北，汉林出版社 1982 年版。

29. 章有义：《明清徽州土地关系研究》，中国社会科学出版社 1984 年版。

30. 梁方仲：《中国历代户口、田地、田赋统计》，上海人民出版社 1985 年版。

31. 梁庚尧:《南宋的农村经济》(修订版),台北,联经出版事业公司 1985 年版。
32. 中国社会科学院历史研究所清史研究室:《清史论丛》(第 2 册),中华书局 1985 年版。
33. 费孝通:《江村经济——中国农民的生活》,江苏人民出版社 1986 年版。
34. 郑玉波:《民法物权》,台北,三民出版社 1988 年版。
35. 刘俊文编:《日本学者研究中国史论著选译》(第 8 卷),中华书局 1992 年版。
36. 叶孝信:《中国民法史》,上海人民出版社 1993 年版。
37. 刘俊文主编:《日本学者研究中国史论著选译·法律制度》,姚荣涛、徐世虹译,中华书局 1993 年版。
38. 张传玺:《秦汉问题研究》,北京大学出版社 1995 年版。
39. 梁治平:《清代习惯法:社会与国家》,中国政法大学出版社 1996 年版。
40. 费孝通:《江村农民生活及其变迁》,敦煌文艺出版社 1997 年版。
41. 杨树达:《积微居金文说》,中华书局 1997 年版。
42. 张晋藩:《清代民法综论》,中国政法大学出版社 1998 年版。
43. 栾成显:《明代黄册研究》,中国社会科学出版社 1998 年版。
44. 费孝通:《乡土中国生育制度》,北京大学出版社 1998 年版。
45. 郭沫若:《两周金文辞大系图录考释》,上海书店出版社 1999 年版。
46. 谢在全:《民法物权论》,中国政法大学出版社 1999 年版。
47. 卓泽渊:《法律的价值论》,法律出版社 1999 年版。
48. 梁慧星主编:《民商法论丛》第 12 卷,法律出版社 1999 年版。
49. 史尚宽:《物权法论》,中国政法大学出版社 2000 年版。
50. 何勤华:《西方法学史》(第 2 版),中国政法大学出版社 2000 年版。
51. 张五常:《佃农理论》,商务印书馆 2000 年版。
52. 何炳棣:《明初以降人口及其相关问题》,三联书店 2000 年版。
53. 费孝通:《江村经济》,商务印书馆 2001 年版。
54. 王健编:《西法东渐:外国人与中国法的近代变革》,中国政法大学出版社

2001 年版。
55. 王利明:《民商法研究》(第 2 辑),法律出版社 2001 年版。
56. 黄茂荣:《法学方法与现代民法》,中国政法大学出版社 2001 年版。
57. 勾承益:《先秦礼学》,巴蜀书社 2002 年版。
58. 张恒山:《法理要论》,北京大学出版社 2002 年版。
59. 谢识予:《经济博弈论》,复旦大学出版社 2002 年版。
60. 强世功:《法制与治理——国家转型中的法律》,中国政法大学出版社 2003 年版。
61. 张生:《中国近代民法法典化研究》,中国政法大学出版社 2004 年版。
62. 瞿同祖:《清代地方政府》,法律出版社 2005 年版。
63. 郭建:《中国财产法史稿》,中国政法大学出版社 2005 年版。
64. 邓建鹏:《财产权利的贫困:中国传统民事法研究》,法律出版社 2006 年版。
65. 傅衣凌:《明清农村社会经济 明清社会经济变迁论》,中华书局 2007 年版。
66. 傅衣凌:《傅衣凌著作集》,中华书局 2007 年版。
67. 李泽厚:《中国古代思想史论》,三联书店 2008 年版。
68. 郭建:《典权制度源流考》,社会科学文献出版社 2009 年版。
69. 杨国桢:《明清土地契约文书研究》,中国人民大学出版社 2009 年版。
70. 邓大才:《土地政治:地主、佃农与国家》,中国社会科学出版社 2010 年版。
71. 邬沧萍、侯东民主编:《人口、资源、环境关系史》,中国人民大学出版社 2010 年版。
72. 郝维华:《清代财产权利的观念与实践》,法律出版社 2011 年版。
73. 曾小萍等编:《早期近代中国的契约与产权》,浙江大学出版社 2011 年版。
74. 龙登高:《地权市场与资源配置》,福建人民出版社 2012 年版。
75. 葛金芳:《中国近世农村经济制度史论》,商务印书馆 2013 年版。

76. 刘笃才等:《民间规约与中国古代法律秩序》,社会科学文献出版社 2014 年版。
77. 宋志红:《中国农村土地制度改革研究:思路、难点、制度建设》,中国人民大学出版社 2015 年版。
78. 张淞纶:《财产法哲学》,法律出版社 2016 年版。
79. 俞江:《清代的合同》,广西师范大学出版社 2022 年版。

### 三、论文类

1. [日]仁井田陞:《明清时代的一田两主习惯及其成立》,载刘俊文主编:《日本学者研究中国史论著选译·法律制度》,姚荣涛、徐世虹译,中华书局 1993 年版。
2. [日]滋贺秀三:《中国民商事习惯调查报告录》,载[日]滋贺秀三编著:《中国法制史——基本资料的研究》,东京大学出版会 1993 年版。
3. [日]寺田浩明:《权利与冤抑——清代听讼和民众的民事法秩序》,载[日]滋贺秀三等:《明清时期的民事审判与民间契约》,王亚新等编译,法律出版社 1998 年版。
4. [日]岸本美绪:《明清契约文书》,载[日]滋贺秀三等:《明清时期的民事审判与民间契约》,王亚新等编译,法律出版社 1998 年版。
5. [德]弗里德里希·克瓦克:《德国物权法的结构及其原则》,孙宪忠译,载梁慧星主编:《民商法论丛》第 12 卷,法律出版社 1999 年版。
6. [德]庞德:《以中国法为基础的比较法和历史》,载王健编:《西法东渐——外国人与中国法的近代变革》,中国政法大学出版社 2001 年版。
7. Armen A. Alchian & Harold Demsetz, *The Property Right Paradigm*, The Journal of Economic History, Vol. 33(Mar., 1973).
8. Myers R. H., *Customary Law Markets and Resource Transactions in Late Imperial China*, in Roger L. Rausonet. al. ed., Explorations in the New Economic History, Academic Press, 1982.
9. 陈支平:《清初更名田立法考实》,载《厦门大学学报(哲学社会科学版)》1984 年第 4 期。

10. 彭超:《论徽州永佃权和“一田二主”》,载《安徽史学》1985 年第 4 期。

11. 经君健:《论清代蠲免政策中减租规定的变化》,载《中国经济史研究》1986 年第 1 期。

12. 葛金芳:《中国封建租佃经济主导地位的确立前提——兼论唐宋之际地权关系和阶级构成的变化》,载《中国社会经济史研究》1986 年第 3 期。

13. 连劭名:《〈倗生簋〉铭文新释》,载《人文杂志》1986 年第 3 期。

14. 傅衣凌:《中国传统社会:多元的结构》,载《中国社会经济史研究》1988 年第 3 期。

15. 林甘泉:《〈中国封建土地制度史〉前言》,载《中国史研究》1988 年第 4 期。

16. 李三谋:《清代南方永佃制和额租制的关系问题》,载《求是学刊》1991 年第 2 期。

17. 杨晏平、张志清:《清乾隆年间契约文书辑录(二)》,载《文献》1994 年第 1 期。

18. 梁慧星:《从近代民法到现代民法——二十世纪民法回顾》,载《中外法学》1997 年第 2 期。

19. 杜颖:《日本近现代土地所有权理论》,载《中外法学》1997 年第 3 期。

20. 栾成显:《明代黄册制度起源考》,载《中国社会经济史研究》1997 年第 4 期。

21. 丁栋虹:《中国封建社会土地产权制度质疑》,载《南京社会科学》1999 年第 3 期。

22. 王家范:《中国传统社会农业产权“国有”性质辩证》,载《华东师范大学学报(哲学社会科学版)》1999 年第 3 期。

23. 钱钟书:《中意文学的相互照明》,载《书城》1999 年第 6 期。

24. 胡旭晟:《20 世纪前期中国之民商事习惯调查及其意义(代序)》,载前南京国民政府司法行政部编:《民事习惯调查报告录》(上册),中国政法大学出版社 2000 年版。

25. 汪兵:《是所有权还是使用权——论中国父家长的权限》,载《天津师范大学学报(社会科学版)》2000 年第 5 期。
26. 李光福:《中国传统的私有观》,载《生产力研究》2001 年第 1 期。
27. 马学强:《“民间执业 全以契券为凭”——从契约层面考察清代江南土地产权状况》,载《史林》2001 年第 1 期。
28. 周子良:《永佃权的历史考察及其当代价值》,载《现代法学》2002 年第 2 期。
29. 尹田:《论一物一权原则及其与“双重所有权”理论的冲突》,载《中国法学》2002 年第 3 期。
30. 江太新:《明清时期土地股份所有制萌生及其对地权的分割》,载《中国经济史研究》2002 年第 3 期。
31. 周荣:《永佃权与清代农民生活》,载《史学月刊》2002 年第 4 期。
32. 梁治平:《“民间”、“民间社会”和 CIVIL SOCIETY——CIVIL SOCIETY 概念再检讨》,载《云南大学学报(社会科学版)》2003 年第 1 期。
33. 曾宪义、马小红:《中国传统法研究中的几个问题》,载《法学研究》2003 年第 3 期。
34. 杨师群:《中国传统社会自耕农产权问题的考察——与西欧中世纪农民的比较研究》,载《学术月刊》2003 年第 8 期。
35. 吴欣:《明清时期的“中人”及其法律作用与意义——以明清徽州地方契约为例》,载《南京大学法律评论》2004 年第 1 期。
36. 李力:《清代法律制度中的民事习惯法》,载《法商研究》2004 年第 2 期。
37. 尹田:《论一物一权原则及其与“双重所有权”理论的冲突》,载《中国民法学精萃》2003 年卷,机械工业出版社 2004 年版。
38. 夏勇:《权利哲学的基本问题》,载《法学研究》2004 年第 3 期。
39. 吴滔:《清代江南的一田两主制和主佃关系的新格局——以苏州地区为中心》,载《近代史研究》2004 年第 5 期。
40. 邓建鹏:《私有制与所有权?》,载《中外法学》2005 年第 2 期。
41. 张传玺:《中国古代契约资料概述》,载《法律文献信息与研究》2005 年第 2 期。

42. 李力:《清代民法语境中"业"的表达及其意义》,载《历史研究》2005 年第 4 期。

43. 冉昊:《财产含义辨析:从英美私法的角度》,载《金陵法律评论》2005 年第 1 期。

44. 马新彦:《罗马法所有权理论的当代发展》,载《法学研究》2006 年第 1 期。

45. 金可可:《私法体系中的债权物权区分说——萨维尼的理论贡献》,载《中国社会科学》2006 年第 2 期。

46. 李晓春:《论权利的要素与本质》,载《广西政法管理干部学院学报》2006 年第 6 期。

47. 童光政:《"一田两主"的地权结构分析及其改造利用》,载《北方法学》2007 年第 2 期。

48. 刘高勇:《中国传统不动产买卖契约的生效及其获得途径——以清代田宅买卖契约为中心》,载《长江师范学院学报》2008 年第 3 期。

49. 龙登高:《清代地权交易形式的多样化发展》,载《清史研究》2008 年第 3 期。

50. 章有义:《康熙初年江苏长洲三册鱼鳞簿所见》,载《中国经济史研究》2008 年第 4 期。

51. 龙登高:《地权交易与生产要素组合:1650—1950》,载《经济研究》2009 年第 2 期。

52. 张立伟:《利益抑或意志:权利本质理论的流变》,载《广州大学学报(社会科学版)》2009 年第 7 期。

53. 俞江:《家产制视野下的遗嘱》,载《法学》2010 年第 7 期。

54. 谢冬水:《人口增长与中国历史上土地经营制度演化——对明清时期土地经营制度演化的博弈解释》,载《财经研究》2010 年第 12 期。

55. 张一平:《苏南"土改"中一田两主地权结构的变动》,载《中国农史》2011 年第 3 期。

56. 曾小萍:《对战前中国产权的评论》,载曾小萍等编:《早期近代中国的契约与产权》,浙江大学出版社 2011 年版。
57. 刘克祥:《永佃制下土地买卖的演变及其影响——以皖南徽州地区为例》,载《近代史研究》2012 年第 4 期。
58. 张小也:《何谓“来历”:从〈灵泉志〉看明清时期土地权利的“证据”》,载《江汉论坛》2012 年第 9 期。
59. 曹树基:《传统中国乡村地权变动的一般理论》,载《学术月刊》2012 年第 12 期。
60. 方钦:《传统中国社会财产权利的性质——以清代闽北土地买卖文书为例》,载《南方经济》2012 年第 12 期。
61. 李根蟠:《官田民田并立 公权私权叠压——简论秦汉以后封建土地制度的形成及特点》,载《中国经济史研究》2014 年第 2 期。
62. 陈明、刘祖云:《传统国家治理逻辑下的地权运作》,载《中国农史》2014 年第 3 期。
63. 刘先江:《农村土地经营权流转的政治学分析》,载《政治学研究》2014 年第 4 期。
64. 陈小君:《我国农村土地法律制度变革的思路与框架——十八届三中全会决定相关内容解读》,载《法学研究》2014 年第 4 期。
65. 盛洪:《永佃制的经济性质》,载《制度经济学研究》2014 年第 4 期。
66. 宋晓明:《罗马法中的“权利”抑或“应得”——拉丁语词 Ius 之含义与汉译问题的文本、逻辑及语言学分析》,载《苏州大学学报》2015 年第 2 期。
67. 申惠文:《法学视角中的农村土地三权分离改革》,载《中国土地科学》2015 年第 3 期。
68. 陶自祥:《祖业观视阈下农民家业产权研究》,载《广西师范大学学报(哲学社会科学版)》2015 年第 3 期。
69. 卞利:《明清土地租佃关系与租佃契约研究》,载《原生态民族文化学刊》2015 年第 4 期。
70. 汤天波、吴晓隽:《共享经济:“互联网 +”下的颠覆性经济模式》,载《科学发展》2015 年第 12 期。

71. 王帅一:《明清时代的“中人”与契约秩序》,载《政法论坛》2016 年第 2 期。
72. 孙宪忠:《推进农地三权分置经营模式的立法研究》,载《中国社会科学》2016 年第 7 期。
73. 陈景良:《何种之私:宋代法律及司法对私有财产权的保护》,载《华东政法大学学报》2017 年第 3 期。
74. 温世扬、吴昊:《集体土地“三权分置”的法律意蕴与制度供给》,载《华东政法大学学报》2017 年第 3 期。
75. 孙超、刘爱玉:《地权、阶级与市场——明清“一田二主”土地制度研究述评》,载《学术论坛》2017 年第 5 期。
76. 贾翱:《物权法中的共享观念与制度探讨》,载《重庆社会科学》2017 年第 6 期。
77. 刘振伟:《完善农村土地承包法律制度》,载全国人大农业与农村委员会法案室编著:《农村土地承包法律制度研究》,中国法制出版社 2017 年版。
78. 夏扬:《永佃权何以通约不同法系》,载《法学》2018 年第 2 期。
79. 高圣平:《论农村土地权利结构的重构——以〈农村土地承包法〉的修改为中心》,载《法学》2018 年第 2 期。
80. 徐忠明:《社会与政法:在语境中理解明清契约》,载《吉林大学社会科学学报》2018 年第 3 期。
81. 何石军、温方方:《习俗与契约治理:清代山西土地典契定价的量化分析》,载《北京大学学报(哲学社会科学版)》2018 年第 4 期。
82. 高圣平:《承包地三权分置的法律表达》,载《中国法学》2018 年第 4 期。
83. 宋志红:《三权分置下农地流转权利体系重构研究》,载《中国法学》2018 年第 4 期。
84. 柳正权、黄雄义:《农村土地产权制度的传承与借鉴——古今视野下的“一田二主”与“三权分置”》,载《湖北社会科学》2018 年第 5 期。
85. 巩固:《民法典物权编“绿色化”构想》,载《法律科学(西北政法大学学报)》2018 年第 6 期。

86. 单平基:《“绿色原则”对〈民法典〉“物权编”的辐射效应》,载《苏州大学学报(哲学社会科学版)》2018 年第 6 期。

87. 陈柏峰:《“祖业”观念与民间地权秩序的构造——基于鄂南农村调研的分析》,载《社会学研究》2020 年第 1 期。

88. 康纪田、刘卫常:《现代物权分置的路径与适用》,载《西部法学评论》2020 年第 4 期。

89. 吴向红:《典之风俗与典之法律》,福建师范大学 2008 年博士学位论文。

90. 李静:《中国永佃制制度演化研究(960—1949)》,辽宁大学 2013 年博士学位论文。

91. 王志民:《从清代到民国:民间田宅典契研究》,吉林大学 2018 年博士学位论文。